中国国际贸易促进委员会调解中心

中国商事调解年度报告

（2022-2023）

蔡晨风　廖永安　主编

ANNUAL REPORT
ON COMMERCIAL MEDIATION IN CHINA

法律出版社
LAW PRESS · CHINA
北京

图书在版编目(CIP)数据

中国商事调解年度报告. 2022－2023 / 中国国际贸易促进委员会调解中心编. -- 北京：法律出版社, 2024
ISBN 978－7－5197－9122－3

Ⅰ. ①中… Ⅱ. ①中… Ⅲ. ①商业－经济纠纷－调解(诉讼法)－司法制度－研究报告－中国－2022－2023
Ⅳ. ①D925.114

中国国家版本馆 CIP 数据核字(2024)第 092332 号

中国商事调解年度报告(2022－2023)
ZHONGGUO SHANGSHI TIAOJIE NIANDU BAOGAO (2022－2023)

中国国际贸易促进委员会调解中心 编

责任编辑 陆帅文
装帧设计 鲍龙卉

出版发行 法律出版社
编辑统筹 法律教育出版分社
责任校对 王 丰 李景美
责任印制 刘晓伟
经　　销 新华书店

开本 710 毫米×1000 毫米 1/16
印张 16.25　字数 217 千
版本 2024 年 6 月第 1 版
印次 2024 年 6 月第 1 次印刷
印刷 永清县金鑫印刷有限公司

地址:北京市丰台区莲花池西里 7 号(100073)
网址:www.lawpress.com.cn
投稿邮箱:info@lawpress.com.cn
举报盗版邮箱:jbwq@lawpress.com.cn

销售电话:010－83938349
客服电话:010－83938350
咨询电话:010－63939796

书号:ISBN 978－7－5197－9122－3
定价:69.00 元
凡购买本社图书,如有印装错误,我社负责退换。电话:010－83938349

编辑委员会

序　言

党的二十大报告指出,要推进高水平对外开放,营造市场化、法治化、国际化一流营商环境。作为国际社会广泛认可的商事争端解决方式,商事调解对营造市场化、法治化、国际化一流营商环境具有重要意义。根据世界银行2023年启动的新一轮营商环境评估体系,商事调解的发展水平是重要评价指标之一。2018年《联合国关于调解所产生的国际和解协议公约》的诞生,标志着"调解全球化"的到来。全球很多国家和地区致力于完善本国(本区域内)的商事调解法律和制度,积极推动商事调解的发展,着力提高自身在国际商事纠纷解决中的吸引力、竞争力和影响力。在全球商事调解发展浪潮的推动下,我国商事调解的发展也呈现出欣欣向荣之景。商事调解的组织数量日益增多,商事调解员队伍不断壮大,商事调解的社会影响逐步提升,商事调解的文化日渐浓郁。但是,目前我国商事调解的实际发展现状究竟如何,商事调解的组织、人员及业务数量如何,并没有权威、统一的数据报告。

为了回应这一现实问题,中国国际贸易促进委员会调解中心决定开展"中国商事调解年度报告"课题研究,并委托湘潭大学承担该课题研究。湘潭大学以廖永安教授牵头组成课题组,开展具体调研与报告编写。本报告希望精准呈现中国商事调解发展全貌,促进商事调解文化理念的传播,提高商事调解的社会知晓度和市场接受度,进而推动我国商事调解的有序发展。具体而言,本报告希望实现以下目标:

第一,摸清底数,呈现中国商事调解的发展全貌。我们希望在有关部门的支持下,能够对全国商事调解的发展现状进行精准统计,摸清商事调解的组织数量、人员数量、业务数量等,从而为商事调解发展的改革决策部门提供有益参考。

第二,搭建平台,推动形成商事调解的发展共识。目前,我国商事调解的发展中还有许多问题没有形成共识。比如,商事调解的定义、商事调解的立法模式、商事调解的准入门槛、商事调解的职业伦理、商事调解与其他调解的关系等问题,还有待深入讨论。因此,本报告希望能够搭建一个交流平台,吸引学术界与实务界共同参与商事调解核心议题的讨论,进而推动形成商事调解发展共识。

第三,推动立法,为商事调解立法做好理论准备。商事调解立法是目前学术界与实务界广泛关注的议题。本报告运用实证研究与理论研究相结合的方法,着重探讨商事调解立法研究中的核心议题。通过深入分析当前商事调解发展的实际情况,剖析商事调解发展面临的痛点、难点,介绍全球各国商事调解发展经验,为我国商事调解立法做好充分的知识准备和实证素材。

第四,加强传播,提高商事调解的市场认可度。商事调解文化不够浓厚,市场的知晓度、认可度、接受度不高,是当前商事调解发展面临的重要难题之一。因此,我们希望通过编写和发布年度报告的形式,加快商事调解理念和文化的传播,提高商事调解在纠纷解决服务市场的认可度和影响力,从而让更多的商事主体、让越来越多的人知道商事调解、认可商事调解、信任商事调解、运用商事调解。

自报告编写工作启动以来,中国国际贸易促进委员会调解中心与湘潭大学课题组密切合作、协同攻关,组织邀请最高人民法院、司法部、中国社会科学院、北京仲裁委员会等单位的专家学者举行开题研讨会,着力优化报告编写方案;其后组成调研团队,先后赴北京、上海、深圳、杭州、武汉、南宁、珠海、哈尔滨、香港、澳门等地进行了广泛而深入的调研,与当地的司法行政部门、法院、调解组织、调解协会、律师协会、公司企业等深入开展座谈交流和问卷调查,充分听取各类主体对商事调解的看法,并收集了许多翔实的数据和鲜活的素材,从而为报告的撰写奠定了良好的实践基础。经过半年的调研论证及探索实践,课题组数易其稿,形成了呈现在读者面前的这份报告。

在报告编写过程中，我们有幸得到了最高人民法院、司法部等部门的倾心指导和鼎力支持。与此同时，上海市司法局、深圳市司法局、武汉市司法局、哈尔滨市司法局等司法行政机关，上海市第二中级人民法院、武汉市中级人民法院等审判机关，世界知识产权组织（WIPO）仲裁与调解上海中心、深圳市商事调解协会、上海经贸商事调解中心、上海仲裁委员会、武汉仲裁委员会等调解组织和仲裁机构，为报告的撰写提供了许多具体的帮助和支持，在此一并表示感谢！

实践充分证明，调解是应对“世界百年未有之大变局”风险挑战的有效方式。当下，“调解优先”日渐成为国内国际纠纷解决的基本共识，因此调解思维应成为法律人的必备思维，调解知识也应成为人民群众的寻常学问。商事调解作为一项新兴事物，其发展可谓欣欣向荣，但依然面临诸多困难和挑战。我们编写这本年度报告的初心，就是记录中国商事调解的发展历程，凝聚更多力量共同推动中国商事调解的发展进程。我们期望并相信，在各界同仁的关心、支持和积极参与下，中国商事调解将迎来更加光明的前景。

目　录

第一章　中国商事调解发展的总体概况与年度进展

作为一项新兴的纠纷解决方式,商事调解在高效化解商事纠纷、优化营商环境、完善社会治理中扮演的角色日益重要。尤其是《联合国关于调解所产生的国际和解协议公约》(以下简称《新加坡调解公约》)的生效,极大地促进了商事调解在全球各国的发展。我国是《新加坡调解公约》的首批签约方,加快推动国内商事调解的发展,已经成为当务之急。因而,系统地梳理中国商事调解发展的总体概况与年度进展,对准确把握我国商事调解发展现状和实践痛点,推进商事调解高质量发展具有重要意义。

第一节　中国商事调解的总体概况

一、中国商事调解的发展演变

通过观察我国的商事调解实践可以发现,商事调解作为一种社会现象已经稳定并且将长期存在。自近代以来,我国商事调解的发展主要经历了以下阶段:

第一,清末民初,商事调解应运而生。中国自然经济在资本主义商品经济的冲击下变得支离破碎,中国被迫卷入世界贸易市场。为了应对经济结构的转变,近代工商业发展,商事纠纷随之迭起。在此境遇下,商事调解应运而生,并取得显著成效。近代商事调解以商会为主体,商事习惯及惯例为解决纠纷的主要依据,其在近代商事纠纷解决中发挥着重要作用。1902 年,中国第一个民间商会——上海商业会议公所成立,其章程中关于商事调解的规定为商事调解机制的形成奠定了现实基础。《上海商业会议公所第一次核定章程六条》第 6 条“追逋负”中强调要发挥商会调处商事纠纷的积极作用:“商务中最要省钱债一事,而地方有司往往视为细故。虽经控告,无非延宕了事,以致奸商刁侩目无法纪,有故意倒闭潜逃等事。本公所有关商务大局者,不能不秉公与闻,以陈积弊。如有亏负倒欠等案事,可曲谅其短,即邀集商董会议了结,固可省事息争。万一奸滑之徒,难以理喻,立即详请商宪严饬地方官按律惩办,以儆效尤。”[1]

第二,改革开放初期,商事调解主要以国际(涉外)商事调解的形式存在。在这一阶段,主要是中国国际贸易促进委员会/中国国际商会调解中心(原名北京调解中心,自 2000 年起启用现名)(以下简称中国贸促会调解中心)在进行商事调解实践。1987 年,由外交部、原外经贸部(现商务部)和中国国际贸易促进委员会(以下简称中国贸促会)报经国务院批准设立的涉外商事调解机构——中国贸促会调解中心成立,是以调解的方式解决中外当事人商事、海事等争议的常设调解机构。中国贸促会调解中心经过 30 多年的发展,截至 2023 年 6 月,已在全国各省(自治区、直辖市)及一些重要城市设立地方/行业调解中心共 65 家,在国际上与 22 个国家和地区的争议解决机构建立了联合调解机制,形成了庞大的调解网络。[2] 在调解程序中,调解员尊重当事人的意思自治,在查明是非、分清责任的基础上,尊重合同规定,依据法律,参照国际惯例,结合公平合理的原则进行调解工作,以促成当事人互谅互让,达成和解,力争最后达到“双赢”的效果,维护双方的持久合作和长远利益。

第三,进入 21 世纪,我国商事调解的发展逐步呈现多元化。随着我

---

[1] 上海市工商业联合会、复旦大学历史系编:《上海总商会组织史资料汇编(上)》,上海古籍出版社 2004 年版,第 50 页。

[2] 参见中国国际贸易促进委员会/中国国际商会调解中心简介,载调解中心官网,https://adr.ccpit.org/articles/25,2023 年 8 月 1 日访问。

国市场经济改革的进一步加深，国内商事纠纷的数量日益增多、国际化程度日益提高，以及多元化纠纷解决机制的发展和运行，特别是在国家法律规制的前提下，推动商事调解的发展已经成为司法改革认同的主流话语，并已开始进入探索和实践层面。[1] 这一阶段国内商事调解的正当性和法律地位不断提高，应用范围和功能不断扩大，发展格局和形式也逐步多样化。具体而言，一是商事调解的法律地位日益提高。“一带一路”建设，粤港澳大湾区建设，中国—东盟自由贸易区建设，四川、辽宁、重庆、广东等自由贸易区建设的总体方案中均强调建立商事调解机制。例如，中共中央办公厅、国务院办公厅《关于建立“一带一路”国际商事争端解决机制和机构的意见》提出积极培育并完善诉讼、仲裁、调解有机衔接的争端解决服务保障机制；中共中央、国务院印发的《粤港澳大湾区发展规划纲要》提出“推动建立共商、共建、共享的多元化纠纷解决机制”“为粤港澳经济贸易提供仲裁及调解服务”等倡议。二是商事调解组织的多样化。出现了中国贸促会调解中心、上海经贸商事调解中心、北京融商一带一路法律与商事服务中心、北京多元调解发展促进会等一批专业化、职业化的商事调解机构。三是商事调解在不同类型的商事纠纷中的运用日益广泛，涉及公司、保险、证券、期货、票据、破产、保险、海事等众多领域。例如，证券期货行业在纠纷解决方面进行了积极探索，建立了由投服中心、行业协会调解、中国证监会行政投诉等构成的多元化体系，并已初见成效。[2]

第四，党的十八届四中全会以来，特别是《新加坡调解公约》生效以来，我国商事调解法治化的进程加快。主要依据如下：一是中共中央办公厅、国务院办公厅印发的规范性文件。2018 年，《关于建立“一带一路”国际商事争端解决机制和机构的意见》规定了支持具备条件、在国际上享有良好声誉的国内调解机构开展涉“一带一路”国际商事调解，支持有条件的律师事务所参与国际商事调解，商事调解协议书可经司法确认获得强

---

〔1〕 参见杨力：《多元化纠纷解决机制中的商事调解及改革空间》，载《人民法院报》2016 年 7 月 10 日，第 2 版。

〔2〕 参见范愉：《中小投资者保护与证券业纠纷解决机制的构建》，载《投资者》2018 年第 2 期。

制执行力。2019 年,《关于加快推进公共法律服务体系建设的意见》提出了“完善律师调解和商事调解制度”。二是最高人民法院、司法部,以及中华全国工商业联合会(以下简称全国工商联)、中华全国归国华侨联合会等全国性人民团体制定或联合发布的规范性文件。最高人民法院先后出台了《关于人民法院为“一带一路”建设提供司法服务和保障的若干意见》《关于人民法院进一步深化多元化纠纷解决机制改革的意见》《关于人民法院特邀调解的规定》《关于进一步推进案件繁简分流优化司法资源配置的若干意见》,最高人民法院、中华全国归国华侨联合会出台了《关于在部分地区开展涉侨纠纷多元化解试点工作的意见》,全国工商联、司法部出台了《关于推进商会人民调解工作的意见》,最高人民法院办公厅出台了《关于确定首批纳入“一站式”国际商事纠纷多元化解决机制的国际商事仲裁及调解机构的通知》,最高人民法院、全国工商联出台了《关于发挥商会调解优势　推进民营经济领域纠纷多元化解机制建设的意见》等规范性文件。这些规范性文件从不同的层次认可并倡导了商事调解,同时规定了商事调解与其他纠纷解决机制的衔接、商事调解协议司法确认机制等。三是地方性多元化纠纷解决机制立法。从 2015 年开始,《厦门经济特区多元化纠纷解决机制促进条例》《山东省多元化解纠纷促进条例》《黑龙江省社会矛盾纠纷多元化解条例》《福建省多元化解纠纷条例》《安徽省多元化解纠纷促进条例》等多元化纠纷解决地方立法,对商事调解的组织类型、案件范围、收费问题等进行了具体规定。四是民间组织的商事调解规则。具有代表性的文件有:《中国国际贸易促进委员会/中国国际商会调解中心调解规则》《上海经贸商事调解中心调解规则》《一带一路国际商事调解中心调解规则》等。

二、中国商事调解法律规范的总体情况

我国现已形成以宪法为核心,以法律为主干,由法律、行政法规、司法解释、部门规章、监察法规、军事法规、政策文件、团体规定、行业规定等构成的规范体系。笔者以“商事调解”为关键词,以“中央法律规范”为检索

范围，在北大法宝数据库中进行检索，得到相关规范性文件 40 部，其中国务院政策文件 5 部，中央部委政策文件 14 部，司法解释及司法文件 21 部。（如表 1 – 1 所示）

表 1 – 1　使用商事调解的规范性文件

单位：部

规范类型	规范数量
国务院政策文件	5
中央部委政策文件	14
司法解释及司法文件	21
总计	40

资料来源：北大法宝，http://www.pkulaw.cn，检索时间为 2023 年 9 月 1 日。

1. 政策文件中的商事调解

如表 1 – 2 所示，使用商事调解的国务院政策文件主要是国务院印发的关于中国自由贸易试验区总体方案的通知。这些政策文件对商事调解的规定大体一致，出现在自由贸易试验区总体方案的“主要任务和措施”中的“优化法治环境”部分，商事调解被看作优化法治环境、解决矛盾纠纷的重要制度。例如，《中国（四川）自由贸易试验区总体方案》规定：“建立健全国际仲裁、商事调解机制。”此处的商事调解与“国际”一词连接，是指与国际仲裁对应的国际商事调解。

从中央部委的政策文件看，商事调解主要是用于对交通运输工程建设领域守信典型企业、海关高级认证企业、慈善捐赠领域相关主体、安全生产领域守信生产经营单位及其有关人员进行的一种促进外贸投资支持的联合激励措施，这一激励方式主要由中国贸促会实施。例如，国家发展改革委、人民银行、交通运输部等《关于对交通运输工程建设领域守信典型企业实施联合激励的合作备忘录》第 49 条规定，在国际工程承建、投资和运维等方面，优先提供法律顾问、商事调解、经贸和海事仲裁等咨询和支持。还有部分部门规范性文件的功能是促进行业内商事调解的使用。例如，国家知识产权局、司法部《关于加强知识产权纠纷调解工作的意见》

的通知规定,根据当事人需求,按照市场化方式,探索开展知识产权纠纷商事调解。

表1－2　使用商事调解的政策文件

类型	名称	发布时间
国务院政策文件	国务院《关于印发6个新设自由贸易试验区总体方案的通知》(国发〔2019〕16号)	2019.08.02
	国务院《关于印发中国(四川)自由贸易试验区总体方案的通知》(国发〔2017〕20号)	2017.03.15
	国务院《关于印发中国(辽宁)自由贸易试验区总体方案的通知》(国发〔2017〕15号)	2017.03.15
	国务院《关于印发中国(重庆)自由贸易试验区总体方案的通知》(国发〔2017〕19号)	2017.03.15
	国务院《关于印发中国(广东)自由贸易试验区总体方案的通知》(国发〔2015〕18号)	2015.04.08
中央部委政策文件	中共中央、国务院印发《海南自由贸易港建设总体方案》	2020.06.01
	中共中央办公厅、国务院办公厅印发《关于加快推进公共法律服务体系建设的意见》	2019.07.10
	中共中央政法委员会、最高人民法院、最高人民检察院《关于印发〈关于进一步优化司法资源配置全面提升司法效能的意见〉的通知》(中政委〔2019〕26号)	2019.03.15
	中共中央办公厅、国务院办公厅印发《关于建立"一带一路"国际商事争端解决机制和机构的意见》	2018.06.28
	全国工商联办公厅《关于印发〈全国工商联商会调解工作办法(试行)〉的通知》(全联厅发〔2022〕12号)	2022.03.10
	全国工商联、司法部《关于印发〈关于推进商会人民调解工作的意见〉的通知》	2018.03.27
	中国人民银行、原银保监会、中国证监会、外汇局、广东省人民政府《关于金融支持横琴粤澳深度合作区建设的意见》(银发〔2023〕41号)	2023.02.17
	国家知识产权局、司法部《关于印发〈关于加强知识产权纠纷调解工作的意见〉的通知》(国知发保字〔2021〕27号)	2021.10.22

续表

类型	名称	发布时间
中央部委政策文件	国家发展改革委、人民银行、交通运输部等《印发〈关于对交通运输工程建设领域守信典型企业实施联合激励的合作备忘录〉的通知》(发改财金〔2018〕377 号)	2018.02.28
	国家发展改革委、人民银行、民政部等《印发〈关于对慈善捐赠领域相关主体实施守信联合激励和失信联合惩戒的合作备忘录〉的通知》(发改财金〔2018〕331 号)	2018.02.11
	国家发展改革委、人民银行、安全监管总局等《印发〈关于对安全生产领域守信生产经营单位及其有关人员开展联合激励的合作备忘录〉的通知》(发改财金〔2017〕2219 号)	2017.12.25
	最高人民法院、司法部《关于开展律师调解试点工作的意见》(司发通〔2017〕105 号)	2017.09.30
	国家发展改革委、人民银行、海关总署等《印发〈关于对海关高级认证企业实施联合激励的合作备忘录〉的通知》(发改财金〔2016〕2190 号)	2016.10.19
	中国贸促会《关于贯彻〈国务院加快生产性服务业发展促进产业结构调整升级指导意见〉的通知》(贸促办〔2014〕44 号)	2014.09.22

2. 司法解释与司法文件中的商事调解

从表 1－3 中所列使用商事调解的司法解释与司法文件来看,商事调解的使用主要有以下两种类型。

第一,将商事调解与“国际”一词连接,形成国际商事调解。例如,最高人民法院《关于设立国际商事法庭若干问题的规定》第 12 条规定,国际商事法庭在受理案件后 7 日内,经当事人同意,可以委托国际商事专家委员会成员或者国际商事调解机构调解。最高人民法院《国际商事法庭程序规则(试行)》第 17 条第 3 款规定,当事人同意由国际商事调解机构进行审前调解的,可以在最高人民法院公布的国际商事调解机构名单中共同选择调解机构。

第二,将商事调解与人民调解、行政调解、行业调解等并列使用。例如,最高人民法院《关于人民法院特邀调解的规定》第 1 条规定,特邀调解是指人民法院吸纳符合条件的人民调解、行政调解、商事调解、行业调解等调解组织或者个人成为特邀调解组织或者特邀调解员,接受人民法院立案前委派或者立案后委托依法进行调解,促使当事人在平等协商基础上达成调解协议、解决纠纷的一种调解活动。最高人民法院《关于全面深化人民法院改革的意见——人民法院第四个五年改革纲要(2014—2018)》指出,建立人民调解、行政调解、行业调解、商事调解、司法调解联动工作体系。需要特别指出的是,最高人民法院《关于进一步深化家事审判方式和工作机制改革的意见(试行)》第8条也规定了人民调解、行政调解、商事调解、行业调解等组织,可以申请加入家事调解委员会特邀调解组织名册。最高人民法院《关于进一步推进行政争议多元化解工作的意见》第10条规定,行政争议的解决需以相关民事纠纷解决为基础的,可以引导起诉人通过人民调解、行政调解、商事调解、行业调解、行政裁决、劳动仲裁、商事仲裁等程序,依法先行解决相关民事纠纷。可见,商事调解组织也可进行家事案件、民事纠纷的调解工作。

表1-3 使用商事调解的司法解释与司法文件

类型	名称	发布时间
司法解释	最高人民法院《关于设立国际商事法庭若干问题的规定》(法释〔2023〕14号)	2023.12.18
	最高人民法院《关于人民法院特邀调解的规定》(法释〔2016〕14号)	2016.06.28
司法解释性文件	最高人民法院《关于支持和保障全面深化前海深港现代服务业合作区改革开放的意见》(法发〔2022〕3号)	2022.01.17
	最高人民法院《关于人民法院支持和保障浦东新区高水平改革开放打造社会主义现代化建设引领区的意见》(法发〔2022〕1号)	2022.01.10
	最高人民法院《关于为新时代推动中部地区高质量发展提供司法服务和保障的意见》(法发〔2021〕34号)	2021.12.23
	最高人民法院《关于进一步推进行政争议多元化解工作的意见》(法发〔2021〕36号)	2021.12.22

续表

类型	名称	发布时间
司法解释性文件	最高人民法院《关于人民法院为北京市国家服务业扩大开放综合示范区、中国(北京)自由贸易试验区建设提供司法服务和保障的意见》(法发〔2021〕11号)	2021.03.22
	最高人民法院《关于人民法院为海南自由贸易港建设提供司法服务和保障的意见》(法发〔2021〕1号)	2021.01.08
	最高人民法院《关于支持和保障深圳建设中国特色社会主义先行示范区的意见》(法发〔2020〕39号)	2020.11.04
	最高人民法院《印发〈关于人民法院服务保障进一步扩大对外开放的指导意见〉的通知》(法发〔2020〕37号)	2020.09.25
	最高人民法院《关于为长江三角洲区域一体化发展提供司法服务和保障的意见》(法发〔2020〕22号)	2020.07.10
	最高人民法院《关于人民法院深化"分调裁审"机制改革的意见》(法发〔2020〕8号)	2020.02.10
	最高人民法院办公厅《关于印发〈最高人民法院国际商事法庭程序规则(试行)〉的通知》(法办发〔2018〕13号)	2018.11.21
	最高人民法院《关于进一步深化家事审判方式和工作机制改革的意见(试行)》(法发〔2018〕12号)	2018.07.18
	最高人民法院、中华全国归国华侨联合会《关于在部分地区开展涉侨纠纷多元化解试点工作的意见》(法〔2018〕69号)	2018.03.08
	最高人民法院《关于人民法院进一步深化多元化纠纷解决机制改革的意见》(法发〔2016〕14号)	2016.06.28
	最高人民法院办公厅《关于在部分法院开展在线调解平台建设试点工作的通知》(法办〔2016〕184号)	2016.12.01
	最高人民法院《关于进一步推进案件繁简分流优化司法资源配置的若干意见》(法发〔2016〕21号)	2016.09.12
	最高人民法院《关于对广东省高级人民法院就东莞市浩庆纸业有限公司等申请不予执行仲裁裁决一案请示的复函》(〔2015〕民四他字第35号)	2015.10.09
	最高人民法院《关于人民法院为"一带一路"建设提供司法服务和保障的若干意见》(法发〔2015〕9号)	2015.06.16

续表

类型	名称	发布时间
司法解释性文件	最高人民法院《关于全面深化人民法院改革的意见——人民法院第四个五年改革纲要(2014—2018)》(法发〔2015〕3号)	2015.02.04
	最高人民法院《印发〈关于扩大诉讼与非诉讼相衔接的矛盾纠纷解决机制改革试点总体方案〉的通知》	2012.04.10
	最高人民法院《印发〈关于建立健全诉讼与非诉讼相衔接的矛盾纠纷解决机制的若干意见〉的通知》(法发〔2009〕45号)	2009.07.24

总体而言,使用商事调解的规范性文件存在以下特征:一是从数量上看,使用商事调解的法律规范的总体数量较少,且存在不平衡性。二是从位阶上看,使用商事调解的法律规范的位阶较低。宪法和其他法律中没有直接出现商事调解。商事调解主要出现于地方性法规、司法解释等。三是从时间上看,最早使用商事调解的法律规范是2009年最高人民法院发布的《关于建立健全诉讼与非诉讼相衔接的矛盾纠纷解决机制的若干意见》。近年来,使用商事调解的规范性文件数量呈现快速增长的趋势。由此可以看出,商事调解已经逐步受到中央部门的认可与重视。四是从内容上看,使用商事调解的规范性文件分别将商事调解看作两种不同的调解制度:基于纠纷类型分类的调解制度与基于调解主体分类的调解制度。基于纠纷类型分类下的商事调解在法律规范中主要有两种表现形式:一种是与"国际"连用,与国际商事仲裁一样,被看作一种针对商事纠纷的调解制度;另一种是被看作人民调解的一部分,主要是针对商事纠纷进行的专业性、行业性人民调解。基于调解主体分类下的商事调解通常与司法调解、人民调解、行政调解等以调解主体分类的调解类型并列。五是从功能上看,现行法律规范对商事调解主要采用"促进型"的功能定位,是对商事调解在利用上的鼓励与提倡,而较少出现对商事调解的运行进行规范。

三、中国商事调解的理论研究动态

商事调解作为一项解纷制度，在我国最早的实践为20世纪80年代末中国贸促会运用调解手段解决国际贸易纠纷。20世纪80年代初至21世纪初，我国在调解的法律和制度方面进行基础性的构建。在此期间我国明确将调解作为一种争议解决方式，在立法中也明确了调解的地位和作用。与此同时，我国商事调解在理论研究中主要关注商事调解的基本概念与涉外商事调解。21世纪初，我国建立了一批专门的调解机构，如人民调解委员会等，这些机构也在商事领域积极开展调解工作。在此时期，欧盟于2008年发布了《关于民商事调解若干问题的2008/52/EC指令》，我国最高人民法院于2009年颁布了《关于建立健全诉讼与非诉讼相衔接的矛盾纠纷解决机制的若干意见》，在其中提出要完善诉讼与商事调解等非诉讼纠纷解决方式之间的衔接机制，促进商事调解发展。因此2008年至2010年，理论研究成果大量出现，且主要关注替代争议解决方案（ADR）、商事调解机制构建、外国商事调解机制与立法研究方向。21世纪初至2018年，尤其是党的十八大以来，商事调解在非诉讼纠纷解决领域、在改善营商环境方面发挥越来越重要的作用。在此阶段，我国商事调解理论研究与实际结合更加紧密，关于我国和域外商事调解机制、我国自由贸易区商事调解运用以及具体商事调解案例均有不少研究成果。随着我国于2019年签署《新加坡调解公约》，许多研究关注《新加坡调解公约》与我国商事调解制度的构建与对接，在涉及商事调解理论方面的研究也有显著增多。具体而言，在知网中以"商事调解"为关键词对学术期刊内容进行主题检索，2018年以来发表的文献总数超过了全期总数的一半，其中近半数主题与《新加坡调解公约》相关。近年来商事调解理论研究的具体内容，主要集中在以下几个方面。

1. 商事调解立法研究

从《新加坡调解公约》下的商事调解立法研究来看，杜军认为，实践中，国际商事调解协议的执行力问题在相当程度上制约了国际商事争议采用调解方式解决。《新加坡调解公约》设置国际商事调解协议的执行机制,赋能协议的跨境执行。我国国际商事纠纷解决体系构建中要注重《新加坡调解公约》对商事调解机制的影响力和引领力,要通过制定专门的商事调解法律和完善民事诉讼法调解执行机制来促进科学合理的商事调解机制精细化落地。[1] 段明认为,批准《新加坡调解公约》将对国内商事调解的发展产生积极意义,但同时也将对国内商事调解法律制度带来冲击和挑战,先“行政法规”再“一般法律”的商事调解立法策略不仅契合当前国内的立法实际,而且能够更为顺利地实现与《新加坡调解公约》的对接。[2] 赵毅宇认为,现有关于商事调解立法理由的研究,大多数是基于回应《新加坡调解公约》的冲击展开的,其从商事调解立法的正当性、必要性和可行性对商事调解立法进行了体系化论证。[3] 段明认为,我国应在正式批准公约之前,从制定商事调解法律、激活商事调解市场、健全协议执行机制等方面作出回应,以此保证《新加坡调解公约》的精准落地。[4] 王宇石认为,为了促使我国的商事调解制度与《新加坡调解公约》接轨,一方面需要推进专门的商事调解立法,另一方面需要积极开展商事调解基础设施建设,形成高水平的国际商事调解制度,我国的自由贸易试验区可作为进行商事调解制度优化试点的选择平台。[5] 唐琼琼认为,由于我国商事调解存在基本法缺位、调解员认证机制缺失、调解员职业守则统一化以及国际化程度不足等制度性问题,在《新加坡调解公约》的背景下,我国应当制定一部商事调解基本法,对可调解事项、调解的保密性、和解协议的

---

〔1〕 参见杜军:《我国国际商事调解法治化的思考》,载《法律适用》2021 年第 1 期。

〔2〕 参见段明:《〈新加坡调解公约〉与中国商事调解的立法选择》,载《商事仲裁与调解》2021 年第 2 期。

〔3〕 参见赵毅宇:《中国商事调解立法理由的体系化展开》,载《中国海商法研究》2023 年第 2 期。

〔4〕 参见段明:《〈新加坡调解公约〉的冲击与中国商事调解的回应》,载《商业研究》2020 年第 8 期。

〔5〕 参见王宇石:《我国自由贸易试验区商事调解制度的优化与创新——以〈新加坡公约〉为背景》,载《求索》2022 年第 5 期。

执行、调解员认证机制等内容进行规范,促进商事调解的发展。[1] 熊浩认为,《新加坡调解公约》的国内法化问题,不单纯是一个规则配适与制度衔接的问题,还是一个特定文化语境下调解模式之辨异与汇通的问题,需要通过扎根中国纠纷解决的社会、文化语境,不盲从西方的调解范式,基于中国的主体视域,对该公约落地之价值主张进行研判,对不同调解模式的文化偏好进行归旨,从而在有机的衡平中,设计和建构与中国语境相契合、与该公约要求相融通的商事调解立法的基本定位与具体内容。[2] 关于《新加坡调解公约》下的商事调解立法研究,研究者一致认为批准该公约对国内商事调解领域具有积极意义。然而,他们也普遍认为这一举措将对国内商事调解法律制度带来挑战和冲击。因此,研究者提出了一系列建议,以确保《新加坡调解公约》的顺利实施,包括制定商事调解法律、激活商事调解市场、建立协议执行机制、规范调解程序、确保调解的保密性,以及设置适度的司法监督等,其还强调了要考虑中国文化和社会背景的重要性,以确保商事调解立法适应中国的实际情况。

在《新加坡调解公约》之外,廖永安从克服《人民调解法》的不足、提升非诉调解的法律地位、促进现代调解规范化、顺应全球调解发展趋势等方面分析,认为我国制定统一“调解法”具有必要性,且在制定“调解法”的指导思想、基本原则和内容框架上进行了相关研究。[3] 陈洁认为,应以尊重商事调解高度自治性的价值本位为指导思想,并借鉴发展相对成熟的国际商事仲裁裁决在我国的承认与执行制度构建的经验,从立法到具体的审查制度、报核制度、案外第三人救济制度、保全制度等,对我国国际和解协议的准予救济制度作出系统性的构建。[4] 廖永安、王聪提出,人民调解

---

〔1〕 参见唐琼琼:《〈新加坡调解公约〉背景下我国商事调解制度的完善》,载《上海大学学报(社会科学版)》2019 年第 4 期。

〔2〕 参见熊浩:《语境论视野下的〈新加坡调解公约〉与中国商事调解立法:以调解模式为中心》,载《法学家》2022 年第 6 期。

〔3〕 参见廖永安:《关于我国统一“调解法”制定中的几个问题》,载《商事仲裁与调解》2020 年第 2 期。

〔4〕 参见陈洁:《我国国际和解协议准予救济制度的构建——以〈新加坡调解公约〉的签署为契机》,载《东南大学学报(哲学社会科学版)》2020 年第 2 期。

的泛化现象导致新型调解组织的法律定位模糊不清,使调解立法滞后于调解实践。为使现代调解精神与民商事法律鼓励交易的精神内涵契合,促进商事调解等其他调解的共同发展,我国必须重塑社会调解体系,制定统一的"社会调解法",使人民调解和其他新型调解方式根据各自法律定位,走差异化发展道路,形成多元并存、功能区分、程序衔接的调解体系。[1] 高奇针对国际和解协议在我国的跨境执行机制,建议对司法监督双轨制、国际化因素、司法审查程序以及调解保密性等内容予以重点阐释,以期通过相应的制度构建充分发挥司法职能作用,努力为高质量共建"一带一路"营造更加稳定、公平、透明、可预期的国际化、法治化、便利化营商环境。[2]

2. 商事调解实践研究

在商事调解实践研究方面,王芳从中国贸促会调解中心的商事调解经验出发,[3] 对国际商事调解及《新加坡调解公约》中商事调解协议执行问题进行了研究。在商事调解收费方面,龙飞、江和平认为,我国商事调解收费制度虽然进行了有益探索,但仍有待完善。为了发展商事调解,提高营商环境,我国应参考国际收费模式,结合我国国情,建立合理的收费制度。[4] 在诉讼、仲裁与调解机制衔接方面,冯汉桥、沈旦认为,最高人民法院国际商事法庭(CICC)设置的诉讼与仲裁、调解衔接机制体现了诉讼程序"柔化"和"当事人主义"思想,有助于国际商事纠纷的高效解决。为解决存在的主体范围狭窄、机制衔接模式不完整等问题,须充分尊重当事人意思自治,以调解、仲裁为纠纷解决的优先选择方式,以诉讼为纠纷解

---

[1] 参见廖永安、王聪:《人民调解泛化现象的反思与社会调解体系的重塑》,载《财经法学》2019 年第 5 期;廖永安、王聪:《现代调解的新理念与新思维》,载《人民调解》2019 年第 1 期。

[2] 参见高奇:《论国际和解协议在我国的跨境执行:理论分析与制度建构》,载《理论月刊》2020 年第 8 期。

[3] 参见王芳:《商事调解——高效解决涉外商事纠纷的钥匙》,载《人民调解》2019 年第 7 期。

[4] 参见龙飞、江和平:《商事调解收费制度的构建》,载微信公众号"多元化纠纷解决机制"2020 年 9 月 15 日,https://mp.weixin.qq.com/s/r4QiwtaNjSNHHNN3iNPXnw。

决的宏观保障。[1] 在关注我国粤港澳大湾区法律规则衔接问题上，司艳丽提出，粤港澳大湾区诉讼规则衔接存在难点，应建立共商、共建、共享的多元化纠纷解决机制，形成纠纷解决的合力，长远来看，还应努力推动更深层次更大范围的衔接，探索在坚持“一国两制”“协同及合作”的基础上制定粤港澳大湾区商事示范法。[2] 在调解员与调解员制度构建上，沈四宝对调解员所需具备的基本素质及其思维方式进行了讨论；[3] 黄彦雄提出，在《新加坡调解公约》的冲击下，对商事调解进行立法规制是当务之急，而调解员制度更是构建商事调解制度最为关键的一环。因此，我国亟须制定独立的商事调解法，并通过该法来规范调解员的调解执业形式、资格认证模式与任职资质要求。[4] 上述研究强调了商事调解的重要性，尤其是在国际商事纠纷解决和法律规则衔接方面，强调了当事人主义、多元化纠纷解决机制以及制定相关法律规定来规范调解员和调解过程的必要性，这将有助于更高效地解决商事争端。

3. 商事调解制度研究

在“一带一路”中的商事调解制度与国内商事调解制度衔接的研究中，龙飞、孙雅婷提出，“一带一路”建设需要法治保障。最高人民法院国际商事法庭是中国为此设立的重要机构，也是国际商事争端解决制度的亮点。国际商事法庭在多方面进行制度创新，受到世界关注。国际商事法庭将继续发挥其服务和保障“一带一路”建设的作用，为中国参与全球治理变革贡献力量。[5] 廖永安、段明提出，发展“一带一路”商事调解面临诸多挑战，需要以共商共建共享为方向指引，重塑“一带一路”商事调解

---

〔1〕 参见冯汉桥、沈旦：《国际商事法庭诉讼与仲裁、调解衔接机制的完善》，载《怀化学院学报》2020 年第 2 期。

〔2〕 参见司艳丽：《粤港澳大湾区法律规则衔接疑难问题研究——以多元化纠纷解决机制为切入点》，载《中国法律评论》2022 年第 1 期。

〔3〕 参见沈四宝：《商事调解员的素质及思维》，载《商事仲裁与调解》2020 年第 1 期。

〔4〕 参见黄彦雄：《论我国商事调解员制度的规范建构——在〈新加坡公约〉背景下的制度衔接》，载《吉林工程技术师范学院学报》2020 年第 4 期。

〔5〕 参见龙飞、孙雅婷：《“一带一路”建设中国际商事法庭的制度构建与创新》，载民主与法制网，http://www.mzyfz.com/html/2191/2022-01-26/content-1552700.html。

的基本理念和基本原则,并通过培育现代国际商事调解组织,建立国际商事调解职业队伍,明确商事调解协议执行机制,构建国际商事调解信用体系进行有效应对。[1] 汪若兰认为,“一带一路”共建国家法律制度差异较大,因此为处理“一带一路”国际商事争议,有必要建立专门的调解机制,包括调解中心的设立、调解员的构成、调解前置程序、调解的执行等内容。[2] 胡军辉、赵毅宇提出,根据“一带一路”商事纠纷的显著特征,仲调结合较之商事调解能更好解决纠纷。[3] 胡仕浩就人民法院推动多元化纠纷解决机制改革,形成中国特色多元化纠纷解决机制的十个方面的比较优势,以商事解纷机制改革在新时代背景下面临的挑战和问题为切入点,从完善国家治理体系和治理能力的角度,提出进一步完善多元共治商事解纷机制的对策建议。[4]

在《新加坡调解公约》背景下我国商事调解制度与其的衔接上,温先涛将《新加坡调解公约》与《承认及执行外国仲裁裁决公约》(以下简称《纽约公约》)、《选择法院协议公约》进行比较,就“和解”与“调解”的词义、《新加坡调解公约》部分核心条款和我国与《新加坡调解公约》需匹配的相关制度进行了讨论。[5] 刘晓红、徐梓文认为,我国加入《新加坡调解公约》后将会面对的最大的软肋便是我国商事调解制度的缺位,为了能够更好地发展我国的商事调解制度,顺利落实《新加坡调解公约》,我国宜采取两步走的战略,第一步是最高人民法院需积极出台相关司法解释,做好《新加坡调解公约》的适配工作,第二步则是通过加入《新加坡调解公约》

---

[1] 参见廖永安、段明:《我国发展“一带一路”商事调解的机遇、挑战与路径选择》,载《南华大学学报(社会科学版)》2018年第4期。

[2] 参见汪若兰:《“一带一路”国际商事争议调解机制研究》,载《法制与经济》2018年第6期。

[3] 参见胡军辉、赵毅宇:《论仲调结合在“一带一路”商事纠纷解决中的运用》,载《南华大学学报(社会科学版)》2018年第4期。

[4] 参见胡仕浩:《中国特色多元共治解纷机制及其在商事调解中应用》,载《法律适用》2019年第19期。

[5] 参见温先涛:《〈新加坡公约〉与中国商事调解——与〈纽约公约〉〈选择法院协议公约〉相比较》,载《中国法律评论》2019年第1期。

倒逼我国商事调解制度的建设。[1] 杨秉勋认为,《新加坡调解公约》解决了国际商事调解达成的和解协议的跨境执行问题,我国民事调解制度在已有新发展的情况下,可与《新加坡调解公约》一道,在传统人民调解的制度框架中催生新制度。[2] 张丽英分析了《新加坡调解公约》的创新设计,解读了《新加坡调解公约》适用的和解协议的条件、他国可以拒绝救济和解协议的情形等,并对中国商事调解制度的搭建及与《新加坡调解公约》的衔接提出建议,以促进中国商事调解制度的完善及与《新加坡调解公约》更好地衔接。[3] 孙南翔提出,我国虽已签署《新加坡调解公约》,但相关立法及司法实践与其核心要求尚有差距,主要问题包括国际调解协议在我国尚无可执行性、个人调解制度尚未建立以及商事调解的执行理念有待转变。有鉴于此,我国应积极创造《新加坡调解公约》的批准条件,特别是应明确国际商事调解在我国法律体系中的独立救济功能。在实施《新加坡调解公约》时,我国可充分利用司法审查机制,创设调解员激励与约束规范,完善案外人救济规范,构建一套符合国际先进经验并解决我国核心关切的公约对接机制。[4] 陈梦认为,中国在国际和解协议的概念、调解程序规则、调解员守则、和解协议的执行机制和司法监督上,与《新加坡调解公约》和《联合国国际贸易法委员会国际商事调解示范法》(以下简称《国际商事调解示范法》)所代表的国际标准有一定的差异,因此我国可以从衔接国际国内和解协议执行机制、调解员行为准则、补充和解协议司法监督等方面来积极应对《新加坡调解公约》的生效,与国际规则对接。[5] 赵平对《新加坡调解公约》制定的背景、内容,与我国法律体系的衔接,对

[1] 参见刘晓红、徐梓文:《〈新加坡公约〉与我国商事调解制度的对接》,载《法治社会》2020年第3期。

[2] 参见杨秉勋:《〈新加坡调解公约〉与我国调解制度的新发展》,载《人民调解》2020年第1期。

[3] 参见张丽英:《〈新加坡调解公约〉的解读及中国商事调解制度的衔接》,载《商事仲裁与调解》2020年第2期。

[4] 参见孙南翔:《〈新加坡调解公约〉在中国的批准与实施》,载《法学研究》2021年第2期。

[5] 参见陈梦:《〈新加坡调解公约〉背景下中国商事调解规则构建》,载《商事仲裁与调解》2021年第3期。

我国产生的深远意义以及加入《新加坡调解公约》的必要性等问题进行了全面分析。[1]

4. 商事调解协议的执行研究

由于《新加坡调解公约》对经调解达成的“和解协议”的执行提出了要求,有不少研究与商事调解的执行相关:刘敬东等认为,《新加坡调解公约》的诞生标志着国际商事调解协议法律执行力的提升,从短期看,我国批准《新加坡调解公约》不会导致中国法院面临海量的国际和解协议的执行申请;长期来看,《新加坡调解公约》将促进调解发展,降低诉讼数量。[2] 赵泽慧认为,我国调解体系的一元化使商事调解制度只能依附人民调解而存在,因此国内商事调解协议与人民调解协议一样,并不具有执行力和终局力,这与《新加坡调解公约》的要求存在本质冲突。因此,我国可以在调解/和解协议的执行问题上按照国内和国际区分,对国内调解协议仍以司法确认制度赋予其执行力,对国际商事和解协议以直接执行机制辅之以执行审查制度,并明确审查范围及其构建方向,以期在制度衔接困境下寻求突围路径。[3] 程华儿认为,《新加坡调解公约》构建了《纽约公约》后的国际商事调解系统,其基本精神是构建在国际中具有执行力的调解协议执行体系,中国作为《新加坡调解公约》发起国,需在涉外法治发展视域下及时调整可予以司法确认的国内调解协议的类型,建立与《新加坡调解公约》相衔接的国内司法确认或审查制度以实现执行机制革新,完善中国商事调解机制的司法适用。[4] 张艳、房昕认为,《新加坡调解公约》认可国际调解协议的强制执行力,与我国调解协议仅具有合同的效力

---

〔1〕 参见赵平:《论多元化纠纷解决机制下的〈新加坡调解公约〉》,载《经贸法律评论》2019 年第 6 期;赵平:《〈新加坡调解公约〉与中国调解法律体系的衔接》,载《中国律师》2019 年第 9 期。

〔2〕 参见刘敬东、孙巍等:《批准〈新加坡调解公约〉对我国的挑战及应对研究》,载《商事仲裁与调解》2020 年第 1 期。

〔3〕 参见赵泽慧:《〈新加坡调解公约〉的衔接困境与突围——从调解协议效力的冲突切入》,载《商事仲裁与调解》2020 年第 4 期。

〔4〕 参见程华儿:《涉外法治发展视域下我国法院对〈新加坡调解公约〉执行机制革新的因应》,载《法律适用》2020 年第 24 期。

的规定不符，调解协议的效力应高于仅具有私法效力的民事合同和没有第三人作用下的和解协议，该公约规定的直接执行机制相较于我国的转化执行机制更加优越，并对调解协议执行力原理进行了探讨。[1] 张冰认为，《新加坡调解公约》的出台给我国法院执行国际商事和解协议带来了机遇和挑战，我国在未来需要通过修改法律和调整国内程序为该公约的批准做好准备，应在现有制度基础上探索建立国际商事和解协议执行审查机制、构建国际商事和解协议执行合作平台、统一国际商事和解协议执行审查标准，并完善国际商事调解员认证机制与职业规范。[2]

在过去几十年中，中国商事调解领域经历了显著的演进与发展，这一进程不仅见证了我国法律制度的不断完善，也反映了商事调解在非诉讼纠纷解决领域日益重要的作用。从 20 世纪 80 年代初的探索，到 21 世纪初的法律更新和机构建设，再到近年来与国际社会接轨，中国商事调解理论和实践已经达到了新的高度。在这个过程中，理论研究不仅逐渐深入，还不断扩展到新的领域，如中国—东盟自由贸易区和“一带一路”倡议中的商事调解。商事调解在国际纠纷解决中的地位逐渐凸显，也引发了更多关于调解协议效力、调解与仲裁的关系等核心问题的研究。特别值得注意的是，中国于 2019 年签署了《新加坡调解公约》，这一举措进一步将中国商事调解纳入国际框架，为中国在国际商事调解领域的发展打开了新的机遇。与此同时，商事调解理论研究也开始更加重视与国际标准的对接，以适应全球商事调解的需求。未来，中国商事调解将继续发挥重要作用，为改善营商环境、促进国内外商事交往提供更为便捷和高效的纠纷解决方式。随着中国不断融入全球经济体系，商事调解的国际化趋势将更加明显，这也将促使中国不断深化理论研究，完善制度建设，以更好地适应复杂多变的商事环境，实现纠纷的和平解决和公平公正的商事秩序。

---

〔1〕 参见张艳、房昕：《〈新加坡调解公约〉下我国商事调解协议的执行力问题研究》，载《法律适用》2021 年第 5 期。

〔2〕 参见张冰：《〈新加坡调解公约〉背景下我国法院执行国际商事和解协议的路径探索》，载《商事仲裁与调解》2021 年第 5 期。

第二节 中国商事调解的年度进展(2022 -2023 年)

一、中国商事调解法律规范的年度进展(2022 -2023 年)

2022 年是商事调解相关立法工作蓬勃发展的一年,自 2022 年以来,从中央到地方各个层级的相关部门陆续出台了诸多与商事调解相关的法律规范,主要包括全国人大工作文件、司法解释性文件、团体规定、省级地方性法规、设区的市的地方性法规、经济特区法规与地方政府规章等。

1. 中央法律规范层面的商事调解年度进展

根据北大法宝数据库的检索结果,2022 年度使用商事调解的中央规范性文件包括全国人大工作文件 1 部、司法解释类 12 部(其中司法解释性文件 4 部,最高人民法院、最高人民检察院工作文件 8 部)、部门规章(仅含部门工作文件)4 部、团体规定 1 部,共计 18 部。[1] 囿于篇幅,笔者仅选取其中具有代表性的全国人大工作文件、司法解释性文件、团体规定进行分析(见表 1 -4)。

表 1 -4 2022 年度使用商事调解的规范性文件

类型	名称	发布时间
全国人大工作文件	全国人大财经委《关于第十三届全国人民代表大会第五次会议主席团交付审议的代表提出的议案审议结果的报告》	2022.10.27
司法解释性文件	《最高人民法院发布“打造枫桥式人民法庭 服务基层社会治理”典型案例——服务新型城镇化建设篇》	2022.11.10
	《最高人民法院发布八起人民法院“总对总”在线多元调解案例》	2022.02.24

[1] 笔者以“商事调解”为关键词,以“中央法律规范”为检索范围,公布年份设定为 2022 年,在北大法宝数据库中进行检索,检索日期为 2023 年 9 月 1 日。

续表

类型	名称	发布时间
司法解释性文件	最高人民法院《关于支持和保障全面深化前海深港现代服务业合作区改革开放的意见》(法发〔2022〕3号)	2022.01.17
	最高人民法院《关于人民法院支持和保障浦东新区高水平改革开放打造社会主义现代化建设引领区的意见》(法发〔2022〕1号)	2022.01.10
团体规定	全国工商联办公厅《关于印发〈全国工商联商会调解工作办法(试行)〉的通知》(全联厅发〔2022〕12号)	2022.03.10

一是全国人大工作文件。从全国人大财经委《关于第十三届全国人民代表大会第五次会议主席团交付审议的代表提出的议案审议结果的报告》中看:王俊峰等30名代表、肖胜方等30名代表(第10号、第256号议案)提出,为建立健全中国特色商事调解制度,完善诉讼与非诉讼相衔接的多元化矛盾纠纷解决机制,建议在总结我国商事调解实践经验基础上,借鉴和参照《国际商事调解示范法》以及《新加坡调解公约》,制定商事调解法。商务部赞同议案所提意见,认为商事调解立法对于完善多元纠纷解决机制、优化营商环境具有积极意义。该部两次提出将制定商事调解法列入国务院立法计划的建议,同时在仲裁法修订工作中推动加强仲裁与调解的衔接。全国人大财经委同意商务部的意见,建议加强对议案所提商事调解有关重点难点问题的研究论证,待条件成熟时提出立法建议。

二是司法解释性文件。最高人民法院《关于支持和保障全面深化前海深港现代服务业合作区改革开放的意见》第8条对"建设国际商事争议解决中心"进行规定。支持前海合作区率先建立诉讼、调解、仲裁既相互独立又衔接配合的国际商事争议解决中心。推动深圳前海合作区人民法院(以下简称前海法院)与知名国际商事仲裁机构、国际商事调解组织进行工作对接,健全"一站式"国际商事纠纷多元解决机制。进一步完善前海法院与港澳调解机构诉调对接机制,吸纳符合条件的港澳调解机构参与国际商事、知识产权等领域纠纷调解,支持港澳调解员及律师参与调解,探索由前海法院试点受理该类型调解协议的司法确认案件。探索建立港澳调解员在粤港澳大湾区执业统一资格认定制度,构建调解职业水准评价体系。最高人民法院《关于人民法院支持和保障浦东新区高水平改革开放打造社会主义现代化建设引领区的意见》第 11 条对“创新国际商事纠纷多元化解决机制”进行规定。充分尊重当事人对纠纷解决方式的选择权,加强与国际商事调解机构、仲裁机构的协作,健全诉讼与调解、仲裁有机衔接的“一站式”国际商事纠纷多元化解决机制。支持境外知名国际商事仲裁机构在浦东新区设立业务机构,就国际商事争议开展仲裁业务,依法支持和保障仲裁案件当事人的财产保全、证据保全、行为保全等临时措施的申请和执行,助力浦东打造具有国际影响力和吸引力的国际商事纠纷解决中心。

三是团体规定。《全国工商联商会调解工作办法(试行)》分为总则、商会调解组织建设、商会调解队伍建设、商会调解程序、商会调解服务平台建设、保障支持、附则等 7 章。其中的亮点主要包括:鼓励具备条件的工商联或商会设立具有独立法人地位的商事调解组织,按照市场化方式运作,为民营企业提供商事纠纷化解服务;支持工商联或商会发起设立商事调解组织,省级以上工商联会同司法行政机关等加强对商事调解组织的指导,督促其规范运行。

2. 地方法律规范层面的商事调解年度进展

根据北大法宝数据库的检索结果,2022 年度使用商事调解的地方法律规范包括地方性法规(其中省级地方性法规 7 部、设区的市地方性法规 4 部、经济特区法规 2 部)13 部、地方政府规章 2 部、地方规范性文件 14 部、地方司法文件 23 部、地方工作文件 127 部,共计 179 部。[1] 囿于篇幅,笔者仅选取其中具有代表性的省级地方性法规、设区的市地方性法规、经济特区法规、地方政府规章进行分析(见表 1－5)。

---

〔1〕 笔者以“商事调解”为关键词,以“地方法律规范”为检索范围,公布年份设定为 2022 年,在北大法宝数据库中进行检索,检索日期为 2023 年 9 月 1 日。

表1－5　2022年度使用商事调解的地方法律规范

类型	名称	发布时间
省级地方性法规	《中国(湖北)自由贸易试验区条例》(2022年修正)(湖北省人民代表大会常务委员会公告第326号)	2022.11.25
	《湖北省优化营商环境条例》(湖北省人民代表大会常务委员会公告第324号)	2022.11.25
	《北京市优化营商环境条例》(2022年修正)(北京市人民代表大会常务委员会公告〔15届〕第82号)	2022.08.29
	《广东省优化营商环境条例》(广东省第十三届人民代表大会常务委员会公告第112号)	2022.06.01
	北京市人民代表大会常务委员会《关于促进国家服务业扩大开放综合示范区建设的决定》(北京市人民代表大会常务委员会公告〔15届〕第74号)	2022.05.25
	《安徽省多元化解纠纷促进条例》(2022年修正)(安徽省人民代表大会常务委员会公告第64号)	2022.03.25
	《中国(湖南)自由贸易试验区条例》(湖南省第十三届人民代表大会常务委员会公告第86号)	2022.01.11
设区的市地方性法规	《安庆市优化营商环境条例》	2022.12.27
	《湛江市优化营商环境条例》(湛江市第十五届人民代表大会常务委员会公告第3号)	2022.04.02
	《济南市优化营商环境条例》(济南市人民代表大会常务委员会公告第31号)	2022.01.21
	《曲靖市多元化解纠纷促进条例》(曲靖市第五届人民代表大会常务委员会公告第7号)	2022.01.20
经济特区法规	《深圳经济特区社会建设条例》(深圳市第七届人民代表大会常务委员会公告第57号)	2022.06.30
	《深圳经济特区矛盾纠纷多元化解条例》(深圳市第七届人民代表大会常务委员会公告第42号)	2022.03.28
地方政府规章	《广州市公共法律服务促进办法》(广州市人民政府令第189号)	2022.03.29
	《上海市公共法律服务办法》(上海市人民政府令第63号)	2022.01.30

其一,省级地方性法规。商事调解主要出现在关于自由贸易试验区、营商环境、综合示范区建设、多元化纠纷解决等领域的省级地方性法规中。例如,《中国(湖北)自由贸易试验区条例》(2022 年修正)第 66 条规定,自贸试验区完善多元化、国际化商事争议解决机制,加强行业性、专业性调解组织的建设,探索建立与境外商事调解机构的合作机制,协同解决跨境纠纷。行业协会、商会以及调解组织等可以参与自贸试验区商事纠纷调解,发挥争议解决作用。《湖北省优化营商环境条例》第 54 条第 2 款规定,建立健全调解、仲裁、行政裁决、行政复议、诉讼等有机衔接、相互协调的多元化涉企纠纷解决机制,支持行业性专业性商事仲裁机构、商事调解机构建设,完善人民调解、行业性专业性调解、行政调解、司法调解联动工作体系。《北京市优化营商环境条例》(2022 年修正)第 69 条规定,本市支持在京商事仲裁机构和商事调解机构发展,支持其加入一站式国际商事纠纷多元化解决平台。鼓励市场主体选择在京商事仲裁机构或者商事调解机构解决纠纷。《安徽省多元化解纠纷促进条例》(2022 年修正)第 20 条规定,商会、行业协会、民办非企业单位、商事仲裁机构等在投资、贸易、金融、房地产、工程承包、运输、知识产权、技术转让等领域可以设立相关商事调解组织,为化解商事纠纷提供服务。

其二,设区的市地方性法规。商事调解主要出现在关于营商环境、多元化纠纷解决等领域的设区的市地方性法规中,相关规定也更具地方性特色。《安庆市优化营商环境条例》第 40 条第 1 款规定,推广"六尺巷"非诉调解工作机制,发挥商事调解组织和行业调解的专业作用,在劳动争议、知识产权、生态环境、商事金融等领域提供优质高效法律服务。《湛江市优化营商环境条例》第 54 条第 2 款规定,加强与境外商事调解机构、法律服务机构等开展法律事务的交流合作,协同解决市场主体的跨境纠纷。《曲靖市多元化解纠纷促进条例》第 41 条第 1 款规定,经行政机关、人民调解组织、行业性专业性调解组织、商事调解组织或者其他具有调解职能的组织调解达成的具有民事合同性质的协议,以及在登记立案前由人民法院委派给特邀调解组织、特邀调解员调解达成的协议,当事人可以依法向有管辖权的人民法院申请司法确认。

其三，经济特区法规。商事调解出现在《深圳经济特区社会建设条例》《深圳经济特区矛盾纠纷多元化解条例》中。《深圳经济特区社会建设条例》第55条规定，市、区人民政府应当健全人民调解、行政调解、司法调解联动的工作体系，大力发展商事调解，推进行业性、专业性调解组织发展。《深圳经济特区矛盾纠纷多元化解条例》在第三章"调解"中设置了专门一节规定了"商事调解"，凸显了商事调解在调解体系中的重要地位。其第三章第四节"商事调解"共7条，涉及商事调解的概念、范围、商事调解组织、收费规则、保密规则、主管单位、行业自律等重要问题。例如，《深圳经济特区矛盾纠纷多元化解条例》第38条规定，商事调解组织可以收取调解服务费。调解服务费用实行市场调节，由商事调解组织按照公平合理、诚实信用的原则，综合考虑调解员报酬、商事调解组织运作费用等制定收费标准并向社会公开。

其四，地方政府规章。商事调解出现在关于公共法律服务领域的设区的地方政府规章中。《广州市公共法律服务促进办法》第32条第2款规定，市司法行政部门应当加强法律服务业对外合作，促进"一带一路"律师联盟广州中心、广州国际商贸商事调解中心、广州国际商贸法律服务中心发展，支持建设粤港澳大湾区商事纠纷解决中心、亚太地区国际仲裁中心。《上海市公共法律服务办法》第42条第2款规定，赴上海市参加仲裁活动、商事调解的外籍仲裁员、调解员、当事人、代理人、证人等，可以按照有关规定，享受出入境证件办理便利。

二、中国商事调解的基本概况（2022—2023年）

商事调解作为处理商事纠纷的重要方式，相较于诉讼程序，在纠纷处理效率和程序灵活性等方面表现出显著优势，无论是在调解组织，还是调解人员，抑或调解案件数量等方面，都取得了显著的发展，尤其是随着"解决商业纠纷"在世界银行营商环境评估体系中的指标调整，商事调解在处理商事纠纷中的作用明显提升。具体而言，在世界银行旧的营商环境评估体系中,世界银行在“执行合同”项下通过对商事纠纷解决程序与质量、时间及费用的评估,考察世界范围内各大经济体民商事司法制度以及法院的质效。但最新的评估体系将“解决商业纠纷”具体化为“解决商业纠纷法规数量”“司法公共服务可及性”“解决商业纠纷便利性”三项指标。而且,评估中心也逐步从以往过分重视诉讼转向提升通过调解“解决商业纠纷”所占比重。[1] 上述变革为中国商事调解的发展提供了良好契机。

1. 中国商事调解组织概况

在中国现有的规范性文件中,商事调解组织常与行政机关、人民调解组织、行业调解组织或其他具有调解职能的组织并列提及。[2] 由此可见,在我国,商事调解组织被看作区别于人民调解组织、行业调解组织以及其他具有调解职能组织的独立、第三方组织。基于此,本报告以“商事调解”“商事纠纷调解”等为关键词,通过民政部“全国社会组织信用信息公示平台”及“天眼查”数据库进行检索,对当前国内登记注册的独立第三方商事调解组织进行了系统的梳理。数据显示,截至2023年9月1日,国内已经登记设立约223家独立第三方商事调解组织(见附录2),其中登记为民办非企业单位的有203家、事业单位的有5家、个人独资企业的有3家、个体工商户的有3家、社会团体的有1家、有限责任公司的有8家,其登记类型各自的占比大体如图1－1所示。

---

〔1〕 参见高翔:《便利营商环境视野下的营商民事司法改革——以世界银行营商环境新评估体系中的“解决商业纠纷”为视角》,载《法学杂志》2023年第5期。

〔2〕 例如,最高人民法院《关于进一步深化家事审判方式和工作机制改革的意见(试行)》、最高人民法院《关于人民法院特邀调解的规定》等。

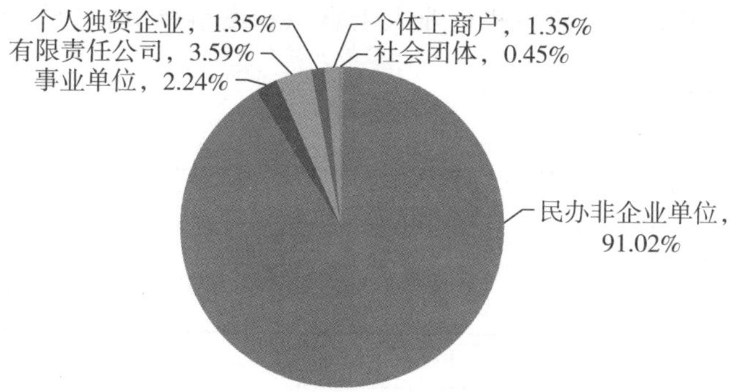

图 1-1　商事调解组织登记设立情况

资料来源："天眼查"数据库（https://www.tianyancha.com）以及"全国社会组织信用信息公示平台"（https://xxgs.chinanpo.mca.gov.cn/gsxt/newlist），不包含我国港澳台地区，仅供参考。检索日期为 2023 年 9 月 1 日。

通过对数据进行简单分析，可以明显发现，目前国内登记设立的第三方商事调解组织绝大多数是民办非企业单位性质。根据《民办非企业单位登记管理暂行条例》第 2 条的规定，民办非企业单位是指由企业事业单位、社会团体和其他社会力量以及公民个人利用非国有资产举办的，从事非营利性社会服务活动的社会组织。而在各民办非企业单位型的商事调解组织简介中，也常见"非营利组织"的标签。

作为当前我国最主流的登记类型，民办非企业单位型商事调解组织的发展最能反映我国商事调解组织的发展情况。因此，本部分选取民办非企业单位型商事调解组织为样本，对调解组织的成立时间、开办资金以及地域分布等情况进行概括分析。

（1）成立时间

从图 1-2 可以看出，我国民办非企业单位型商事调解组织的成立数量以 2019 年为分界线，明显分为两个阶段，即缓慢增长和迅速增长阶段。2019 年之前，每年成立的数量都是个位数，增长十分缓慢。2019 年之后，则进入了迅速增长期。仅在 2020 年一年内，国内成立的民办非企业单位型商事调解组织就超过了过往年份的总和。这可能是因为我国于 2019 年签署了《新加坡调解公约》，中央和部分地方相继出台了一些促进商事调解发展的政策。这使一些行业人士意识到商事调解快速发展的趋势，纷纷投入商事调解行业。

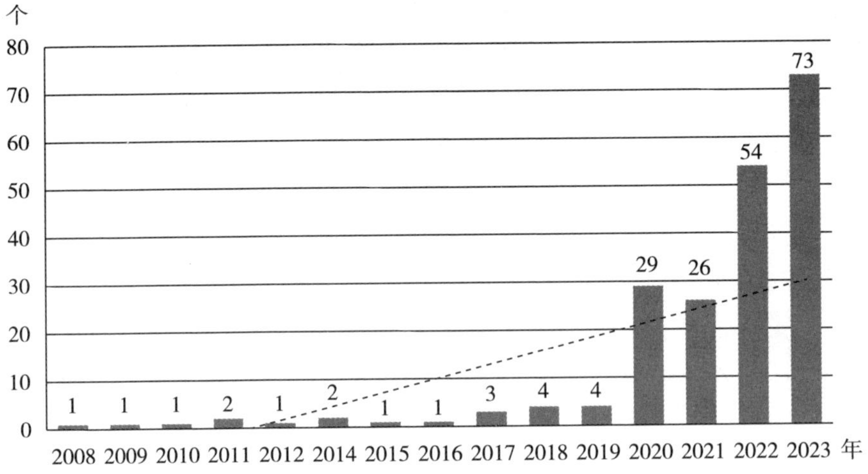

图 1 -2 商事调解组织成立时间情况

注:暂缺 2013 年数据。

(2)开办资金

尽管近年来商事调解组织的数量增长迅速,但通过调查我们发现,这些商事调解组织大多规模较小。从实际情况来看,部分商事调解组织自“挂牌”以来是否真正开展过商事调解活动也存在疑虑,其形式意义或许大于实质意义。与公司注册资本的认缴制不同,民办非企业单位的开办资金以实际缴纳的货币资金为准。开办资金的金额以具有资质的会计师事务所审验的验资报告确定,不能采用认缴的方式确定开办资金。因此,开办资金可以直观地反映民办非企业单位组织的规模和经济实力。通过对检索到的民办非企业单位型商事调解组织的开办资金进行梳理和分析,我们发现,203 家样本组织中有 172 家开办资金不超过 10 万元,占比将近 85%;开办资金超过 10 万元但不到 20 万元的有 4 家,占比约 2%;开办资金超过 20 万元但不到 50 万元的有 18 家,占比约不到 9%;而开办资金达到 50 万元的民办非企业单位型商事调解组织有 9 家,其中最高的是深圳市福田区河套国际商事调解中心,而所有民办非企业单位型调解组织的开办资金均不超过 100 万元(详见图 1 - 3)。

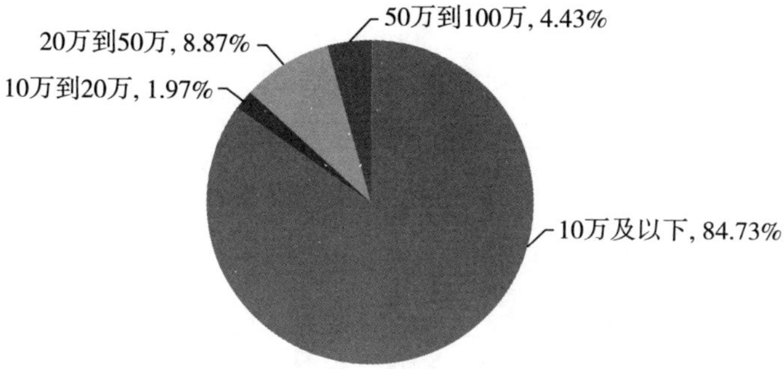

图 1 - 3　商事调解组织开办资金情况

注:以上数据不含本数。

(3)地域分布

通过对商事调解组织的统计数据进行分析,我们发现国内商事调解组织的地域分布极不平衡。从统计样本来看(见图 1 - 4),成立超过 10 家商事调解组织的省级行政单位只有 8 个。在全国范围内,广东省成立的商事调解组织最多,达到 29 家。事实上,广东省的商事调解制度发展一直在全国遥遥领先。其中,深圳的商事调解制度建设成果尤为突出。深圳作为中国特色社会主义先行示范区,其出台的《深圳经济特区矛盾纠纷多元化解条例》是我国第一部专章规定商事调解的地方性法规。该条例详细地规定了商事调解的各项相关事项,为促进当地商事调解发展提供了诸多便利,也为全国商事调解发展提供了“深圳样本”。商事调解组织在沿海经济发达地区成立较多的现象也符合商事活动客观规律。

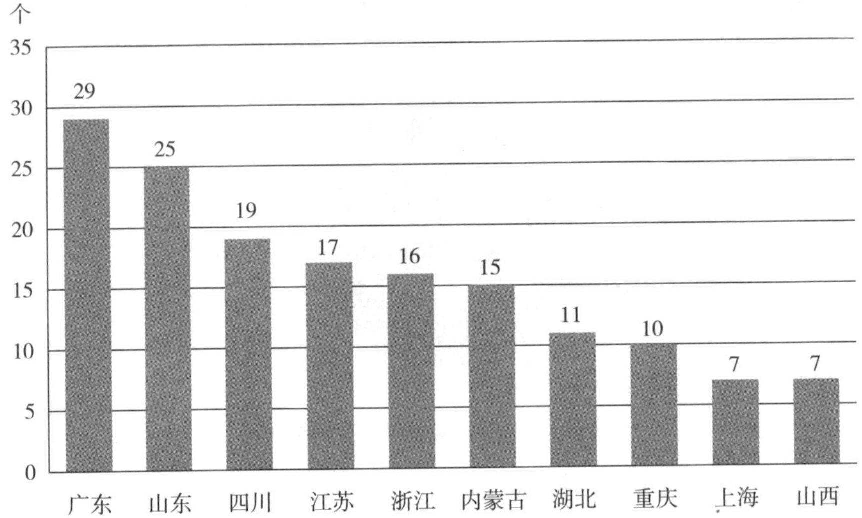

图1－4　商事调解组织地域分布情况

从客观而言,商事调解组织的数量不断增加,有利于营造良好的商事调解发展氛围和环境,推动形成我国商事调解的发展浪潮。《全国公共法律服务体系建设规划(2021—2025年)》也提出要完善商事调解相关法律制度,在“十四五”时期内打造10家具有国际影响力的商事调解组织,为新时期商事调解的发展指明了目标和方向,不少地区也陆续出台促进商事调解组织发展的政策或法规,以推动中国商事调解制度发展。

2. 中国商事调解人员概况

(1)资格要求

商事调解员在中国并非一个独立的职业,而是属于“调解员”大类下的一种细分类型。根据《人民调解法》第14条第1款的规定:“人民调解员应由公道正派、热心人民调解工作,并具有一定文化水平、政策水平和法律知识的成年公民担任。”然而,商事调解员不仅需要深厚的法律功底,还需熟悉商事规则、商业习惯等行业知识。因此,一名优秀的人民调解员不一定能很好地调解商业纠纷。商事调解员应设定特殊的准入门槛与资格要求。

然而,囿于缺乏上位法相关规定,在地方立法过程中对商事调解员的准入资格不能设置过高限制,否则有变相设置行政许可事项之嫌。举例而言,深圳市第七届人民代表大会常务委员会第八次会议于 2022 年 3 月 28 日通过《深圳经济特区矛盾纠纷多元化解条例》,该条例第 22 条对调解员的资格要求如下:“调解员应当由公道正派、热心调解工作,并具有一定文化水平、政策法律水平和专业知识的成年公民担任。”无独有偶,为促进上海市商事调解行业发展,上海市浦东新区第七届人民代表大会常务委员会第三次会议通过了《浦东新区促进商事调解若干规定》,该规定第 10 条第 1 款对调解员的资格要求如下:“调解员应当品行端正、公道正派、勤勉尽责,熟悉商事法律法规、商事交易规则、商事交易习惯。”可以发现,无论是《深圳经济特区矛盾纠纷多元化解条例》还是《浦东新区促进商事调解若干规定》,其关于调解员的资格要求都与《人民调解法》对人民调解员的资格要求并无本质区别。究其原因,我国《行政许可法》第 15 条第 2 款规定,“地方性法规和省、自治区、直辖市人民政府规章,不得设定应当由国家统一确定的公民、法人或者其他组织的资格、资质的行政许可”,因此调解员资格、资质的相关许可应由全国性法律规范作出规定,地方性法规无权设定此类资格要求。

(2)人员结构

商事调解员资格、资质的相关许可缺位在一定程度上限制了商事调解行业的发展。但它极大地拓宽了商事调解员的来源渠道。由于没有明确的准入门槛限制,许多法律、经贸领域的从业人员投身商事调解工作,对商事调解行业抱有极高的期待与热情,并对调解发展的前景表示乐观。

从商事调解组织公布的调解员名册以及编写组向国内各调解组织发放的调查问卷结果来看,各调解组织的调解员队伍构成情况相似度极高,基本以律师、仲裁员、离退休法官、经贸实务工作者为主要来源。举例而言,海南国际仲裁院国际商事调解中心首批 346 名调解员均从海南国际仲裁院的仲裁员中遴选聘任而来,其中境内调解员 265 人、我国港澳台地区及其他境外调解员 81 人,法律实务从业者 244 人、教学研究工作者 51

人、经济贸易工作者51人。[1] 调解员的专业类型覆盖法律、经济贸易、金融、知识产权、海事海商等多个领域。一带一路国际商事调解中心作为北京融商一带一路法律与商事服务中心的调解平台,自2016年10月成立至2023年9月1日,共设立调解室104家,拥有专业调解员628名,调解案件16,000余件,[2] 该中心调解员擅长领域包含投资融资、民商事、金融证券、国际贸易、知识产权、并购、公司、合同、基础设施、海商事、房地产等,熟悉普通话、英语、日语、韩语、法语、德语、俄语、阿拉伯语、西班牙语、粤语等多种语言。深圳市前海国际商事调解中心拥有调解员244人,包括内地(大陆)调解员137人、我国港澳台地区调解员42人、国际调解员65人,[3] 擅长领域包括国际货物买卖、股权转让、房地产、金融、资本市场、资产管理、私募基金与投资、并购重组、证券、海商等,熟悉普通话、粤语,英语、日语、德语、意大利语、西班牙语、葡萄牙语、丹麦语、菲律宾语等多种语言。此外,根据调查问卷反馈情况,我们也可以对全国范围内多个地区的商事调解组织所聘任的调解员概况有一个大致的了解(见表1 -6)。

表1 -6　部分调解组织聘任调解员情况

单位:人

组织名称	聘任调解员数量	境内调解员数量	境外调解员数量	全职调解员数量	兼职调解员数量
东莞市商事调解中心	159	162	0	3	159
厦门市海丝商事海事调解中心	96	86	10	0	96
东莞市东易商事调解中心	60	60	2	0	60

〔1〕 数据来源:海南国际仲裁院国际商事调解中心网站,https://www.hnac.org.cn/list/32.html,2023年9月8日访问。

〔2〕 数据来源:北京融商一带一路法律与商事服务中心网站,http://www.bnrmediation.com/CN/Index,2023年9月8日访问。

〔3〕 数据来源:深圳市前海国际商事调解中心网站,http://www.sqicmc.com/,2023年9月8日访问。

续表

组织名称	聘任调解员数量	境内调解员数量	境外调解员数量	全职调解员数量	兼职调解员数量
北京多元调解发展促进会	2550	2550	0	550	2000
厦门市经贸商事调解中心	71	71	0	38	33
四川科建民族事务纠纷远程调解中心	50	50	0	10	40
武汉商事仲裁调解中心	99	90	9	0	99
哈尔滨市民商事调解中心	50	50	0	3	47

从上述情况可以看出，我国商事调解员来源渠道广泛、队伍构成多元、专业结构完整，是当前中国商事调解行业发展的中流砥柱。

另外，通过分析向调解员发放的调查问卷，我们还可以进一步了解实践中商事调解员的教育背景、职业背景以及专业经验背景。

从教育背景来看，填写问卷的调解员中，90%以上具有大学本科或以上学历，反映出商业调解员的教育水平通常较高。更高的教育水平可能代表着商业调解员发展的趋势，因为从事商业纠纷调解通常需要丰富的知识和技能。受过高等教育的人群接受了更系统、更高层次的专业教育，但这并不意味着教育水平是调解员优秀水平的唯一保证。调解能力还需要丰富的实践经验、人际沟通技巧、情商和同理心，以及行业专业技能作为支撑（见图1－5）。

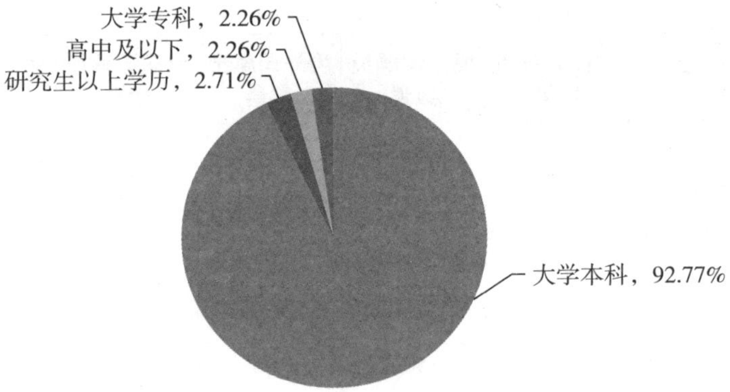

图 1 -5　商事调解员教育背景

从职业背景来看,填写问卷的调解员中,大多数从事律师,法律、经贸教学工作,经贸实务等工作。专职调解员的比例相对较小,这还是本调查问卷主要向隶属知名调解组织的调解员发放的结果。因此,调解员的兼职化是商事调解实践的重要特征(见图 1 -6)。

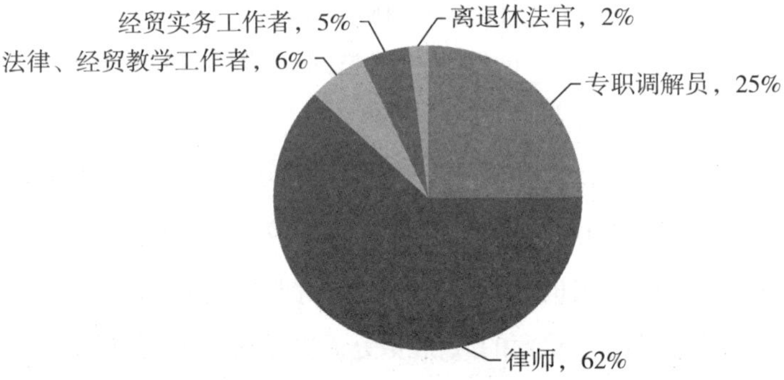

图 1 -6　商事调解员职业背景

从专业知识背景来看,商事调解员的专业知识背景多样,涵盖法律、知识产权、科技、财税、银行、证券、保险信托、金融贸易、海事海商等领域,充分体现了商事调解员广泛的专业知识背景。这种广泛多样的专业知识背景使商事调解员能够从多个角度全面分析和解决各种复杂的商事纠纷,综合知识的运用在调解中发挥重要作用。

上述调查分析可以在一定程度上反映我国商事调解员的资格要求以

及人员结构。在未来的研究和调查中，可以进一步探索商事调解员的发展趋势以及所面临的独特挑战，从而为商事调解行业的发展提供更有力的参考，为解决商业纠纷提供更准确、有效的解决方案。

3. 中国商事调解案件概况

(1)受案数量

根据中国贸促会的相关数据统计，2022 年中国贸促会各调解中心受理案件数量情况如图 1－7 所示。

从中国贸促会总会调解中心的受案情况来看，该中心在 2020—2022 年处理的调解案件数量逐年增加，分别为 3809 件、4900 件和 9531 件，年均增长 45%。但同时法院转介的案件数量分别为 2948 件、3675 件和 7844 件，分别占年度案源总量的 77%、75% 和 82.3%，可见法院案源占比相当高。少数案件来自使馆、商会、行政机关的委托。

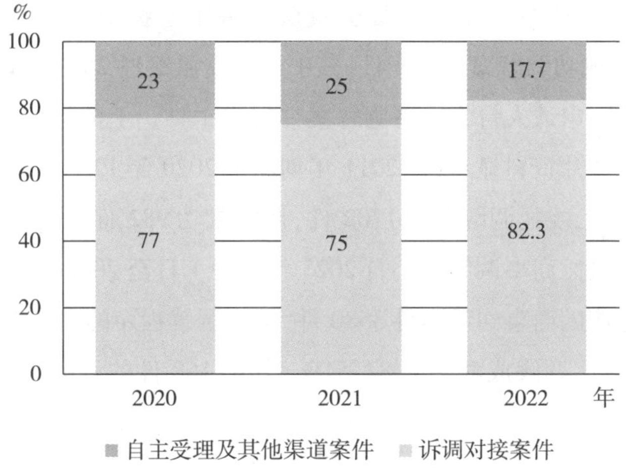

图 1－7　中国贸促会调解中心受案情况(2020—2022 年)

2022 年深圳市商事调解协会的单位会员中，独立运营的商事调解机构总共受理了 10,459 宗案件，其中大部分案件来自深圳市两级法院的委派。中国贸促会调解中心作为国内成立最早、规模最大的商事调解组织，受理案件数量从 2012 年的 1800 余件增至 2022 年的 9500 多件，累计受理案件30,000余件,年均受案量仅约为3000件。[1] 上海经贸商事调解中心在2020年、2021年和2022年分别受理了388件、403件和294件案件,调解成功案件分别为217件、280件和186件,案件涉及的标的额分别为164.48亿元、115.68亿元和106.75亿元。[2] 从上述典型商事调解组织的案件受理情况可以看出,我国商事调解组织受理的案件数量并不算多。

(2)案源渠道

一些商事调解组织公布的案件数据显示,其案源主要依赖法院的委派或委托,自主受理的案件数量极少。例如,在2022年,中国贸促会深圳调解中心共接收了法院委托案件4050件,其中有741件进入调解程序,调解成功453件;而当事人自行向调解中心申请调解的国际贸易案件只有18件,成功调解仅3件。另外,中国贸促会上海调解中心在2022年共受理了来自法院委托调解的商事纠纷案件155件,接受来自社会各界的调解咨询案件仅21件。中国贸促会重庆调解中心在2022年累计受理了327件案件,成功调解案件243件,其中诉前委派案件284件,诉中邀请调解案件42件,申请人自主申请调解案件仅有1件。上海经贸商事调解中心十周年宣传片资料显示,自2011年创立至2020年12月31日共接收了各级法院委派、委托调解案件1702件,调解成功982件。[3] 中国(云南)自由贸易试验区商事调解中心自2023年1月1日至2023年10月31日,承接诉前分流的商事纠纷案件3580件,进入调解程序的案件有510件,成功调解431件,调解成功率为84.51%,其中168件的调解协议进行了司法确认。

---

〔1〕 参见《中国贸促会调解中心受理商事调解案件从2012年的1800余件增至2022年的9500多件,年均增长18%》,载中国发展网,http://www.chinadevelopment.com.cn/news/zj/2023/03/1830298.shtml,2023年9月7日访问。

〔2〕 参见上海经贸商事调解中心网站,http://www.scmc.org.cn/page162.html,2023年9月1日访问。

〔3〕 数据来源:上海经贸商事调解中心十周年专题片,https://www.bilibili.com/video/BV1Cg411c7fm/,2023年8月28日访问。

三、中国商事调解的地方进展(2022－2023年)

随着诉源治理的深入推进,多元化纠纷解决机制逐渐向纵深方向发展。与传统的民间纠纷相比,商事纠纷表现出一定的复杂性,对商事调解人员的专业素质、收费标准等问题提出了更高的要求。为了推动商事纠纷的有效化解,各地区商事调解蓬勃发展,改革举措卓有成效。

1. 全国范围内商事调解组织蓬勃发展

协会商会作为连接商事主体的重要纽带,尤其是在会员之间的纠纷调解方面发挥着重要的连接作用。深圳市在成立全国首个商事调解专门协会的基础上,建立了全国首个商事调解专门协会,迈出了商事调解市场化的重要一步,并审议通过了《深圳经济特区矛盾纠纷多元化解条例》,在全国首次对"商事调解"作出了专门规定,并赋予深圳市商事调解协会"行业组织""自律管理"的法律地位,商事调解组织可以依法获得"准生证",深圳市商事调解协会的成立摆脱了"商事调解"归谁主管这一长期悬而未决的困境,充分激发了商事调解的市场活力。而且,为充分发挥调解在商事纠纷处理中的功能,深入贯彻习近平总书记"把非诉讼纠纷解决机制挺在前面"的重要讲话精神,深圳市商事调解协会逐步在金融、科技、建筑等行业当中,推行"调解优先"计划,鼓励企业在提起诉讼之前将调解作为首选的解纷方式。目前已有21家商会及企业共同签署了"调解优先"公约。[1]

2022年9月16日,广西商事调解协会作为全国首个由贸促系统主管的调解协会成立。该协会在南宁揭牌成立后,将探索商事调解市场化运作机制,拓展、规范商事调解法律服务市场,填补完善广西商事调解行业规则、商事调解员职业准则及管理制度方面的空白;[2]湖南省浏阳市全面

---

〔1〕参见曾子航:《润泽创业热土,深圳先行探索商事调解》,载搜狐网,https://www.sohu.com/a/647885275_100116740,2023年9月8日访问。

〔2〕参见韦静:《广西首个商事调解专业协会在南宁揭牌成立》,载《南宁日报》2022年9月17日,第3版。

贯彻落实最高人民法院、全国工商联《关于发挥商会调解优势　推进民营经济领域纠纷多元化解机制建设的意见》的要求,充分发挥浏阳市总商会在化解民营经济领域纠纷方面的优势,浏阳市人民法院、市工商联、市司法局联合成立浏阳市总商会商事调解中心,负责全市商会商事调解工作的综合管理、指导调度、矛盾调解,2021 年 9 月在东区、南区、西区、北区及园区设立 5 个商事调解基层工作站,负责辖区内商事纠纷化解,人民法庭提供专门场地,指定专人负责,并安排专门调解经费,大力推进商会商事调解工作,全力提升服务民营经济发展水平。2021 年至 2023 年 8 月,其共受理纠纷 911 件,调解成功 552 件,标的额约 1.15 亿元。

为创新完善多元化解纠纷解决机制,适应海南自由贸易港多元化解纠纷解决机制工作的需要,2022 年 10 月 18 日,海南国贸商事法律服务调解中心正式揭牌成立。[1] 2023 年 5 月 23 日,东莞市第一家由市司法局主管的商事调解组织——东莞市东易商事调解中心正式揭牌成立。该中心首批特聘商事调解员共 68 名,由 11 名来自我国港澳特区的资深律师和行业专家,57 名内地资深律师、业内专家及高校教授等组成,涉及领域包括知识产权、国际贸易、投资并购等。[2] 2023 年 5 月,烟台仲裁委员会商事调解中心在芝罘区人民法院揭牌成立;[3] 2023 年 8 月,烟台商事仲裁委员会商事调解中心在烟台市高新区人民法院正式挂牌成立。人民法院将部分事实争议不大、涉案标的额较小的商事案件交至商事调解中心处理,通过进一步加强商事矛盾纠纷预防和源头治理,充分发挥好“法院 + 仲裁诉仲对接”机制,为民营企业提供便捷高效的纠纷解决渠道,减轻民营企业讼累,切实维护民营企业合法权益,为优化法治化营商环境提供有

〔1〕 参见《海南国贸商事法律服务调解中心揭牌成立》,载国家发改委网站,https://www.ndrc.gov.cn/xwdt/ztzl/hnqmshggkf/gzdt/202211/t20221128_1342360.html,2023 年 9 月 8 日访问。

〔2〕 参见王雷:《东莞首家由司法局主管的商事调解组织成立,首批特聘 68 名商事调解员》,载腾讯新闻网,https://view.inews.qq.com/k/20230525A09VU000?no-redirect=1&web_channel=wap&openApp=false,2023 年 9 月 8 日访问。

〔3〕 参见《烟台首家!烟台仲裁委员会商事调解中心揭牌成立!》,载烟台仲裁委员会网站,http://zcb.yantai.gov.cn/art/2023/5/18/art_21248_2900390.html,2023 年 9 月 8 日访问。

力司法保障。[1]

2. 商事调解职业标准化建设稳步推进

职业标准是根据职业活动内容，对从业人员的理论知识和能力要求提出的综合性水平规定，是开展职业教育培训和人才技能评价的基本依据。调解作为化解我国基层社会矛盾纠纷的重要手段，本质上是一项广泛运用人际沟通艺术，社会学、心理学、经济学、人类学、管理学等领域的知识和技能处理人与人之间的利益冲突关系的活动，这对于调解员的要求不可谓不高。[2] 而且，调解当前正处于从传统到现代、从异化到回归、从衰落到复兴的过渡期。在此过程中，制定调解职业标准不仅是对调解转型的回应，更是调解自我的新动力，对未来调解的发展有着举足轻重的作用。[3] 与处理民间纠纷的人民调解相比，商事调解作为处理商事纠纷的专业性活动，对职业标准的要求显著提升。基于上述现实因素，中国贸促会广西分会、广西商事调解协会、中南财经政法大学法学院于 2023 年 8 月联合启动了广西商事调解员从业能力团体标准编制工作，[4] 以进一步填补完善广西商事调解行业规则、商事调解员职业准则及管理制度方面的空白，拓展、规范商事调解法律服务市场，加强商事调解人才培养和自身建设，通过标准化建设提升商事调解事业的快速发展。

3. 商事调解收费标准问题取得新进展

倘若没有适当的费用激励，作为"理性经济人"的商事调解组织及商事调解员自然就缺乏调解动力，商事调解市场也就无法形成。由此可见，作为市场经济的产物，商事调解收费标准的重要性不可小觑。目前，国内

---

〔1〕 参见《烟台商事仲裁委员会商事调解中心进驻烟台高新区法院》，载烟台高新技术产业开发区网站，http://www.ytgxq.gov.cn/art/2023/7/26/art_21340_2955483.html，2023 年 9 月 8 日访问。

〔2〕 参见廖永安：《论构建中国自主的调解学知识体系》，载《商事仲裁与调解》2023 年第 1 期。

〔3〕 参见廖永安、江和平：《关于我国制订调解职业标准的几点思考》，载《人民调解》2023 年第 2 期。

〔4〕 参见吴雨奇：《广西启动商事调解员从业能力团体标准编制工作》，载新华网，http://www.gx.xinhuanet.com/20230830/471c5ec4e90d4e7daf609a0a16234228/c.html，2023 年 9 月 8 日访问。

尚无统一的商事调解收费标准,实践中存在收费低、收费乱的问题,影响了商事调解的发展。因此,建立科学合理的收费标准,是激活国内商事调解市场的必然之举。[1] 为了突破收费标准这一商事调解发展过程中的现实瓶颈,深圳和上海结合自身立法方面的特殊权限,在全国率先通过收费标准推动商事调解的市场化改革。

2022 年 5 月 1 日施行的《深圳经济特区矛盾纠纷多元化解条例》支持商事调解先行先试,其第 38 条规定商事调解组织可以收取调解服务费,调解服务费用实行市场调节。在此基础上,2023 年 11 月 28 日,深圳市司法局、深圳市中级人民法院联合发布《关于规范商事调解收费的实施办法(试行)》。该办法共 19 条,包括制定目的、收费范围、内涵释义、收费准入、收费原则、费用构成、计费方法、材料报备、调解协议、司法确认、财产保全、赋强公证、费用退回、强迫收费的惩戒、行业诚信体系、支持培育等内容。

2023 年 11 月出台的《黑龙江省调解条例》,在商事调解收费方面也作出了有益的探索,其在第 25 条明确规定,依法登记为民办非企业单位的商事调解组织、律师调解组织等可以提供咨询、调解等有偿服务,收费标准应当向社会公开,并报送设区的市(地)司法行政部门。依法登记为民办非企业单位的律师调解组织进驻人民法院、公共法律服务机构开展调解服务,不得向当事人收取费用。该规定为商事调解收费标准确立了可资借鉴的模式。

---

〔1〕 参见段明:《〈新加坡调解公约〉的冲击与中国商事调解的回应》,载《商业研究》2020 年第 8 期。

第二章　中国国际商事调解的新发展

作为解决国际商业争议的一种有效方式，调解已经广泛运用于国际商事争端解决。[1] 中国在全球经济版图中不断崛起，友好解决国际商事争议是中国应对经济全球化的基本要求。为此，中国自1987年起探索国际商事调解机制建设。时至今日，中国国际商事调解体制机制日益完善、高水平调解员培育体系基本成型，商事调解国际合作深度、广度不断拓展，中国国际商事调解在全球商事调解领域影响力不断扩大。从地方来看，中国自由贸易试验区在推进国际商事调解纵深发展进程中的"试验田"作用明显。从特殊服务领域来看，在精准对接"一带一路"法律服务方面，中国形成了专门化、系统化的商事调解服务体系。未来，中国应立足长远，把握国际商事调解新态势，总结实践经验，提出新方案。

第一节　国际商事调解的发展现状

1987年，中国贸促会调解中心（原北京调解中心）的设立，标志着我国正式开启了国际商事调解的探索。历经近40载，中国国际商事调解在制度建设、队伍培育等方面取得全新发展，案件受理量逐年增长，国际影响力不断提升。中国上海、广东等自由贸易试验区作为对外开放高地，为现代化国际商事调解制度创新作出有益尝试。全国范围内，国际商事调

〔1〕 参见黄进、宋连斌：《国际民商事争议解决机制的几个重要问题》，载《政法论坛》2009年第4期。

解组织如雨后春笋般涌现,形成性质多元的国际商事调解组织体系,有效激发全国市场活力。综合因素影响下,中国国际商事调解呈现出标准化、市场化、融合化等新发展趋势。

一、国际商事调解的总体进展

1. 国际商事调解法律规范基本情况

为适应对外开放需要,促进国际商事调解发展,中国出台了一系列法律法规。目前,我国已形成法律、地方性法规、司法解释及其他相关文件共同组成的国际商事调解规范体系。为更直接地观察规则情况,笔者以"国际商事调解""涉外商事调解"为关键词在威科先行、北大法宝、国家法律法规数据库搜索到相关文件共计24 部,并选取代表性的8 部,分别简述文件中国际商事调解的相关内容(见表2 -1)。

表2 -1 涉及国际商事调解的规定

规定类型	名称	实施时间	有关国际商事调解的主要内容
法律	《海南自由贸易港法》	2021.06.10	该法为海南的国际商事调解立法先试先行提供依据,从国家立法层面表明国家支持探索与海南自由贸易港相适应的司法体制改革。海南自由贸易港建立多元化商事纠纷解决机制,通过仲裁、调解等多种非诉讼方式解决纠纷。同时放宽立法权限,指出国务院及其有关部门和海南省可以根据该法规定的原则,按照职责分工,制定过渡性的具体办法,推动海南自由贸易港建设。(第54 条、第56 条)
地方性法规	《海南省多元化解纠纷条例》	2020.08.01	该条例在《海南自由贸易港法》的基础上,开创性地对国际商事调解组织的案件受理范围、国际商事调解组织调解权限及义务、境外商事调解组织开展商事调解活动进行规定。(第15 条、第35 条)

续表

规定类型	名称	实施时间	有关国际商事调解的主要内容
地方性法规	《深圳经济特区优化营商环境条例》	2021.01.01	首先,该条例要求深圳应健全商事调解机制,推动通过调解方式公正高效解决商事争议。支持涉外商事调解组织发展,吸收港澳特区和外籍专业人士担任调解员,加强粤港澳大湾区商事调解业务联系与交流,为市场主体解决涉外商事纠纷提供调解服务。 其次,鼓励行业协会、商会设立专业的调解组织,为国际贸易等领域提供调解服务。 最后,要求司法行政部门应当推动和指导法律专业机构为市场主体提供涉外纠纷等全链条的高水平法律服务。同时要推进海外法律服务平台建设,强调为市场主体提供专业化的涉外法律服务。(第120条、第121条、第124条)
	《浦东新区促进商事调解若干规定》	2022.07.15	该规定开篇便强调要建设具有国际影响力和吸引力的国际商事纠纷解决中心,之后对支持境外知名调解组织在浦东提供国际商事调解服务、建立与国际通行规则接轨支持个人调解机制等内容进行了让人耳目一新的破冰式立法。(第1条、第5条、第6条)
	《横琴粤澳深度合作区发展促进条例》	2023.03.01	作为广东省人大常委会表决通过的关于横琴粤澳深度合作区的第一部立法,该条例将国际商事调解纳入粤澳经济发展的法治保障范围。该条例规定,在合作区建立完善国际商事审判、仲裁、调解等多元化商事纠纷解决机制,鼓励在合作区开展国际商事调解活动。(第61条)
	《杭州市优化营商环境条例》	2023.07.01	作为法治保障的一环,杭州推行公益性调解与市场化调解并行发展,规定建设一站式涉外商事纠纷解决平台,明确支持涉外商事调解组织发展,为国际商事调解活动提供法律依据。(第64条)

续表

规定类型	名称	实施时间	有关国际商事调解的主要内容
司法解释	最高人民法院《关于设立国际商事法庭若干问题的规定》	2024.01.01	该规定充分发挥了法院在调解中的务实作用。该规定要求国际商事法庭以更为开放的方式,允许当事人选择调解方式解决国际商事纠纷,并支持国际商事调解组织发展、畅通国际商事调解的执行与救济渠道。(第11条、第12条、第13条、第15条、第17条)
	《人民法院在线调解规则》	2022.01.01	允许人民法院邀请外籍调解员入驻在线调解平台调解涉外商事纠纷,为各地人民法院国际商事纠纷在线调解提供指引和依据。(第6条)

根据统计,涉及国际商事调解的政策性文件数量最多,其次是地方性法规、司法解释、法律。通过梳理可知,法律及高位阶政策性文件是促进国际商事调解发展的关键因素和重要依据。例如,海南依据《海南自由贸易港法》率先开展国际商事调解地方立法工作;上海浦东新区依据《关于支持浦东新区高水平改革开放打造社会主义现代化建设引领区的意见》[1]对国际商事调解作出领先全国的具体规定。

2. 中国国际商事调解组织多元体系初步形成

2019年7月10日,中共中央办公厅、国务院办公厅印发《关于加快推进公共法律服务体系建设的意见》,要求推动建立国际商事调解组织,各级公共法律服务管理部门和各法律服务行业协会要加强相关工作指导与管理。时至今日,中国多元化的商事调解组织体系已初步形成,主要有商会、行业协会和仲裁机构设置的国际商事调解组织,以及民办非企业或其

[1] 中共中央、国务院《关于支持浦东新区高水平改革开放　打造社会主义现代化建设引领区的意见》(2021年4月23日)第26条规定:强化法治保障。建立完善与支持浦东大胆试、大胆闯、自主改相适应的法治保障体系。比照经济特区法规,授权上海市人民代表大会及其常务委员会立足浦东改革创新实践需要,遵循宪法规定以及法律和行政法规基本原则,制定法规,可以对法律、行政法规、部门规章等作变通规定,在浦东实施。对暂无法律法规或明确规定的领域,支持浦东先行制定相关管理措施,按程序报备实施,探索形成的好经验好做法适时以法规规章等形式固化下来。

他具有独立法人资质的国际商事调解组织。

商会、行业协会设立的国际商事调解组织,以中国贸促会调解中心为代表。中国贸促会调解中心在成立之时便与德国汉堡调解中心达成合作,不仅畅通了中外调解渠道,更为其他商事调解组织建立国际联合调解机制提供参考。成立之后,一方面,中国贸促会调解中心积极参与国际活动,引进国际先进商事调解理论;另一方面,积极调处或参与调处涉外商事争议,在丰富的实践基础上,不断探索、完善更具中国特色的现代化国际商事调解机制。

作为中国国际商事调解的先行者、实践者、探索者,中国贸促会调解中心已形成完整的国际商事调解网络和系统的服务保障。在调解网络建设方面,在国内,中国贸促会调解中心自 1992 年建立地方调解中心,现已在 26 个省市及主要城市建设 65 个地方/行业调解中心(分布情况详见附录 3)。地方/行业调解中心接受总会中心的业务指导,执行统一的调解规则。在国外,中国贸促会调解中心依托中国贸促会的 393 个国际合作机制、30 个海外代表处,建构了庞大且多元的海外合作网络。在调解服务保障方面,中国贸促会调解中心搭建了法院、仲裁和其他行业、专业调解组织的多元国际商事调解平台,搭建了系统的国际商事调解员认证与培训体系。除此之外,中国贸促会调解中心还不断拓展国际贸易、金融、海事、展览、运输等领域的综合资源,为调解服务提供全方位保障。

仲裁机构设置国际商事调解组织。仲裁机构调解国际商事争议的做法,源于中国国际经济贸易仲裁委员会(以下简称贸仲委)的早期实践。早在 1975 年,贸仲委与美国仲裁协会共同尝试以"联合调解"方式解决中美争议。2000 年,贸仲委与商会调解中心联合,创设涉外商事纠纷"仲调结合"模式,以便调解不成的案件可顺畅对接仲裁程序。这一举措为民间调解组织发展创造了更多机遇。之后,中国有更多仲裁机构或增加国际商事调解服务,或独立成立国际商事调解组织,在国际商事调解领域发挥重要作用。例如,2011 年 8 月 1 日,北京仲裁委员会调解中心经民政局登记成立,业务主管单位为北京市司法局。2022 年,北京仲裁委员会调解中心虽仅受理涉外案件1件,但争议金额高达44.07亿元,产生了重大影响。[1] 2008年12月22日,深圳国际仲裁院成立的深圳国际仲裁院调解中心,并下设了深圳证券期货业纠纷调解中心,鼓励当事人在仲裁程序之前或之外进行调解。2022年,深圳国际仲裁调解中心调解资本市场案件431宗,处理广交会国际贸易纠纷调解案件1367宗,涉及国家和地区120个。[2]

此外,近些年依靠社会力量设立的民办非企业、公司性质的国际商事调解组织不断涌现,为国际商事争议调解解决提供更便捷、多元的服务,在国际商事法律查明、信息化案件处理等方面发挥着重要作用。基于市场生存导向,此类型的调解组织主要通过已有业务资源基础,进行特色化、差异化发展。客观上来说,此类调解组织能更为集中地反映国际商事调解市场的需求。例如,为破除市场主体法律信息壁垒,深圳市蓝海法律查明和商事调解中心(以下简称蓝海调解中心)[3]于2019年率先探索"商事调解＋法律查明"的全新调解模式。具体而言,蓝海调解中心以域外法律查明平台为基础,整合全球调解资源,聘请来自全球17个司法管辖区的专业调解员,重塑服务架构,建构国际化的商事调解服务体系,实行国际商事调解规范化管理,颁布系列工作规则,并将业务范围对准涉"一带一路"共建国及涉港澳的跨境商事调解案件。此外,还有在北京设立的国际商事争端预防与解决组织、一带一路国际商事调解中心,在上海设立的上海经贸商事调解中心、中国商事调解发展合作机制,以及在深圳设立的粤港澳仲裁调解联盟、深圳市福田区河套国际商事调解中心、深圳

---

〔1〕 参见《2021年度工作报告丨北京仲裁委员会/北京国际仲裁中心》,载北京仲裁委员会/北京国际仲裁中心网站,http://www.bjac.org.cn/news/view? id＝4105,2023年8月13日访问。

〔2〕 参见《2022深圳国际仲裁院数据概览》,载深圳国际仲裁院网,http://www.scia.com.cn/home/index/newsdetail/id/3128.html,2023年8月13日访问。

〔3〕 2019年2月,中共中央、国务院印发《粤港澳大湾区发展规划纲要》,其中提出要推动建立共商、共建、共享的多元化纠纷解决机制,完善国际商事纠纷解决机制。同年7月,广东省委、省政府《关于贯彻落实〈粤港澳大湾区发展规划纲要〉的实施意见》第49条指出,要"建设集国际商事调解、域外法律查明于一体的国际商事调解中心"。

市前海国际商事调解中心等。

3. 国际商事调解员培育体系日趋完善

国际商事调解员培育体系的完善是国际商事调解稳健发展的重要支撑。随着国际商事纠纷的增加和调解需求的提高,培育具备专业知识和技能的调解员成为当务之急。目前,我国各商事调解机构正在积极建立并完善调解员培育体系,主要内容包括以下两个方面。

一是培训课程的丰富化。为了培育高素质的国际商事调解员,培训课程的内容和形式逐渐丰富。培训课程不仅注重理论学习,还强调实践操作和案例分析,使培训生能够真正掌握调解技能。具有代表性的是中国贸促会调解中心的初、中、高三级调解员培训体系,分别对应调解通识教育、国内商事调解技能技巧培训和国际商事调解技能技巧培训,可以满足不同类型和不同水平调解员的实际需求。其中,一级培训包括调解法律法规、国内外调解制度、调解规则等;二级培训包括调解的技能技巧、案例教学、学习调解的程序等;三级培训包括与国外调解组织合作举办培训、交流活动,加强与国际商事调解员的对接沟通,夯实中外联合调解机制。

二是培训机构的合作与交流。为了提高培训质量和培养更多的国际商事调解员,调解培训机构之间的合作与交流日益深化。通过组织联合培训项目、共享培训资源、互派培训师等方式助力经验互鉴,提高培训质量和效果。早在2001年10月,中国贸促会调解中心就在其举办的调解培训会上聘请英国调解专家讲课;2004年7月,中美商事调解中心开展第一次调解员培训会,首批来自中美两国的26名调解员完成培训。2007年8月,中国贸促会调解中心与英国著名国际商事争议解决机构——英国有效争议解决中心(CEDR)开展“国际商事调解论坛暨调解员培训班”。此后,随着国际商事调解组织的增多,更多联合海外机构国际商事调解培训班逐渐出现。

4. 国际商事调解受案量逐年上升

虽然中国国际商事调解仍处于发展初期,但国际商事调解受案量逐年攀升,案件涉及的国家和地区日益广泛。以成立较早的中国贸促会调解中心为例,自 2017 年至 2022 年,贸促系统调解机构共受理涉外案件 3934 件,标的额人民币 79.54 亿元,涉及美国、印度、俄罗斯、澳大利亚、德国、英国、沙特阿拉伯、阿拉伯联合酋长国等 60 余个国家和地区,案件类型主要为跨境贸易纠纷以及部分知识产权纠纷、工程纠纷,案件来源有当事人或者使馆、商协会、合作机构直接申请调解或寻求帮助转为调解的,其中最大额的案件标的额为人民币 4 亿元。如图 2－1 所示,中国贸促会调解中心国际商事调解受案量呈递增态势,且从前 5 年每年增长不足百件,发展到 2021 年至 2022 年增长的 148 件。

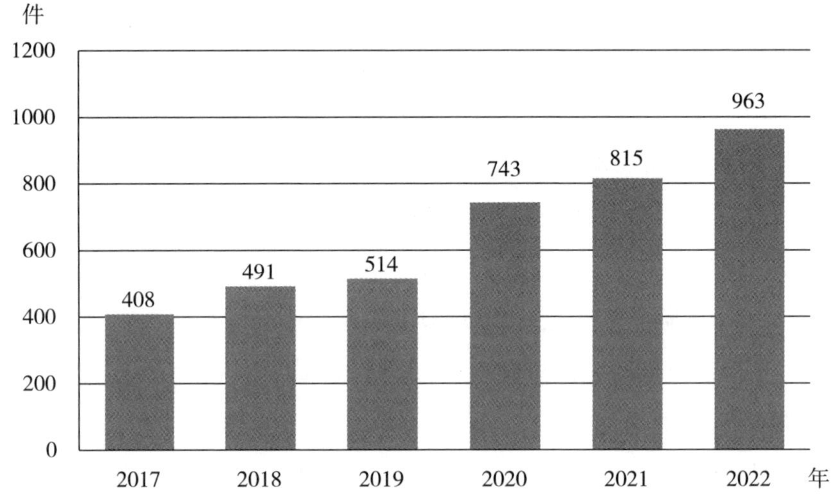

图 2－1　中国贸促会调解中心 2017 年至 2022 年涉外案件统计

5. 中国国际商事调解的世界影响力不断提高

国际商事调解全球影响力是衡量中国国际商事调解发展的客观标准。中国商事调解紧跟国际发展趋势,不断强化国际商事争议中外联合调解机制,着力提升国际商事调解高端活动参与度,在世界国际商事调解中的影响力提升,主要体现在以下几个方面。

一是具备跨国(境)商事调解能力的机构不断涌现且各具特色。除了较为成熟的中国贸促会调解中心、香港和解中心外,新的国际商事调解组织如雨后春笋般涌现,如已纳入中国国际商事法庭"一站式"纠纷平台的上海经贸商事调解中心，专门服务“一带一路”的“一带一路”国际商事调解中心，服务于粤港澳大湾区的蓝海调解中心、深圳市福田区河套国际商事调解中心，服务于海南对外经贸的海口国际商事调解中心、三亚国际商事调解中心，服务于中国—非洲经贸的长沙国际商事调解中心[1]等。

二是中外联合调解机制进入发展快车道。中国作为全球第二大经济体，吸引了大量的国际商务活动，中国企业与外国企业间的纠纷也在增加。随着中国国际商事调解组织专业水平的提高，世界各国越来越重视与中方调解组织的合作，中外联合调解范围不断扩大。中国贸促会调解中心作为中国最早从事涉外商事调解、搭建中外联合调解机制的机构，已与意大利、美国、英国、加拿大、马来西亚、泰国、新加坡、韩国、日本等多个国家和地区的22个相关机构签署了合作协议，建立合作关系，形成了行之有效的案件转接机制和联合调解办案模式。同时，国际商会地方调解中心积极开展对外合作，建立健全国际商会调解系统中外合作矩阵。目前，已有8个地方调解中心与多个国家和地区建立合作关系（见表2－2）。

表2－2　中国贸促会调解中心地方调解中心联合调解（国际合作）情况

序号	地方调解中心	联合调解（国际合作）情况
1	江苏省国际商事法律服务中心	与墨西哥江苏商会建立“联合调解机制”
		与印度 Unified Credit Solutions Pvt Ltd. 建立“联合调解”机制
2	上海调解中心	与新加坡调解中心建立“联合调解机制”
		与香港和解中心建立“联合调解机制”
3	河北调解中心	与12家境外法律机构建立互访交流、法律论坛等合作机制
4	浙江省国际商事法律服务中心	与部分驻华使领馆、驻外经商处、总会驻外代表处、省贸促会驻海外联络处建立调解合作机制
5	内蒙古调解中心	已签署中蒙联合合作备忘录

〔1〕长沙国际商事调解中心系长沙市湘融国际商事法律服务中心内设调解机构，该服务中心还设置了长沙国际商事法律查明中心、长沙国际商事法律综合评估中心。

续表

序号	地方调解中心	联合调解(国际合作)情况
6	广东调解中心	与广东省驻境外经贸代表处、海外粤商会,以及印度等国驻穗领馆建立联合调解工作机制
7	黑河调解中心	与俄罗斯阿穆尔州工商会合作开展涉外调解
8	杭州调解中心	与香港国际调解中心、马来西亚和解中心签订合作备忘录

在中国贸促会调解中心的示范下,其他国际商事调解组正积极搭建与境外调解机构的交流平台。例如,上海经贸商事调解中心在2020年先后与欧盟知识产权局(EUIPO)、美国司法仲裁调解服务有限公司(JAMS)建立中欧、中美国际商事联合调解机制;蓝海调解中心与新加坡国际商事调解中心、大韩商事仲裁院、希腊替代性纠纷解决中心、香港一邦国际网上仲调中心等机构签订合作协议,深圳前海国际商事调解中心与瑞中法律协会、日内瓦国际调解中心签署合作备忘录,同时与非洲的多个国家展开了深度的合作交流。

三是参与和举办国际商事调解会议。国际商事调解会议的参与和举办是宣传推广调解的主要方式,从参会到独立办有国际影响力的大会是中国国际商事调解不断发展、国际影响力不断提高的表现形式之一。中国国际商事调解会议发展分为三个时期,从参加各种商事相关会议宣传国际商事调解,到国际商事调解的专题研讨,再到国际商事调解品牌论坛的打造。

第一个时期是2002年至2006年。此时,中国的国际商事调解尚处于理念接受期,多以争议解决方式的一种与仲裁同时出现。中国贸促会调解中心作为中国最早成立的国际商事调解组织,常抓不懈地把握每个宣传机会。自2001年起,中国贸促会调解中心都会派员出席“国际律师联盟调解论坛”调解中心论坛,与世界各调解中心交流,积累经验。2002年12月,中国贸促会调解中心作为主办单位之一,在北京举办的“海外融资高层研讨会”上向广大企业介绍仲裁与调解工作。2003年6月,中国贸促会调解中心派员参与“全国企业法律高级论坛”,作“国际经贸活动中的争议解决——仲裁与调解”主题发言。2004 年 5 月,中国贸促会调解中心在北京举行的国际仲裁大会(ICCA)上发放调解中心材料。此后连续 4 年,中国贸促会调解中心均积极在“国际信用和风险管理大会”上发放各种调解资料,引起国内外企业界、法律界的广泛关注。[1]

第二个时期是 2007 年至 2015 年。这一时期,中国开始了以国际商事调解为主的独立宣传。自 2007 年 6 月起,中国贸促会调解中心与 CEDR 合作,之后分别在北京、重庆、上海、广州四地召开同等规模的“国际商事调解研讨会”,与各地法律实务界知名人士在案例的基础上研究调解之裨益,在多元法律服务市场下探析国际商事调解服务之优化。[2]

第三个时期是 2016 年至今。这一时期,中国国际商事调解迈入发展快车道。历经多年沉淀,社会各界对国际商事纠纷的调解意识逐步增强、调解组织数量逐渐增多、调解研究越发多元。2016 年起,中国贸促会率先打造了以商事调解为主题的国际性论坛——国际调解高峰论坛,该论坛邀请各界专业人士研讨国际商事调解热点、重点问题,旨在向世界展示中国国际商事调解的最新发展情况,让国际同行了解中国推动商事调解的方案和经验做法。目前,该论坛先后在北京、杭州、长沙、重庆、东莞、海口、厦门成功举办过七届,已发展成为国内规模最大、规格最高的品牌论坛。在 2023 年举办的第七届国际调解高峰论坛共吸引了世界各地的 300 多万人次在线观看,马来西亚律师协会还将论坛内容作为其国内律师的培训课程。

二、中国自由贸易试验区国际商事调解机制探索

为在更宽领域、更深层次扩大对外开放,中国先后在全国范围内建立 21 个自由贸易试验区和海南自由贸易港。作为对外开放的前沿阵地,自

---

〔1〕 信息来源于中国国际贸易促进委员会/中国国际商会调解中心成立二十周年系列资料。

〔2〕 参见王芳:《从 CEDR 的发展策略看 CCPIT 商事调解服务品牌的建立》,载杨华中等主编:《国际商事调解文集》,现代教育出版社 2007 年版,第 75 – 77 页。

由贸易试验区是国际商事调解制度建设的最佳“试验田”,以上海〔1〕、海南〔2〕、广东〔3〕为代表,自由贸易试验区也正成为中国国际商事调解机制探索的排头兵。

1. 上海国际商事调解

为高效开展国际商事调解活动,上海构建了涉外商事纠纷诉讼、仲裁、调解三位一体的“一站式”解决新模式。2019 年 9 月 26 日,浦东新区法院涉外商事纠纷“诉讼、调解、仲裁”一站式解决工作室成立。2021 年 3 月,上海涉外商事纠纷“一站式”解决工作举措被国家发展和改革委员会列入《关于推广借鉴上海浦东新区有关创新举措和经验做法的通知》,成为国际商事纠纷解决全国推广的典型。〔4〕从国际商事纠纷调解效能上看,该工作室发挥了重要作用。截至 2022 年 7 月,该工作室成功调解涉外、涉外商投资企业商事纠纷 717 件,与境内外仲裁机构对接案件 31 件。〔5〕

---

〔1〕 2019 年 12 月 13 日,最高人民法院印发《关于人民法院为中国(上海)自由贸易试验区临港新片区建设提供司法服务和保障的意见》(法发〔2019〕31 号),推动了上海临港新片区的调解机制建设。2019 年 12 月 30 日,上海市高级人民法院印发《上海法院涉外商事纠纷诉讼、调解、仲裁多元化解决一站式工作机制的指引(试行)》,提出:其一,对于当事人申请立案后,当事人双方有调解意向、事实较简单、适合调解的案件,法院应当引导当事人选择调解;其二,法院在法律适用等方面要为调解组织和仲裁机构提供裁判指引,促进诉讼、调解、仲裁间法律适用统一;其三,法院支持调解组织引入外籍调解员,建立外籍调解员名册。

〔2〕 2019 年 12 月,全国首个涉外民商事纠纷在线调解平台在海南上线。该平台兼具在线咨询、评估、调解、仲裁、诉讼等服务功能,可实现“一站式”解决纠纷。2021 年 1 月,最高人民法院发布《关于人民法院为海南自由贸易港建设提供司法服务和保障的意见》并指出:“在自由贸易港区域内设立的国际商事调解机构主持达成调解协议的司法确认案件,探索由海南涉外民商事审判机构集中受理和审查。”

〔3〕 2019 年 12 月 30 日,广东省高级人民法院与广东省司法厅联合发布了《广东自贸区跨境商事纠纷调解规则》,该规则规定,第一,跨境商事纠纷的当事人可以自愿选择国际公约、惯例或域外法律调解商事争议,但不得违反中国法律、法规的禁止性规定;第二,从事商事调解的调解人员应来自依法设立的组织和机构;第三,当事人可自愿选择调解的期限、地点和方式,意味着调解员可在境外调解跨境商事纠纷。该规则进一步完善了广东省自由贸易试验区及粤港澳大湾区跨境商事纠纷解决机制。

〔4〕 参见 2021 年 3 月 7 日中华人民共和国国家发展和改革委员会地区司发布的《关于推广借鉴上海浦东新区有关创新举措和经验做法的通知》中的上海浦东新区有关创新举措和经验做法清单,制度型开放栏目,第 2 项。

〔5〕 参见《上海市浦东新区人民法院涉外及涉外商投资企业商事审判工作白皮书》(2021 年 8 月—2022 年 7 月),第 24 页。

上海不断提升商事调解国际化程度，完善中外联合调解机制。中外联合调解机制不仅有助于高效解决跨境商事争议，也有利于提升中国商事调解组织和调解员的专业水平和影响力，促进与国际接轨的商事调解体系建设。早在2015年，上海即率先引入外籍调解员，调解了多起国际商事纠纷。2020年，上海经贸商事调解中心先后与EUIPO和JAMS建立中欧、中美国际商事联合调解机制，上海商事调解国际化程度进一步提升。2022年7月15日，上海实施《浦东新区促进商事调解若干规定》，支持境外知名调解组织在浦东新区设立业务机构，深层次推进商事调解国际化进程，激发了国内商事调解市场活力。此外，该规定作为地方首部以专门立法的形式促进国际商事调解工作发展的法律性文件，具有示范性意义。

上海在国际商事调解信息技术的运用上走在全国前列。除利用信息手段开展在线调解外，还利用大数据开展纠纷高发类型总结、纠纷成因分析、争议焦点定位、调解员智能匹配等工作，以全方位助力国际商事调解。不仅各大法院善于运用此类信息技术，而且有社会调解组织以信息技术见长。例如，2020年成立的上海徐汇区智调非诉讼纠纷调解中心（以下简称上海智调），就是以信息技术在调解活动中的多方运用为特色。一方面，上海智调运用信息技术细化调解流程，智能匹配调解员，在大幅提高效率的同时强化调解中立性。另一方面，其充分发挥信息技术优势，开展商事调解的数据统计与分析。例如，建立案例、法律法规、理赔标准等数据库，并将数据库与常见纠纷模式结合，形成理论与实践相结合的调解知识体系，大大提高了调解的成功率。

2. 海南国际商事调解

近年来，海南通过地方立法、政策引导等方式，积极搭建国际商事调解平台，创新调解工作机制和工作模式，取得了系列成效。

海南探索建设国际商事调解协议司法确认机制。2021年1月，最高人民法院发布的《关于人民法院为海南自由贸易港建设提供司法服务和保障的意见》指出，在自由贸易港区域内设立的国际商事调解机构主持达成调解协议的司法确认案件,探索由海南涉外民商事审判机构集中受理和审查。2021 年 12 月,海南第一涉外民商事法庭完成了首例国际商事调解机构调解协议的司法确认。海南涉外民商事审判机构集中受理和审查在国际商事调解机构主持下所达成的调解协议,并进行司法确认的举措,对海南国际商事调解机制建设起到了重要且积极的作用。在此背景下,各调解组织积极对接法院司法确认机制,如中国贸促会海南调解中心已与多家法院共同打造“线上调解＋司法确认”新模式,为不同地区商事主体提供高效解纷平台。

海南将国际商事调解纳入地方立法调整范围,推动国际商事调解良性发展。立法滞后是制约国际商事调解发展的重要因素。2020 年 8 月,海南实施《海南省多元化解纠纷条例》,首次对国际商事调解组织的案件受理范围、所负义务进行统一规定。除了调解纠纷的指引作用外,其更为国际商事调解活动提供了法律依据,是中国国际商事调解立法的重要进步。

海南强调国际商事调解的解纷能力,着重推进国际商事调解专业化、市场化发展,已初步形成“专业机构主导＋地方政府支持＋主管机关指导”的国际商事调解市场化管理模式。目前,海南陆续成立了海口国际商事调解中心、三亚国际商事调解中心、海南国际仲裁院国际商事调解中心、中国贸促会海南调解中心 4 家国际商事专业调解中心。截至 2023 年 3 月 30 日,海南省 4 家国际商事调解组织共受理商事纠纷案件 4365 件,已调解 1362 件,调解成功 645 件,案件争议标的额约 62.72 亿元。涉外纠纷当事人覆盖韩国、加拿大、比利时、巴基斯坦、西班牙、英国、印度、澳大利亚等国家和地区。[1] 其中,中国贸促会海南调解中心还成立了线上涉外商事法律服务平台,开通法律咨询专线,现已累计为 460 余家企业提供近千次在线法律咨询服务。

---

〔1〕 参见陈蔚林、肖倩:《海南积极探索推进国际商事和行业性、专业性调解组织建设》,载海南省人民政府网站,https://www.hainan.gov.cn/hainan/zxztc/202206/1158c985d027410bb919d2114a78e553.shtml,2023 年 8 月 13 日访问。

3. 粤港澳大湾区特色国际商事调解

在《粤港澳大湾区发展规划纲要》(2019 年 2 月 18 日)的要求下,广东不断推动建立共商、共建、共享的粤港澳多元化纠纷解决机制,逐渐形成粤港澳大湾区特色国际商事调解辐射圈。

广东首先解决跨境商事调解地域、人员差异,夯实跨境商事调解法制基础和队伍力量。2019 年 12 月 30 日,广东省发布的《广东自贸区跨境商事纠纷调解规则》允许当事人自愿选择调解期限、地点、方式和适用法律或惯例,灵活境外商事调解组织内地准入。除此之外,广东整合粤港澳大湾区调解资源,建立全省统一的港澳调解员名册,聘请 61 名港澳特区特邀调解员。2020 年 12 月 11 日,粤港澳大湾区调解工作委员会设立,加快推动《粤港澳大湾区调解平台建设工作方案》实施,进一步缩小粤港澳大湾区调解地域差异。

广东借粤港澳大湾区区位优势开展国际商事调解组织多面融合。具体包括以下 4 个方面。

(1)国际商事调解专门机构的融合。2019 年,中国贸促会调解中心与粤港澳大湾区 9 家商事争议解决机构签署"内地—香港—澳门"* 联合调解机制合作备忘录,并与粤港澳大湾区企业家联盟达成合作,共同推进粤港澳大湾区国际商事调解发展。

(2)仲裁机构与调解组织的融合。2013 年 12 月 7 日,华南国际经济贸易仲裁委员会(深圳国际仲裁院)创设出"独立调解 + 独立仲裁"的跨境商事纠纷解决新思路,并联合粤港澳地区 15 家国际商事仲裁调解组织在前海成立"粤港澳仲裁调解联盟"。联盟成员单位详见表 2 - 3。

表 2 - 3　粤港澳仲裁调解联盟成员

序号	名称
1	深圳国际仲裁院调解中心

* 为行文方便,本书下文所称香港均为中国香港特别行政区,澳门均为中国澳门特别行政区。——编者注

续表

序号	名称
2	广东省民营企业投诉中心
3	深圳市总商会调解仲裁中心
4	深圳外商投资企业协会商事调解委员会
5	中国对外贸易中心(广交会知识产权和贸易纠纷投诉接待站)
6	深圳证券期货业纠纷调解中心
7	前海“一带一路”国际商事诉调对接中心
8	香港中国企业协会商事调解委员会
9	香港和解中心
10	香港测量师学会
11	香港联合调解专线办事处
12	香港调解会
13	香港仲裁司学会
14	英国特许仲裁员学会(东亚分会)
15	澳门世界贸易中心仲裁中心

资料来源:《粤港澳仲裁调解联盟》,载深圳国际仲裁院网站,http://www.scia.com.cn/Home/index/serviceinfo2/id/30.html,2023 年 8 月 13 日访问。

(3)律师事务所的联合。拥有法律专业知识、距离商事争议最近的律师是国际商事调解的生力军。越来越多的律师事务所打破仅在本所设置调解室的独行军传统,联合他所共同成立国际商事调解组织。例如,2022 年 4 月,深圳 6 家律师事务所联合成立“深圳市福田区河套国际商事调解中心”。这不仅是律师行业主动转换思维的表现,也是国际商事调解在机构专业化、人员职业化上的市场驱动力的体现。

(4)多领域单位的联合。不同领域单位联合成立国际商事调解组织,不仅扩大了资源共享圈,而且强化了商事调解的权威性。2023 年 4 月 14 日成立的横琴国际商事调解中心,由珠海国际仲裁院、珠海市律师协会、中国国际商会珠海商会、横琴粤澳深度合作区创新发展研究院共同发起,成为粤澳横琴合作区商事调解的典型代表。

三、国际商事调解发展的新趋势

1. 国际商事调解的标准化

国际商事调解的标准化主要体现在国际组织的规则制定、国际法律框架的建立、国家和地区内部的标准化、世界性调解质量认证和培训机构的兴起等方面。

首先,国际统一的商事调解规则的制定与实施。为适应国际商事纠纷的复杂特性,提高商事调解效率和认可度,各国际性组织都在探索设立统一的法律框架和调解规则。例如,联合国贸易法委员会(UNCITRAL)制定的《联合国国际贸易法委员会调解规则》《国际商会友好争议解决规则》《国际商事调解示范法》为国际商事调解提供了统一的框架和指导,推动了国际商事调解的标准化发展。《新加坡调解公约》于 2020 年 9 月生效。截至 2023 年 11 月,该公约签署方共有 56 个,已批准国家有 12 个,为世界各国援用和解协议的权利以及和解协议的执行提供了统一法律框架。

其次,国家和地区多层次推动国际商事调解标准化。随着全球 ADR 的发展,各国家和地区积极制定或促使制定统一的调解规则和各项标准。区域组织间,如欧洲联盟通过欧洲调解指令等法律文件,推动欧洲地区的商事调解统一化、标准化。各国同样在积极制定或完善本国商事调解法律,争相建立更具权威性的国际商事调解组织,以推动其国内商事调解的标准化,强化国际商事调解话语体系,如 2021 年,美国对俄亥俄州《统一调解法》中的调解规则进行修订,就调解定义、调解程序、调解员的资格条件和行为准则、对调解员的投诉程序、诉讼转调解的条件与程序、调解员的选择、调解文件与材料等作了详细规定等。中国上海、深圳等地通过地方立法形式,对国际商事调解进行统一规范。2022 年 12 月 30 日,经粤港澳大湾区法律部际联席会议审议通过后,正式施行的《粤港澳大湾区跨境争议调解示范规则》为三地调解规则的制定提供参照。

最后,国际商事调解组织和行业协会成为商事调解标准化的市场推手。作为国际商事调解市场服务的提供者,中国贸促会、JAMS、CEDR等,依托其在争端解决市场业已形成的权威地位和竞争优势,拓展国际商事调解服务范围,并尝试制定规范国际商事调解市场的各类监管标准。中国贸促会商业行业委员会于2021年1月1日发布《商事调解服务规范(团体标准)》(T/CCPITCSC 062 - 2020),对国际商事调解的服务范围、服务理念,服务机构的基本要求,以及商事调解流程等方面进行统一规范,为中国商事调解服务机构的规范化、标准化提供重要参考。JAMS自1979年发展至今,已在全球设有27个纠纷解决中心,在发布了《国际调解规则》《跨国商事合同争议解决条款起草指南》等文件规范国际商事调解活动的同时,也为其他国际商事调解组织提供参考。CEDR作为全球知名的纠纷解决机构和技能培训组织,对国际商事调解员培训与认证的标准化发展起到重要的推动作用。这些具有全球影响力的机构之间紧密的联系与多元的合作,更进一步促进了国际商事调解的标准化发展。例如,2019年12月中旬,中国贸促会调解中心在北京联合举办了"CCPIT - CEDR商事调解员技能技巧培训班"。此外,国际商事调解相关的行业协会在提供专业化交流和学习平台、制定行业准则和道德规范的同时,也在无形中促进商事调解的标准化。

2. 国际商事调解的市场化

国际商事调解作为法律服务的一种,具有强烈的商品属性,其发展本质上是由市场决定的。市场化是指在经济活动中,资源的配置和价格的形成主要由市场机制决定,即通过供求关系的自由竞争来决定资源的分配和价格的形成。国际商事调解的资源配置和相应调解费用的形成,需要通过市场需求和供应的平衡来实现,政府政策支持的作用更多在于发展初期的引导与培育,以及长期的宏观调控。国际商事调解市场化主要体现在市场化竞争表现、费用收取、信息透明化和供求关系上。

国际商事调解竞争的市场化。为获取更多市场青睐,国际商事调解组织在专业化服务、调解员能力、服务质量和国际合作广度、深度等方面都有着明显的竞争优势。在专业化服务方面,国际商事调解组织已经推出了如金融、知识产权、国际工程、国际贸易等专业化领域的调解服务来凸显自己的服务特色与某一领域较高的专业程度。在调解员能力方面，调解员是保障调解活动顺利并成功的核心因素。调解组织争相加强国际商事调解员的培训和认证，不仅是为了凸显自身队伍力量，还是在赢取国际商事调解服务的市场话语权。调解服务的质量是国际商事调解组织的宣传重点。现在，越来越多的调解组织通过公布年度工作报告、发布典型案例的形式，向社会宣传其因收案数量较多而累积的丰富调解经验和因较高调解成功率所反映的调解能力。国际合作广度、深度的竞争同样激烈。基于涉外这一基本属性，国际合作情况是衡量国际商事调解组织服务能力的重要标准。目前，北京、上海、深圳、浙江等地的国际商事调解组织均在积极开展对外合作，并将海外联络网作为重要竞争优势重点宣传。

国际商事调解费用的市场化。国际商事调解费用的市场化包括支付主体的转变、价格的透明化和市场性价差变动。一是支付主体的转变。随着社会国际商事调解组织的日益增多，庞大的调解组织系统已形成，政府购买、法院补贴的传统支付方式已无法满足各组织的生存需求，国际商事主体为商事调解服务付费成为必然。二是价格的透明化。价格是调解费用的重要方面，调解组织通常会公开收费标准和计算方法，让当事人了解费用的构成和支付方式。当事人可以更好地评估和比较不同机构的价格水平，选择最符合自己需求的调解服务。三是不同类型案件的价差。大多国际商事调解组织会根据商事案件的不同类型、复杂度和争议金额的大小，对调解费用进行差异化定价。一般来说，复杂的案件和高争议金额的案件可能会收取较高的调解费用，反之则会收取较低的调解费用。

国际商事调解信息透明化。当下，国际商事调解组织正更为主动地公开和传播自己的信息。调解组织会通过官方网站、社交媒体等渠道向公众提供其成立背景、组织架构、调解规则、调解员的资质和经验、调解成功案例和各种统计数据等信息。这些信息的透明化使当事人能够更全面地了解调解机构的专业能力和信誉，作出更明智的选择。

国际商事调解供求平衡层面。从供给方来看,调解组织的增多和专业化服务的市场细分,提高了供给数量与质量。调解员专业能力和素质的不断提高,增加了供给方的可靠性和信誉度。从需求方来看,国际商事纠纷的增加、国际商事主体对高效灵活解决方式的期待以及成本的考量,增加了对国际商事调解的需求。此外,前文中提到的差异化定价也反映了市场的供需属性。总之,供给方和需求方的双重因素,共同推动了中国国际商事调解市场化的发展。

3. 国际商事调解组织的融合发展

在经济全球化的背景下,国际商事调解组织的多元融合、紧密合作是适应国际商事法律服务的市场必然。国际商事调解涉及不同的国家、地区以及不同的行业,调解组织间的合作与联盟,可以提高调解的一致性、权威性,为国际商事调解提供更全面、更综合的资源。国际商事调解组织融合的表现形式主要有成立国际商事调解联盟组织、建立中外联合调解机制等。

国际商事调解组织的多元融合。为消除不同行业的专业壁垒,共享各方资源,国内调解组织合作形式较为多样,除前文已提到的粤港澳 15 家主要商事仲裁调解机构组成“粤港澳仲裁调解联盟”外,还有各行业调解中心组成国际商事调解联盟,如 2021 年 1 月 8 日成立的中国商事调解发展合作机制,该机制由北京融商一带一路法律与商事服务中心、中证资本市场法律服务中心、上海银行业保险业纠纷调解中心等 20 家调解组织联合设立,为调解投资领域纠纷提供了全方位支持。

国际商事调解组织的紧密合作。为强化对外交流,便利国际商事主体选择,国内商事调解组织多与国外商会、知名商事调解组织建立联系,探索建立国际商事调解协议多维度促进执行机制,构建共性与特性并存的联合调解模式。就地方而言,虽然国际合作有一定的局限性,但国内商事调解组织仍进行了积极的实践。例如,中国贸促会浙江省委员会(以下简称浙江贸促会)截至 2022 年年底,已与 82 个国家和地区的 181 家商会建立友好合作关系,在59个国家设立61家海外联络处。[1] 从浙江贸促会发布的大量国际商事调解案例可以发现,其庞大的海外合作网络是以非司法途径敦促调解协议成功履行的关键因素。再如,上海经贸调解中心与全球20多个国家与地区的商事调解ADR机构建立联系,为国际商事争议提供多元化、系统化和专业化的调解服务。

4. 国际商事调解的信息化

国际商事调解与互联网结合,开拓了跨越空间的便捷调解渠道。在后疫情时代数字经济和信息技术发展的浪潮之下,在线调解在解决国际商事纠纷领域呈不断发展壮大趋势。[2] 通过在线平台,调解参与方可以轻松安排会议时间,共享文件和证据,进行在线讨论和协商,实现调解案例和先进方案的数据管理,而语音识别和实时翻译等技术也可以在帮助调解员更好地理解和分析案件的同时,提供准确的记录和翻译服务。2022年3月,联合国国际贸易法委员会第二工作组在纽约召开第七十五届会议,指出全球努力转向创新利用技术解决争议,网上解决争议机制现已成为当事人解决争议的重要手段。[3] 与会专家还提出,可在不影响调解灵活性的前提下,制定在线调解准则。

信息技术有效破除调解时空壁垒,调解受案量不断增加。2020年6月,中国(杭州)知识产权·国际商事调解云平台上线。截至2022年11月25日,平台已累计接收知识产权和国际商事调解案件18,788件,调解完结15,657件,调解成功5730件,案件涉及美国、德国、瑞士等25个国家,国内当事人涉及全部省级行政区。[4] 2020年12月,湖南省贸促会与省高级人民法院联合创新人民法院调解平台在涉外商事纠纷化解中的应

---

〔1〕 参见浙江贸促会网站,http://www.ccpitzj.gov.cn/col/col1229565441/index.html,2023年8月20日访问。

〔2〕 参见安文靖、刘涛:《在线国际商事调解制度研究》,载《商业会计》2011年第10期。

〔3〕 参见《诉诸司法和网上解决争议机制的作用:包容性全球法律创新网上解决争议平台提交的材料》,载联合国国际贸易法委员会网站,https://uncitral.un.org/en/disputesettelement-colloquium2022,2023年11月20日访问。

〔4〕 参见蔡杨洋:《商事调解"朋友圈"再扩大》,载杭州日报网站,https://mdaily.hangzhou.com.cn/hzrb/2022/11/30/article_detail_1_20221130A137.html,2023年9月1日访问。

用,利用现有平台积极推广和应用国际商事纠纷的在线调解、在线申请司法确认等。

全球信息技术发展迅速,在国际商事调解中呈现出更宽领域的运用趋势。在国际商事调解中,信息技术已经不局限于在线联络、在线调解、在线司法审查等程序性事项,已更广泛地用于案件分类、争议焦点分析、调解员智能匹配,甚至失联当事人搜索等方面,有效促进了国际商事调解搭建更高效、更专业、更便利的工作机制。

第二节 "一带一路"中的国际商事调解

作为以项目带动共建国家合作的投资型"经济圈","一带一路"打造的是一个开放包容的新型国际合作体系。在处置投资争端时,其强调的是各方利益的同步关切。调解作为软法机制,能有效适应"一带一路"共建国家在法律体系、文化传统、商业惯例等方面的差异,"一带一路"也为中国国际商事调解提供了良好的市场基础。总体而言,中国国际商事调解在聚焦"一带一路"倡议中持续向好发展,但也面临诸多困难与挑战。

一、"一带一路"国际商事调解的发展现状

"一带一路"国际商事调解在日益密切、复杂的投资往来中迅速发展。"一带一路"倡议自 2013 年提出至今,参与国不断增多,截至 2022 年 12 月 6 日,我国已与 150 个国家,32 个国际组织签署了 200 多份共建"一带一路"合作文件。[1] 同年,"一带一路"共建国家对华直接投资新设立企业 4519 家,"一带一路"共建国家进出口总额 138,339 亿元。[2] 为适应

[1] 数据来源:《数说"一带一路"2022》,载中国一带一路网,https://www.yidaiyilu.gov.cn/p/299772.html,2023 年 8 月 10 日访问。

[2] 数据来源:《中华人民共和国 2022 年国民经济和社会发展统计公报》,载国家统计局网站,http://www.stats.gov.cn/sj/zxfb/202302/t20230228_1919011.html,2023 年 8 月 21 日访问。

"一带一路"发展需要，我国于2016年启动"一带一路"国际商事调解机制建设工作，到2022年已初步搭建完成。

目前，"一带一路"国际商事调解组织体系已搭建了包括最高人民法院建立的"一站式"国际商事纠纷多元化解决机制、北京融商一带一路法律与商事服务中心国际商事调解中心、前海法院"一带一路"国际商事诉调对接中心和其他国际商事调解组织提供"一带一路"国际商事调解服务组成的专门化与综合型双层级服务格局。

全国"一站式"国际商事纠纷多元化解决网络已基本建设完成。2018年1月23日，最高人民法院依据《关于建立"一带一路"国际商事争端解决机制和机构的意见》建立了诉讼与调解、仲裁有机衔接的"一站式"国际商事纠纷多元化解决机制（以下简称"一站式"机制）。2021年7月21日，最高人民法院"一站式"国际商事纠纷多元化解决平台在国际商事法庭网站上线启动试运行，实现了国际商事法庭诉讼机制与调解、仲裁机制的在线对接和信息共享。到2022年，"一站式"机制加入了更多机构，规模呈不断扩大趋势。[1]

"一带一路"国际商事调解组织与诉调对接机制建设日趋成熟。2016年10月18日，北京融商一带一路法律与商事服务中心成立。该中心系由律师事务所、行业商会、国际商会、国际经济组织等联合创立的"一带一路"服务机制，在此机制内建立一带一路国际商事调解中心，发布《一带一路国际商事调解中心调解规则》，并与北京市第四中级人民法院签订诉调对接合作协议。2018年，前海法院成立国内首个"一带一路"国际商事诉调对接中心，该中心合作单位覆盖31个国家和地区，与48家域内外调解组织建立沟通联络机制，可为"一带一路"国际商事纠纷提供更权威、高效的调解服务。同时，该中心以法院为基础推行商事纠纷先行调解制度，截

〔1〕 2022年6月，最高人民法院办公厅发布《关于第二批纳入"一站式"国际商事纠纷多元化解决机制的国际商事仲裁机构的通知》，要求进一步扩大机制规模，将广州仲裁委员会、上海仲裁委员会、厦门仲裁委员会、海南国际仲裁院（海南仲裁委员会）、香港国际仲裁中心作为第二批纳入"一站式"国际商事纠纷多元化解决机制的仲裁机构。

至2022年10月已调解跨境纠纷6138件。

二、“一带一路”国际商事调解的困难挑战

随着“一带一路”共建国家数量的增长、相互商事交往的日益深化,商事纠纷将会越来越多样、越来越复杂。国际商事调解有着低成本、高便利、意思自治和维护友好合作关系的优势,但也面临立法缺位以及组织队伍建设不足的问题。

1.“一带一路”国际商事调解面临的立法阙如

“一带一路”商事纠纷主体复杂、类型多样,涉及不同的法律规范、商事习惯,以及显著的文化差异。权威性的统一规则是提高商事调解信任度、最大限度发挥调解优势的重要保障。但在“一带一路”国际商事调解越发丰富的实践中,国内外立法缺位与国际商事调解迅猛发展的矛盾逐渐突出,已成为掣肘调解解决相关商事争议的重要因素。

国内立法方面。我国在形式上尚无统一的国际商事调解立法,在内容上关于国际商事调解的立法适用范围限于某一城市,甚至城市的某一辖区,“一带一路”国际商事调解的专门规定更为稀少。

国内外规则衔接方面。“一带一路”国际商事调解国内外规则体系尚不完整,程序衔接存在制度矛盾,故此,应着重畅通国内外调解执行制度保障,衔接国际调解协议执行程序。通过梳理“一带一路”国际商事调解相关文件发现,国内调解只有经双方当事人自调解协议生效之日起30日内共同向调解组织所在地的基层人民法院提出司法确认的申请才有强制执行力,但《新加坡调解公约》系将调解协议的审查工作放在执行救济环节,同时需要满足该公约第5条中对国际和解协议效力的各项审查后才可执行。国内外调解协议执行制度的显著差异,将极大影响国际商事调解的顺利开展。

2.“一带一路”国际商事调解组织建设不足

“一带一路”商事调解组织的探索还处于发展初期,国际性商事调解组织建设存在短板。专门性“一带一路”国际商事调解组织较少,加上提

供相关服务的调解组织主要集中在北京、上海、深圳等城市，国内其他“一带一路”共建地区的调解组织建设相对落后。“一带一路”国际商事调解组织专业水平、全球资源网络差异明显。通过多年的建设发展，中国国际商事调解组织如雨后春笋般出现，其中不乏为“一带一路”商事纠纷提供调解服务的机构，但普遍存在市场切入先行、内部建设滞后、人员专业水平不足、调解体制搭建不科学、国外机构联络网促狭等现实性问题。

3.“一带一路”国际商事调解人才专业化建设薄弱

作为国际商事调解活动的中心角色，调解人员的综合素质已经成为成功调解及其履行的关键因素。但目前我国在国际商事调解人才队伍建设上，存在专门型和专业型人才不足的突出问题。从国际商事调解专门型人员来看，目前调解人员多由退休法官、学者、律师等兼职人员构成。如前文案例分析，一起国际商事调解案件往往需要长期的跟踪、推进，需要对调解主体心理、案件动态等进行综合性的关注，而兼职型调解人员调解精力有限，客观上无法满足这一需求。从国际商事调解的专业型人员来看，国际商事调解是一门更高级别的调解科学，除了应掌握商事调解员所应具备的国内法律知识、商业化的调解技巧等，还需要系统学习国际商事法律规范，熟悉各国国内政治经济环境，以及掌握一门以上的外语等。

三、“一带一路”国际商事调解的未来展望

回顾2022年至2023年，中国“一带一路”倡议下的国际商事调解对建立健全中国国际商事调解规则、创新调解模式和机制建设进行了有益探索。未来，“一带一路”国际商事调解将逐步完善规则体系，强化国际商事调解组织合作与交流，构建国际商事调解专业化、职业化教育体系，推动建立国际商事调解中国话语体系。

1.“一带一路”国际商事调解制度的完善

随着国际商事调解的普及和发展，“一带一路”共建国家将更加积极促进和制定统一的国际商事调解规则，提供一个共同的法律框架，以协调

各国之间的差异,促进国际商事调解的普及和推广,提高国际商事调解的效率和可预测性。

“一带一路”国际商事调解将越来越倾向于提供一体化的争议解决方案,包括谈判、调解、仲裁和诉讼等多种方式的结合。加之“一带一路”国际商事调解的需求不断增加,调解的规范化和标准化变得越来越重要。为适应这样的趋势与需求,应强化顶层设计,完善国际商事调解法律配套制度。从宏观层面出台高位阶法律法规,对全国国际商事调解的业务范围、监管体系、基本程序、职业准入、执行保障等进行指引性规范;从微观层面发布系列规范,同步完善配套司法解释、适用规则,推进专门性、地方性法规立法,形成完整的国际商事调解法律制度体系,旨在建立一个更加高效、公正、便捷的国际商事调解规则体系。

2.“一带一路”国际商事调解组织的发展

“一带一路”国际商事调解组织将继续发展壮大。随着国际商事调解的需求不断增加,越来越多的国际商事调解组织将成立或扩大规模。这些机构将在提供专业商事调解服务的同时,积极参与国际商事调解规则的制定和推广,促进国际商事调解的标准化和规范化。此外,跨机构之间的合作和交流也会增加,为国际商事调解提供更多选择和更好的资源共享。除此之外,可建立“一带一路”国际合作与交流共享机制。“一带一路”倡议是长期开放的,将有更多国家和地区加入,中国贸促会调解中心有着领先全国的国际联络网。开展以中国贸促会调解中心为核心的“一超育多强”模式,开展国际商事调解组织培育计划,强化调解组织国际合作与交流的纵横网。

3.“一带一路”国际商事调解人才的专业化培育

国际商事调解员将呈现专业化和职业化的发展趋势。随着“一带一路”国际商事调解的需求增加,对高素质、专业化的商事调解员的需求也将增加。国际社会将加强对国际商事调解员的培训和认证,建立更为严格的资格要求和行业标准。同时,各国国际商事调解员也将积极提升自己的专业能力和知识水平,参与国际商事调解的实践和研究,不断提高解决争端的能力和效果。此外，国际商事调解员的职业化培育将得到更多的关注，调解员将接受更为严格的、系统性的培训，包括建立国际商事调解行业协会、制定职业道德规范、提供职业发展支持等，以促进国际商事调解员的职业发展和行业的规范化。

综上，中国将加大力度推动"一带一路"国际商事调解的发展，通过建设统一的国际商事调解规则，发展壮大调解组织，提升调解员的专业化和职业化水平，促进国际商事调解的普及和推广，为解决跨国商事争端提供更好的选择，促进国际商事合作和投资，推动经济全球化的发展。

第三节　国际商事调解的典型案例及分析

一、国际商事调解典型案例分析

1. 国际商事调解规则完善的实践观察

中国贸促会调解中心作为中国国际商事调解的先行者、实践者，其在丰富实践基础上制定调解规则，对全国商事调解组织的规则建构具有引领性、指导性作用。在中国贸促会调解中心受理的大量国际商事争议中，不乏实践充实理论的典型案例。这些典型案例不仅重塑了中国国际商事调解的灵活性、开放性等特点，还从现实可操作性角度为调解规则的拟定与完善提供依据。

（1）国际商事调解的灵活性

在国际商事调解活动中，常常面临不同法律与调解规则的适用问题。为更好地化解纠纷，在充分尊重当事双方意愿的基础上，规则应更多地服务调解实践。这就要求国际商事调解应具备更高的灵活性，而这一灵活性，不仅反映在不同国家法律和调解规则的自主选择上，还体现在依商事主体需求灵活处理的各种程序性事项中。

调解规则的灵活选用。以 2007 年中国贸促会调解中心调处的意大利某银行与意大利某公司的企业清算争议案为例。该案中,意大利某银行与意大利某公司出资在中国成立了一个外商投资企业,因外商投资企业连年亏损,意大利某银行与意大利某公司就企业清算事宜发生争议。争议双方共同申请由国际商会进行调解,但要求按照意大利的调解规则,并在其他问题上适用中国的合同法和公司法。中国贸促会调解中心从调解规则服务调解活动的角度出发,决定同意当事人自主选择调解规则适用的请求,该案最终得以成功调解。[1] 现在,大多数调解组织的规则选用规定,均有设置尊重当事人合意的条款。

调解协议生效条件的灵活处理。在某国际贸易质量索赔争议案中,经过中国贸促会调解中心介入,双方当事人已达成了“卖方在调解协议生效后3日内赔偿买方20000美元”的调解方案,并分别签署调解协议,但买卖双方均对协议生效节点表示出担忧。买方担心自己先签了协议后邮寄正本给卖方,卖方拖延签署和履行;卖方则担心自己先签了协议,买方会声称已会签了调解协议并要求卖方付款,但事实上买方可能会在收到款后迟迟不邮寄调解协议。因此,双方均希望以调解组织的盖章日期作为协议生效日期,并以此计算赔款义务的履行期限。虽然调解中心调解规则未将“调解中心的盖章”作为调解协议生效的前提条件,但是由于争议当事人共同明确要求,“调解中心的盖章”可以作为本案调解协议生效的条件。[2] 本案例从调解协议生效条件这一细节,更新了国际商事调解规则,也进一步完善了中国国际商事调解程序。

(2)国际商事调解的开放性

基于调解意愿、调解机构确定的考虑,国际商事调解如仲裁程序的启动一般,有着相对封闭的程序启动条件,即大多调解规则规定,程序启动的前提是当事双方有明确的调解启动协议。在理论上,这有助于国际商

---

〔1〕 参见中国国际贸易促进委员会/中国国际商会调解中心主持编写:《商事纠纷调解实务》,清华大学出版社2013年版,第103页。

〔2〕 参见中国国际贸易促进委员会/中国国际商会调解中心主持编写:《商事纠纷调解实务》,清华大学出版社2013年版,第144页。

事调解的顺利开展,但未考虑在国际商事调解发展初期,商事合同多是约定仲裁、管辖法院或者没有直接约定的现实情况。

2007 年,中国某进出口公司向某国一变压器设备供应商订购一批设备运往非洲安哥拉。该设备供应商推荐在国内某代理商处下单订购,出库时采用抽检方式。货物运抵时,安哥拉方清点发现设备零件缺数近 200 件,中国公司遂拒绝支付尾款。因双方未约定争议解决方式,中国公司最初只是从节省成本角度向中国贸促会调解中心咨询,在没有调解启动协议的情况下是否可以申请调解。中国贸促会调解中心没有错失这一看似简单的咨询,在充分了解情况后,建议中国公司先提起调解申请。中国贸促会调解中心收到申请书后,旋即征求国内代理商的意见。最终,双方达成由中国贸促会调解中心调处本案的合意。在中国贸促会调解中心的主持下,双方最终妥善解决了问题。[1] 现在,多数国际商事调解组织在规定程序启动条件时都会将双方即时合意的情况涵括在内。

(3)国际商事调解的专业性

国际商事争议调解活动中经常会出现各类突发情况,这对调解员的专业性提出了更高的要求。比如,调解员要精准判断案件走向,为纠纷切实解决作出前瞻性举措。通过相关案例发现,国际商事纠纷的友好解决是一个综合性问题,有效化解纠纷的前提是对不同国家的调解机制与仲裁制度充分熟悉,并做好衔接工作。例如,中国贸促会调解中心调解的两起涉外案件中,就体现了这一特点。

案例一:中国某公司向中国贸促会调解中心申请调解其与土耳其某公司的销售合同纠纷。中国某公司向土耳其某公司销售薄钢热卷板,因国际市场薄钢热卷板价格急剧下跌,土耳其某公司拒绝赎单接货,造成数额不菲的滞港费。土耳其某公司表示,国际市场货物价格剧跌属于情势变更,要求降价 50%,否则宁可舍去预付款也不接货。中国某公司考虑

---

[1] 参见中国国际贸易促进委员会/中国国际商会调解中心主持编写:《商事纠纷调解实务》,清华大学出版社 2013 年版,第 102 页。

到,货物长期滞港有被当地海关拍卖的风险;同时,根据当地海关有关规定,货物回运须经提单上收货人的同意。虽然本案争议是土耳其某公司违约所致,但因为合同中未约定有效的仲裁条款,只能在土耳其进行诉讼。这一情况下,中国某公司将面临高昂的维权成本和执行困境。

经沟通,土耳其某公司表示同意调解。在促成调解后,中国贸促会调解中心考虑到调解过程中当事双方在讨论"先付款还是先收货"的履行方式时所表现出的信任度不足的情形,判断出调解协议或将出现执行困难。因此,中国贸促会调解中心在双方签订调解协议时,同步完善了仲裁条款,并约定守约方在其他方违约时,可享有依据和解协议中相关和解转裁决的程序提起仲裁的权利。这一正确判断和重要举措,在调解协议签署后的执行和纠纷的切实化解中发挥了重要作用。[1]

案例二:2012 年 9 月 20 日,中国贸促会调解中心/中意商事调解中心调解了一起意大利某设计公司与北京某家装用品公司的合同纠纷。该案由意大利某设计公司在米兰办公室提出调解申请,请求北京某家装用品公司支付合同约定的各项费用。由于申请人提供的官方联系方式为空号,在拨通唯一一个手机号后,调解中心第一时间向被申请人解释了中意商事调解中心的成立宗旨,以及调解的优势,被申请人遂提供了可供接收材料的邮箱号,但被申请方对此无更多反馈。后续沟通也因被申请人正在传阅投诉材料、需召开董事会讨论等因素被延迟。这一阶段,调解员仍坚持沟通,却突然得知,被申请方联系人离职且不愿意提供新负责人的联系方式,调解引导工作戛然而止。即便如此,调解员仍未放弃,继续通过各种途径寻找被申请人联系方式,几经周折,终于与公司法务经理取得联系,并立即向其邮箱发送了调解受案通知书和调解确认函。在确认其收悉邮件的同时,调解员与其进行电话沟通,耐心解释商事调解的特点。终于,被申请方签署了确认调解的中英文函。[2]

---

〔1〕 参见何贵才:《因拒收货物导致合同履行争议的调解》,载中国国际贸易促进委员会/中国国际商会调解中心网,https://adr.ccpit.org/articles/55,2023 年 11 月 15 日访问。

〔2〕 参见王芳:《纺织服装业靠创新驱动智赢未来》,载《国际商报》2014 年 3 月 28 日,A06 版。

经过调解，当事双方重新建立起对彼此的信任，但由于双方信任基础薄弱，调解过程中数濒失败边缘，幸得当事双方对调解员有着高度的信任和理解，关键时刻调解员能从专业且中立的角度分析化解各方疑惑，并能应双方要求当场草拟双语的调解协议，调解最终获得成功。

该案经历了被申请人联系电话空号、联系人离职、调解过程中双方信任崩塌等多种不利状况，调解员高水平的专业素养成为调解最终达成的关键因素。目前，各调解组织的调解规则中对调解员的资格要求越发专业化、国际化，高水平调解员培育也成为国际商事调解组织发展的重点领域。

（4）国际商事调解的广泛性

涉外商事纠纷会以多种形式表现，调解规则设计核心应回归纠纷的"商事"本质，不对国际商事调解的受案类型作狭义解释。中国贸促会调解中心成功调处的两起外商非正常撤离案件就印证了这一点。

案例一：某外商独资的大型制衣公司因经营困难，拖欠职工工资、欠缴社保，在转卖了部分设备后企图不经清算程序撤离。职工向政府举报后，该公司的董事长、高管多方抗辩，甚至拟以股权转让和工商变更等手段逃避责任。在此期间，部分职工出于义愤，对董事长和高管进行了围困，最终警方出面才控制了事态的进一步恶化。此时，某国驻我国使馆致函并出面要求当地政府妥善调解，以避免影响当地的投资环境。经政府部门的推荐，双方当事人申请中国贸促会调解中心调解。调解中心秘书处收到申请书后认为，虽然该案已在诉讼程序中、公安机关也已介入，严格意义上讲不属于调解中心商事调解受案范围，但是考虑到本案是由商事争议引发，受理并调解该案不违反中国贸促会调解中心《调解规则》的禁止性规定，调解中心最终受理了本案，促使双方达成了和解。[1]

案例二：在这一起外商非正常撤离案件中，中国贸促会调解中心也面

〔1〕 参见何贵才：《因外商非正常撤离引发争议的调解》，载中国国际贸易促进委员会/中国国际商会调解中心网，https://adr.ccpit.org/articles/56，2023年11月15日访问。

临了案件受理权限问题。因外商未完全履行合同义务且其设立的独资公司拖欠职工工资和巨额社保费,从而引发了职工停工和大规模的群访事件。当地政府请求调解中心从中斡旋、居间调处该争议。当时,中国贸促会调解中心秘书处就能否受理有不同意见,但最终一致认为,虽然该案表面上涉及劳资纠纷,但根源是因外商违约即“商事纠纷”。中国贸促会调解中心作为居间公正的第三方,调解商事纠纷为职责所在。最终,国际商会接受了案件申请,而该案也取得了较为理想的调解结果。[1]

事实上,国际商事调解组织能否介入因外商违约引发的群访事件值得商榷。但在上述案例中,调解组织作为沟通桥梁,最终促使剑拔弩张的当事人间达成和解,又印证了调解在应对国际商事争议中各类复杂情况的独特优势。所以,这类案例在某种程度上是对国际商事调解规则中“国际商事”的定义、受案范围的重塑性提问。

2. 国际商事争议调解化解的成因观察

国际商事纠纷成功调解的影响因素一直是理论与实务研究的重点,分析单个案例并不足以为解释这一问题提供参考。因此,笔者选取了浙江贸促会自 2011 年至 2023 年的 105 个国际商事调解案例作为分析样本。[2] 观察 105 个国际商事调解案例可知,成功调解的因素主要有调解人员专业度较高,以及诉前财产保全、司法确认、警告函、云平台线上调解、利用外联资源多方协助(如银行、贸促会、外汇管理部门、国外商会、大使馆、总领事馆、知识产权保护中心等机构)调解、国际商务敦促履约等手段的运用。其中,调解人员作为调解活动的核心,是影响调解成功最主要的因素,其次是国际商务敦促履约和外联资源的协助。值得注意的是,司法程序中的诉前财产保全、司法确认等对调解成功及其履行的影响相对较小(见图 2 -2)。

---

〔1〕 参见何贵才:《因投资及劳资争议引发群访事件的调解》,载中国国际贸易促进委员会/中国国际商会调解中心网,https://adr. ccpit. org/articles/106,2023 年 11 月 15 日访问。

〔2〕 截至 2023 年 9 月 4 日,中国国际贸易促进委员会浙江省委员会官网共发布 126 个精选案例,除去刑事案件、国内案件等情形的,余 105 件。

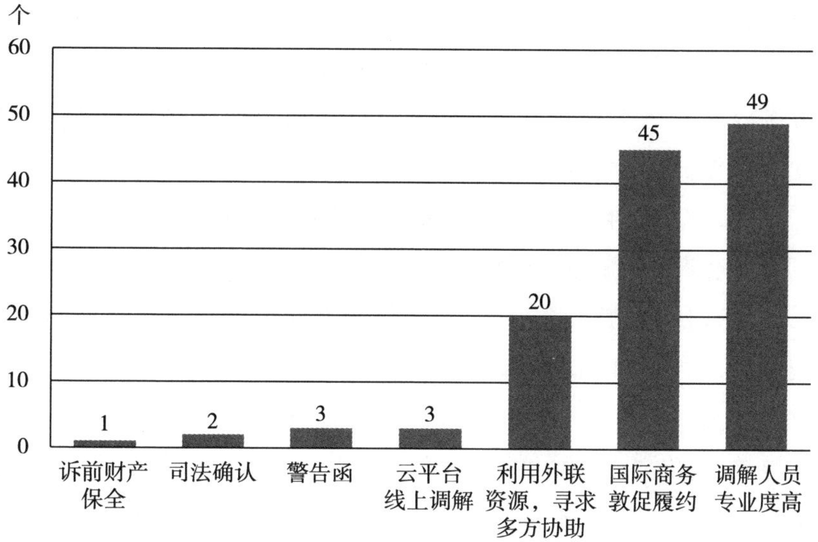

图 2－2　国际商事纠纷案例成功调解及履行的影响因素

成功调解和履行常常是因为多种手段的综合运用,而为客观呈现各手段的使用情况,图 2－2 采取了平行式列举方式。根据案例现实反映,调解员并非只使用一种方式促成调解的履行,而是多管齐下。例如,精选案例(二十),浙江贸促会调解中心除向孟加拉银行发送敦促履约函外,还请求了中国驻孟加拉国大使馆经商处的协助,在多重压力下,孟加拉银行才付款。

3. 国际商事争议成功调解因素的具体观察

为进一步观察国际商事纠纷成功调解的原因,笔者针对涉及以上统计中主要影响因素的部分案例进行具体分析。

(1)“国际商务敦促履约”赋能国际商事纠纷成功调解与履行

案例一:2023 年 3 月,湖州某公司因买方斯里兰卡公司拒不支付货款,向中国贸促会/中国国际商会湖州调解中心(以下简称湖州调解中心)求助。湖州调解中心第一时间启动商事法律调解程序,详细了解案件经过,并利用海外资源对斯里兰卡公司及承兑银行资信情况进行调查后,向对方制发了敦促履约函,阐释了合同事实、诉求及违约后果。同时,湖州市贸促会发函联系驻斯里兰卡大使馆经商处,为案件的后续处理争取更多支持。斯里兰卡公司收到敦促履约函后,迫于压力并考虑到对公司其他业务的影响,主动联系湖州调解中心,承诺尽快付清欠款,最终于2023年4月中旬一次性付清欠款。[1]

案例二:2022年6月,嘉兴某公司因买方俄方公司拒不支付货款,向中国贸促会嘉兴调解中心(以下简称嘉兴调解中心)寻求帮助。嘉兴调解中心向嘉兴公司了解详细情况,全面梳理案情、整理核实证据材料,讨论研究对策,于6月22日以中国国际商会嘉兴商会的名义向俄方公司发出敦促履约函。俄方公司收到敦促函后,与嘉兴公司达成分阶段付款协议并签字确认,俄方公司在如约支付了第一笔货款后,又怠于支付第二笔尾款。8月2日,嘉兴调解中心再次以嘉兴国际商会名义发函,提醒俄方公司按约定履行付款义务。俄方公司在收到提醒函后,最终于8月中旬付清全部欠款。[2]

经过对上述案例的分析可知,国际商务敦促履约,是指在国际贸易中,申请人提出申请,中国贸促会调解中心审查后,利用其在国际上建立的工作网络和信用体系,致函被申请人,敦促其履行合同义务,常用于货款拖欠等案情明确、无争议、标的额不大的商事纠纷。如被申请人拒绝履行合同义务,严重违约并且拒绝申明抗辩事由,调解中心将向具有合作关系的中外有关政府部门、商(协)会组织和会员企业通报被申请人违约情况,并将其列入资信不良企业名单予以重点监控。

在以上两个案例中,买卖双方都有着长期合作的贸易基础,基于对老客户的过度信任,双方均未签订规范完备的合同,致使卖方在国际贸易货款纠纷中处于被动地位。调解组织通过敦促履约方式,历经不到两个月

---

〔1〕 参见《案例精选(一百一十六):敦促履约显成效,海外欠款速追回》,载中国国际贸易促进委员会浙江省委员会网,http://www.ccpitzj.gov.cn/art/2023/6/20/art_1229574285_39942.html,2023年9月3日访问。

〔2〕 参见《案例精选(七十八):嘉兴某公司与俄罗斯某公司国际贸易货款纠纷案》,载中国国际贸易促进委员会浙江省委员会网,http://www.ccpitzj.gov.cn/art/2022/9/9/art_1229574285_35863.html,2023年9月3日访问。

的时间，追回了拖欠一两年的货款，高效维护了申请人的合法权益。目前，国际商务敦促履约已成为中国贸促会调解的独特、有效的方式之一，极大地提高了工作效率。

（2）"云平台＋司法确认"助力国际商事调解提质增效

案例一：2023年1月4日，印尼某公司因卖方蒋某某拒不退还货款，向杭州市富阳区人民法院（以下简称富阳法院）提起诉讼。富阳法院第一时间确定归口办理部门，并及时与杭州市中级人民法院和杭州市贸促会对接联系。经三方协商确认，该案由中国（杭州）知识产权·国际商事调解云平台分案至杭州市贸促会下属的杭州市国际商事法律服务中心（以下简称杭州商法中心）办理。

杭州商法中心调解员通过云平台联系双方当事人，沟通了解双方调解意向，向其解释调解的性质及相较于诉讼程序的优势。在确定双方调解意愿后，调解员向双方发送调解码，以便当事人登录云平台即时查看调解进度与相关文件。2023年2月28日至3月16日，调解员多次联系双方当事人。5月10日，双方在调解员的主持下在调解笔录上签字确认，并于同日向富阳法院申请司法确认。富阳法院收到申请后，当日立案、当日组织双方进行听证，并于当日向双方送达了民事裁定书。[1]

案例二：2022年7月，义乌某公司因买方香港公司和天津公司拒不支付货款，起诉至义乌法院。义乌法院通过义乌商贸纠纷诉调对接云平台，委托义乌市国际商事法律服务中心进行调解。调解员随即通过平台联系各方当事人，了解案件事实，引导各方接受调解。鉴于当事人对调解协议履行保障的顾虑，调解员建议采用"特邀调解＋司法确认"模式，三方对司法确认途径达成合意。此外，由于三方当事人各在不同城市，距离较远，不便当面签订协议、递交材料，调解员又与案件承办法官、微法院平台技术人员沟通协调，成功帮助当事人于10月13日完成浙江移动微法院平台

〔1〕参见《案例精选（一百一十七）：云上调解＋司法确认，两个月高效解决拖欠三年货款》，载中国国际贸易促进委员会浙江省委员会网，http://www.ccpitzj.gov.cn/art/2023/6/26/art_1229574285_39996.html，2023年9月3日访问。

系统实名认证,在线签署调解协议,并线上递交司法确认材料。10 月 20 日,法院作出司法确认裁定书。同日,香港公司足额结清尾款。[1]

经过对上述案例的分析可知,线上云平台的便利性、司法确认的权威性等因素均对成功调解起到重要作用。一方面,线上云平台提供的便利性与高频次的参与度增加了双方的调解意向与积极性。在国际商事纠纷案件中,争议双方距离远、交通成本高而给调解造成额外压力。调解组织利用互联网技术,让调解员和当事人通过调解平台,实现线上调解、线上签署文件,打破空间限制,随时随地参与调解,为当事人节省了时间成本和经济成本,更减去当事人心理上的阻碍。另一方面,司法确认具有信赖保障。司法确认的程序保障作用不仅在于后期执行阶段,还在于这份保障所带来的信赖度。印尼某公司与义乌某公司都曾因出于对调解协议可能履行不力的顾虑,数度停滞调解程序,直到调解员提出"司法确认"途径,才有效消除了当事人的后顾之忧。

(3)"诉前财产保全"促使国际商事纠纷高效化解

案例:2023 年 2 月,宁波公司与美国公司首次开展业务合作,双方电话约定,在第一个订单货物 A 和货物 B 都装柜发货后,再履行第二个订单货物 C。合同签订后,宁波公司依约支付货物 A 的全部货款。在货物 A 即将到港时,美国公司通知宁波公司,第二个订单的货物 C 已经到香港码头,让宁波公司付款提货。宁波公司当即回绝,表示香港不是本次交易的目的港,且货物 B 尚未装柜发货,拒绝接收。美国公司遂向宁波公司主张香港码头产生的滞港费用以及取消第二个订单的取消费,并拒不提供货物 A 的提单正本,货物 B 也不装柜发货。双方在沟通中产生言语冲突后,美国公司拒不回复邮件、不接听电话。2023 年 4 月,宁波公司求助中国贸促会/中国国际商会宁波调解中心(以下简称宁波调解中心)。

---

[1] 参见《案例精选(八十八):诉调对接促高效　司法确认消顾虑》,载中国国际贸易促进委员会浙江省委员会网,http://www.ccpitzj.gov.cn/art/2022/11/17/art_1229574285_36772.html,2023 年 9 月 3 日访问。

宁波调解中心一方面与美国公司联系，分析案件利害关系和法律后果，另一方面指导宁波公司与美国公司友好、理性沟通，释放和解诚意。因在合理期限内，美国公司未对本案作出有效回应，宁波公司担心美国公司转卖即将到宁波港的货物A，且涉案货物价格呈下跌趋势，为降低潜在损失，向法院申请诉前财产保全，及时查封了集装箱货物。货物查封后，宁波调解中心与美国公司再次沟通，释法明理，美国公司遂主动电放提单，宁波公司顺利提走货物A，双方最终调解成功。[1]

经过对上述案例的分析可知，本案纠纷发生后，美国公司始终拒绝沟通，而当涉案货物被诉前财产保全后，美国公司即主动现身处理纠纷。诉前财产保全是债权人有效保护自身合法权益的重要手段，不仅能够避免当事人恶意转移财产，导致无财产可执行的情况发生，也能促使当事人积极对待，保障调解工作顺利进行，实现以保全促调解。

二、国际商事调解典型案例的启示

1. 强化国际商事调解规则可操作性

国际商事调解的顺利开展要求调解组织配备可操作性强、专业度高的调解规则，即国际商事调解规则的制定应当与新时代商事纠纷调解化解的新需求保持一致。这意味着要重视商事调解实践中的各种问题，并从可操作性和促进调解的角度深入理解国际商事调解的灵活性、开放性、专业性和广泛性。

首先，新时代商事纠纷通常涉及复杂多样的商业事务和跨国交易。因此，国际商事调解规则需要具备灵活性，以适应不同类型和规模的商事纠纷。这意味着规则应该允许各方根据具体情况选择调解规则、程序和调解员，并允许调解员根据各方的需求和利益制定适当的调解方案。

其次，国际商事调解规则需要注重专业性。商事纠纷除了涉及复杂

〔1〕 参见《案例精选（一百二十三）：保全＋调解，助力国际贸易合同履行纠纷高效化解》，载中国国际贸易促进委员会浙江省委员会网，http://www.ccpitzj.gov.cn/art/2023/8/8/art_1229574285_40674.html，2023年9月3日访问。

的法律和商业问题,还有各种突发状况,以及需要调解员辨明各种案件细节。因此,国际商事调解员应具备深厚的商事、法律背景,拥有应对突发状况、适时分析问题、解决纠纷的专业技能。调解规则着重于调解员资质和能力的准入设置,不仅体现对调解员的考察,也会提高商事主体对调解的信任。

最后,国际商事调解规则应具备开放性和广泛性。开放性与广泛性均属于国际商事调解受案范围的扩大解释,开放性体现国际商事调解的启动条件应更加尊重当事人合意,广泛性着重于纠纷的"商事"属性。事实上,国际商事纠纷可能涉及不同国家和地区的当事人,商事合作协议的习惯各有不同,对"商事"在法律层面的理解也各有差异,但基于调解的自主性本质特征,以及调解规则应在全球范围内广泛适用的基本要求,对国际商事调解程序的启动、受案范围不宜作限缩解释。

2. 提高国际商事调解员综合能力

根据案例分析可知,熟练使用多国语言、掌握国际法律专业知识、熟悉商事行业惯例是国际商事调解人员基本的知识储备,而真正促成调解成功的实务要求,更在于准确把握纠纷主体调解心理和丰富的社会实践经验。根据中国贸促会调解中心案例,以及浙江贸促会的105件案例,可以发现其调解人员的专业性主要体现在:(1)耐心沟通、长期不懈地跟进案件,即便调解失败进入仲裁或诉讼程序仍然保持案件跟踪;(2)提出和解方案的可操作性强;(3)能迅速抓住案件争议焦点,清晰阐明利害关系,精准定位双方利益平衡点;(4)具有较高理论水平和丰富实践经验,能实时观察争议双方需求变化,并及时作出相应专业解答等。

3. 拓宽国际商事调解合作范围

现代国际商事调解语境下,国际商事调解已经不局限于商事调解组织间的合作。出于调解的高度自治性,综合性的社会约束可能远高于司法程序的事后救济。在商事领域中,行业内部竞争、相关行业及其他外界资源争取的影响是商事主体长期发展的重要利益考量。因而,多行业、多角度的合作成为达成调解协议及履行的关键是必然趋势。

多方协同对调解组织提出了更高的要求。例如,在以上案例中,实现国内外联合敦促履约的前提,是浙江省贸促会与全球 82 个国家和地区的 181 家商协会建立友好合作关系,以及在 59 个国家设立 61 家海外联络处。这目前还属于中国贸促会调解中心独有的调解方式,是利用其在国际上建立的工作网络和信用体系,致函被申请人,敦促其履行合同义务。但这为其他国际商事调解组织的发展提供了指引。

4. 以纠纷解决为核心化解国际商事争议

随着全球经济发展,商事争议愈加频发和复杂。2022 年 12 月,全球经贸摩擦指数为 222,相比 2022 年 11 月(147)上升 75 个点,相比上年同期(77)上升 145 个点。[1] 调解作为争议解决方式之一,不宜排他式使用。应以争议解决为根本出发点,以更宏观的视角,综合运用调解、仲裁、诉讼等纠纷解决途径,提出多程序、多方式的一体化国际商事纠纷解决方案。

国际商事合同中争议解决条款未约定或约定不明的情形十分常见,调解除了可以解决纠纷实体问题,也可以处理这一程序问题。例如,中国贸促会杭州调解中心(以下简称杭州调解中心)处理了一起争议解决条款约定法院管辖模糊的案件,这一情况下,申请人无论向哪一法院提起诉讼都将面临管辖异议的程序困扰。对此,杭州调解中心先是开展调解程序,而后在调解协议中引入仲裁条款,帮助申请人链接仲裁程序。如调解人员所预测,该案被申请人最终未能履行调解协议,但申请人援引调解协议中的仲裁条款最终解决了纠纷。

---

〔1〕 参见《全球经贸摩擦指数(2022 年 12 月)》,载中国国际商会网站,http://www.ccoic.cn/cms/content/38156,2023 年 8 月 13 日访问。

第三章　中国商事调解发展的地方经验与地域创新

第一节　粤港澳大湾区商事调解发展的经验与启示

随着中国签署《新加坡调解公约》，商事调解已经成为除诉讼和仲裁之外，化解国际及跨境商事纠纷的重要途径。粤港澳大湾区是我国开放程度最高、经济活力最强的区域之一，在国家发展大局中具有重要战略地位。在粤港澳大湾区建设的全面推进过程中，有关投资纠纷和商事争议日益增多，多元纠纷解决机制作为粤港澳大湾区制度建设的重要部分，是粤港澳大湾区营商环境的核心要素之一，商事调解作为多元化纠纷解决体系中的重要环节，对于优化粤港澳大湾区营商环境至关重要，应当在商事纠纷的解决过程中促进和鼓励调解的使用。三地法律体系和司法制度不尽相同，需要一系列规则来支持粤港澳大湾区商事调解规则衔接，也需要对商事调解进行不断地创新。需要分析粤港澳大湾区商事调解发展基本现状及创新举措的基础上进行经验总结，以期对粤港澳大湾区及其他区域商事调解的发展提供参考。

一、粤港澳大湾区商事调解发展的基本现状

2019 年 2 月，中共中央、国务院印发《粤港澳大湾区发展规划纲要》，确定粤港澳大湾区包括广东省的 9 个城市和香港、澳门两个特别行政区。该纲要提出要加强粤港澳司法交流与协作，推动建立共商、共建、共享的

多元化纠纷解决机制，完善国际商事纠纷解决机制，为粤港澳大湾区建设提供优质、高效、便捷的司法服务和保障，并提出了原则性的指导意见。2019 年 7 月，广东省委、省政府印发《关于贯彻落实〈粤港澳大湾区发展规划纲要〉的实施意见》，内容包括粤港澳大湾区发展的重大意义和总体要求、重点工作任务、保障措施等三个部分。在《粤港澳大湾区发展规划纲要》的指引下，三地推进实施了相关法律法规，加强了商事调解组织和人员的合作及交流，促进了粤港澳大湾区商事活动的融合发展。粤港澳大湾区商事调解发展的基本现状主要涉及商事调解制度建设、商事调解平台、组织建设及粤港澳商事调解的融合发展等方面。

1. 粤港澳大湾区商事调解制度建设

随着粤港澳大湾区的发展不断提速，商事活动往来频繁，如何更好地衔接商事调解规则、融合发展，是亟须解决的问题。

（1）商事调解衔接制度

2019 年 12 月 30 日，广东省高级人民法院和广东省司法厅联合公布《广东自贸区跨境商事纠纷调解规则》，在调解原则、调解收费、调解员、调解协议等方面作出具体规定，该规则为推动多元化解决涉粤港澳三地的跨境商事纠纷提供指引，促进了粤港澳大湾区跨境商事调解规则的衔接和联通。2021 年，中共中央、国务院印发《横琴粤澳深度合作区建设总体方案》《全面深化前海深港现代服务业合作区改革开放方案》，是深入实施纲要的重点举措，推动横琴粤澳深度合作区、前海合作区全面深入发展，对促进粤港澳全面合作有很大的示范效应，为三地商事调解规则衔接、机制对接、资格互认及共同标准的施行，为商事调解一体化提供了平台和空间。

2022 年 1 月，最高人民法院发布了《关于支持和保障全面深化前海深港现代服务业合作区改革开放的意见》和《关于支持和保障横琴粤澳深度合作区建设的意见》，均述及建设国际商事纠纷多元解决机制等内容，提出建设国际商事争议解决中心，支持前海合作区率先建立诉讼、调解、仲裁既相互独立又衔接配合的国际商事争议解决中心，完善前海法院与港澳调解机构诉调对接机制,吸纳符合条件的港澳调解机构参与国际商事、知识产权等领域纠纷调解,支持港澳调解员及律师参与调解,探索由前海法院试点受理该类型调解协议的司法确认案件,探索建立港澳调解员在粤港澳大湾区执业统一资格认定制度。

为加快推动广州南沙深化粤港澳全面合作,将其打造为立足湾区、协同港澳、面向世界的重大战略性平台,在粤港澳大湾区建设中更好发挥引领带动作用,国务院于2022 年6 月6 日印发《广州南沙深化面向世界的粤港澳全面合作总体方案》,健全多元化纠纷解决机制,搭建"一站式"民商事纠纷解决系统平台,促进诉讼与仲裁、调解等多元化纠纷解决方式信息互通、有机衔接。

(2)商事调解扶持政策

横琴、前海、南沙从落户奖励、办公用房、人才引进等方面给予商事调解全方位扶持,商事调解组织在前海、横琴合作区同一年度内享受支持资金总额最高分别可达 1000 万元、800 万元。纳入名册内的粤港澳大湾区调解员可以申领有效期 1 年内不限次数往来港澳地区的人才签注。深圳市前海管理局于2022 年5 月印发《深圳市前海深港现代服务业合作区管理局关于支持前海深港国际法务区高端法律服务业集聚的实施办法(试行)》,主要对前海深港国际法务区高端法律服务业集聚扶持的适用范围、实施主体、支持对象、准入条件,以及深港和国际合作发展支持、鼓励法律服务业集聚发展支持、物业支持的具体标准和条件等进行了规定,大力支持法律服务机构及港澳法律专业人士在前海深港国际法务区集聚发展。该办法的主要扶持对象是联营律师事务所、法律查明、商事调解等机构以及港澳法律专业人士。该办法对入驻法务区的粤港澳联营律师事务所、商事调解组织等根据标准分级分类给予了30 万元至200 万元不同额度的支持。截至 2023 年2 月,已有司法、仲裁、调解、法律服务等六大类 155 家机构进驻前海深港国际法务区,该办法支持鼓励商事调解组织在服务区的发展,进一步提升了粤港澳大湾区商事调解的融合发展与通力合作。

（3）商事调解保障制度

为破解粤港澳大湾区不同法域的制约“瓶颈”，有效推动落实粤港澳大湾区的规则衔接、机制对接，广东省司法厅联合香港特别行政区政府律政司（以下简称律政司）、澳门特别行政区政府行政法务司建立粤港澳大湾区法律部门联席会议制度，针对每块工作成立专门工作委员会，协调解决在推进粤港澳大湾区制度衔接和规则对接中遇到的问题，为粤港澳大湾区建设提供制度保障。粤港澳三地法律部门在联席会议工作机制中，实行“1+N”模式（“1”表示联席会议，“N”表示若干主题），每次联席会议在调解、仲裁、律师等条块工作中选取若干意向议题，提交联席会议进行决议或磋商。通过这种工作机制，粤港澳三地法律部门在联席会议上先后联合制定了《粤港澳大湾区调解平台建设工作方案》，该方案规定粤港澳大湾区调解平台是三地政府法律部门为促进调解工作设立的权威性、高层次交流和合作平台，明确了粤港澳大湾区调解平台的性质、名称、组织架构、工作范围等内容，为粤港澳大湾区商事调解工作提供平台支撑；制定了《粤港澳大湾区调解员资格资历评审标准》和《粤港澳大湾区调解员专业操守最佳准则》，根据《粤港澳大湾区调解员资格资历评审标准》，调解员必须符合粤港澳大湾区调解员各项资格资历要求，按照当地评审细则提出申请，评审机构按照当地评审细则开展评审认可的调解员名单报粤港澳大湾区调解工作委员会审核方可申请成为粤港澳大湾区调解员并被列入粤港澳大湾区调解员名册。该标准还制定了调解员除名机制、退出机制。《粤港澳大湾区调解员专业操守最佳准则》明确规定了调解员的基本责任和原则、调解员的角色和责任及调解员的能力要求，对调解员专业操守提出了具体规范要求。两项标准的制定对促进粤港澳大湾区调解员专业化发展、推广大湾区调解品牌都具有重要意义。除此之外，粤港澳三地联合制定了《粤港澳大湾区跨境争议调解示范规则》，其中规定各方当事人在发生跨境争议前或后，均可约定根据该规则，向调解机构申请调解或者委派粤港澳大湾区调解员进行调解。调解启动后，各方当事人可以通过协商选定调解员，有关调解员须来自《粤港澳大湾区调解员名册》中的调解员。就机构调解而言,如选定的调解员不属于获选定的调解机构,则须获得该调解机构的同意。该规则与上述的粤港澳大湾区调解员“两项标准”构成制度体系,明确了粤港澳大湾区机构调解和非机构调解两种模式,对跨境争议范畴、调解程序、调解员选定或指定、调解员义务、调解收费、调解期限等进行统一规范,供粤港澳三地调解机构及调解员参照适用。鼓励当事人在调解程序中引入法律查明、中立评估、专家意见等服务,建议当事人在和解(调解)协议中选定适用法律,避免纠纷进入司法程序后产生法律适用问题,允许经认可的调解机构和粤港澳大湾区调解员开展调解收费,充分体现了可行性、协同性和创新性等特点。联席会议制定的上述制度为大湾区跨境商事调解机制建设提供了政策衔接与配套规则,积极推动了跨境调解准则和标准的一体化。联席会议制度在推进三地商事调解、公共法律服务等方面的合作,协调解决大湾区制度衔接和规则对接中遇到的问题方面发挥了重要作用,为大湾区商事调解服务发展提供了良好的制度保障环境。

2. 粤港澳大湾区商事调解平台及组织建设

(1)成立粤港澳大湾区调解工作委员会

联席会议设立了由粤港澳三地法律部门代表组成的粤港澳大湾区调解工作委员会,搭建起粤港澳大湾区调解工作合作与实施平台,是粤港澳三地法律部门在跨境商事纠纷解决进行沟通协调、密切协作的运作组织,对促进粤港澳大湾区调解专业化、规范化发展具有积极作用。调解工作委员会的成立标志着粤港澳大湾区调解平台进入实际运作阶段,对推进粤港澳大湾区调解工作,推动建立多元化纠纷解决机制,着力打造粤港澳大湾区法治化营商环境具有重要意义。

(2)设立粤港澳仲裁调解联盟

为了更好地满足商事争议化解需求,粤港澳大湾区积极推动商事调解平台及组织建设,充分整合调解服务资源,搭建大调解合作平台,强化信息交流和共享。深圳国际仲裁院建立了粤港澳仲裁调解联盟(原称粤港澳商事调解联盟),开创了“港澳调解 + 深圳仲裁”跨境商事争议解决的创新模式，联盟吸纳粤港澳知名的仲裁机构、调解机构作为成员单位，成员机构包括15家粤港澳大湾区主要商事调解仲裁机构，具有广泛的代表性和影响力，成为整合粤港澳多元化争议解决资源、加强粤港澳大湾区商事调解法律服务机构和专业人士间的业务交流和合作的平台，为粤港澳大湾区的当事人提供专业、高效、和谐的争议解决服务。深圳国际仲裁院还在香港设立了华南（香港）国际仲裁院，以合作方式分批引进多家港澳机构、国际组织和世界知名仲裁机构，整合粤港澳大湾区在仲裁与调解方面的优势资源。

（3）搭建“粤公正”ODR线上调解平台

为了方便商事调解纠纷当事人，广东省司法厅开发了粤港澳大湾区调解平台小程序，便于当事人咨询、查找调解服务，实现当事人、调解员、调解组织、公证机构、仲裁机构、法院等多方对接，提供了快捷的线上“一站式”调解服务平台。广东横琴、前海和南沙法院使用“粤公正”ODR线上调解平台化解跨境商事纠纷，通过这些平台可完成咨询、评估、调解、确认、送达等功能。香港一邦国际网上仲调中心与华南国际仲裁院等设立粤港澳大湾区国际仲裁中心交流平台，依托现代信息技术和互联网思维，开发了线上协商、调解和仲裁的综合平台，为粤港澳大湾区国际和跨境商事争议的解决，提供了便捷、低成本的“一站式”调解服务线上平台，提升了调解质效。

（4）成立深圳市商事调解协会

2021年5月，全国首个商事调解专门协会——深圳市商事调解协会在深圳成立，商事调解协会由蓝海调解中心作为主发起人，联合中国贸促会深圳调解中心、深圳市前海一带一路法律服务联合会、深圳市律师协会、深圳上市公司协会、深圳市房地产中介协会、深圳市供应链金融协会、深圳市小微企业发展促进会、深圳市小额贷款行业协会等单位共同发起。深圳市商事调解协会的会员种类包括单位会员和个人会员，由深圳市两级法院的特邀调解组织和特邀调解员组成。商事调解协会成为深圳商事调解组织加强行业管理和行业自律、开展商事调解宣传、推进商事调解创新发展、维护会员权益及交流的平台,对规范引导商事调解工作、加强商事调解行业自律、提升服务管理水平、促进商事调解工作健康发展等方面发挥重要作用。

(5)建设涉外商事调解组织

广东还成立了蓝海调解中心、深圳市前海国际商事调解中心、广东自由贸易区南沙片区贸促商事调解中心、横琴粤澳深度合作区国仲民商事调解中心、一带一路国际商事调解中心等涉外商事调解组织,建立“三位一体”的“一站式”国际商事纠纷解决平台。这些调解组织积极吸纳粤港澳资深律师、大学教授、专家学者等跨法域专业化调解人才担任涉外调解员。多措并举的做法,加大了跨境矛盾纠纷的多元化解力度,回应了大湾区民众多元解纷需求。前海法院充分发挥“一带一路”国际商事诉调对接中心作用,与多家域内外调解机构建立合作关系、沟通联络机制,推动矛盾纠纷多元解决。前海法院设立 ADR 国际商事争议解决中心,在前海率先推动诉讼、调解、仲裁既相互独立又衔接配合的国际化、专业化商事争议解决平台。

3. 粤港澳大湾区商事调解的融合发展

(1)跨境商事纠纷调解组织和人员的融合

三地通过国际调解高峰论坛、粤港澳大湾区法治论坛等重大活动,大力推广大湾区商事调解工作,大湾区调解组织、调解员之间合作和交流越来越密切。如蓝海调解中心与香港一邦国际网上仲调中心、亚非法协香港区域仲裁中心签署合作备忘录,根据合作备忘录,蓝海调解中心与亚非法协香港区域仲裁中心互助召开调解会议,定期沟通交流、信息共享,以及共同组织与仲裁、调解 ODR 和其他相关法律服务有关的宣传活动和培训课程。在调解人员方面,广东省推动出台统一的《粤港澳大湾区调解员名册》,聘请 82 名粤港澳大湾区律师、港澳居民律师作为特邀调解员。广州南沙、深圳前海、珠海横琴三个自由贸易片区法院通过建立合作机制,共享港澳特邀调解员,粤港澳三地多名资深退休法官、商事律师和法律专家以特邀调解员的身份,全面参与粤港澳大湾区跨境商事纠纷调解工作。

采用“内地调解员+港澳调解员”联合调解模式，由内地调解员、港澳调解员分别对接境内外当事人，实现诉讼服务“一站式”联动办理，促进跨境纠纷快速化解。前海法院成立“一带一路”国际商事诉调对接中心，借鉴域外商事纠纷调解理念，在全国率先推行商事纠纷调解前置机制，聘用港籍调解员，根据当事人需求提供有偿调解服务，将跨境调解协议纳入司法确认的范畴，并开展线上和线下相融合调解模式以破解跨境纠纷地域难题。前海法院还与香港和解中心、香港国际仲裁中心、澳门世界贸易中心仲裁中心等知名调解组织合作，采用“港籍调解员+内地调解员”及“港籍调解员+调解法官”等联合调解模式。

（2）司法协助的推进及适用规则的融合

2022年2月，最高人民法院授权横琴法院与澳门法院建立直接委托送达和调取证据机制，实现琴澳直接对接司法协助，保障横琴自由贸易区商事调解的顺利解决。另外，粤港澳大湾区在解决跨境纠纷时，积极查明和适用域外法，在调解涉外涉港澳台民商事纠纷的过程中可依当事人意愿，依法适用域外法律、国际公约、国际惯例和通行调解规则进行调解。

二、粤港澳大湾区商事调解发展的创新举措

2022年3月，深圳出台《深圳经济特区矛盾纠纷多元化解条例》，在全国率先对“商事调解”作出专门规定，创新性地规定了对商事调解实行司法行政管理和行业自治管理相结合的管理模式，明确了特区商事调解的双重管理模式。为了更具体地适用商事调解制度，粤港澳大湾区一些地区制定了商事调解的细化规则，对商事调解制度进行了创新。

1. 粤港澳大湾区商事调解发展中的制度创新

（1）商事调解规则的创新

粤港澳仲裁调解联盟设立后，首宗港人港案港式调解就取得成功，申请人与被申请人均为香港籍，共同向粤港澳商事调解联盟提出调解申请。秘书处根据双方意愿将调解案件转至深圳国际仲裁院调解中心由其受理案件。《深圳国际仲裁院调解中心调解规则》允许当事人在调解专家名册

之外选定境内外的专家作为调解员。双方虽然选择深圳国际仲裁院调解中心作为调解机构,但并没有选择深圳国际仲裁院调解中心调解专家名册的调解员。双方共同商定后选择了联盟成员、香港和解中心会长罗伟雄先生担任独任调解员。调解员采取了港人习惯的“促进式”调解方式,与内地所采用的“评估式”调解方式不同,通过“面对面”“背对背”等多种调解技巧,促成双方当事人和解。为了确保和解协议的执行,双方提交深圳国际仲裁院,申请根据和解协议内容作出裁决,仲裁员根据“调解 + 仲裁”机制作出仲裁裁决。首宗港人港案港式调解的成功解决,为境内外当事人利用前海争议解决服务机制解决境内外商事争议,提供了有益借鉴:境内外当事人可以选择粤港澳商事调解联盟进行调解,选择调解联盟成员中粤港澳三地的任一调解机构,可以选择调解机构名册中的调解员,也可选择名册外的境内外调解员。调解成功后可以选择深圳国际仲裁院的“调解 + 仲裁”机制,同样可以选择境内外仲裁员,对调解达成的和解协议作出裁决。

(2)商事调解市场化发展的创新

《深圳经济特区矛盾纠纷多元化解条例》明确在“贸易、投资、金融、运输、房地产、知识产权、技术转让、工程建设等商事领域发生的矛盾纠纷”选择商事调解方式解决,积极推广诉调对接,对商事调解服务收费作出原则性规定,规定商事调解组织可以收取调解服务费,调解服务费用实行市场调节,支持商事调解先行先试。为推动商事调解市场化发展,充分发挥商事调解快速、高效化解商事纠纷的独特优势,对商事调解的市场化收费予以规范,2023 年 11 月,深圳市司法局、深圳市中级人民法院联合发布《关于规范商事调解收费的实施办法(试行)》。该办法主要内容有:①对商事调解市场化收费制度进行了细化。调解服务费包括给付调解员的报酬、调解组织运作费用以及因调解活动所产生的其他合理费用。调解服务费由商事调解组织按照公平合理、诚实信用的原则制定收费标准并向社会公开。调解服务费的计费方法和收费标准可以按时间或者按争议标的比例等方式确定。②对商事调解组织进行了规定。实行市场化收费的商事调解组织应当经司法行政部门同意，并依法登记为非营利组织。③司法赋能商事调解。商事调解组织调解达成的调解协议可以向法院依法申请司法确认，同时可以向法院一并确认调解服务费和承担方式。

2. 粤港澳大湾区商事调解服务创新

（1）商事调解服务方式创新

《深圳经济特区矛盾纠纷多元化解条例》提出健全完善矛盾纠纷多元化解平台建设机制，探索建立"一站式"纠纷解决平台。"深圳市福田区河套国际商事调解中心""深圳市福田区矛盾纠纷专业调解分拨中心""深圳市涉外涉港澳商事一站式多元解纷中心"三个国际化法律服务平台相继落户深圳市福田区河套深港科技创新合作区，在河套构建起"三大中心"协同联动的国际化法律服务新格局，形成了咨询、调解、仲裁、诉讼、公证"一站式"国际化法律服务的新体系。这种分工合作并协同服务的方式，有效地整合了政府、法院、社会等多方力量，推动"府院联动、整合资源、形成合力"，积极促进粤港澳法律规则衔接，是对商事调解服务方式的新尝试。前海法院在商事调解中适用中立评估、公众评议机制，通过专业第三方的评估或者公众评议，为当事人提供了一个中立、专业、快捷、相对低成本的纠纷解决途径和决策辅助机制，引导当事人采用合理的商事争议解决方式，为商事主体提供了多元的争议解决方案。另外，深圳市光明区开展商事调解服务标准化试点工作，建立涵盖商事调解工作流程、收费、调解员培训内容、资格认证、调解卷宗、调解工作职能等内容的商事调解领域综合标准体系，为商事调解服务提供了具有实际操作参考价值的规范标准。

（2）商事调解服务模式创新

2019 年 7 月，广东省委、省政府印发了《关于贯彻落实〈粤港澳大湾区发展规划纲要〉的实施意见》，提出建设集国际商事调解、域外法律查明于一体的国际商事调解中心。为推动该规定落地，深圳支持成立蓝海调解中心，该中心是全国第一个以域外法律查明为核心业务的专业平台机构，依托全国首个域外法律查明平台——最高人民法院港澳台和外国法律查明基地，在此基础上增加商事调解职能，率先在全国探索"域外法律查明 + 国际商事调解"的新模式。2020 年,蓝海调解中心作为特邀调解组织,与深圳两级法院共同探索,先后成功调解了申请破产前的职工债权案件和破产程序中的破产和解案件,在全国范围内开创了庭外调解 + 破产和解模式。广州市南沙区人民法院与北京一带一路国际商事调解中心建立多元化纠纷解决合作机制,对涉外涉港澳金融纠纷等商事案件实行"内地 + 港澳"调解员"双调解"模式,构建国际化、外向型、合作型多元化纠纷解决体系。

(3)商事调解服务类型专业化、精细化创新

粤港澳大湾区商事争议解决方式逐渐走向专业化、精细化发展道路。粤港澳三地工程及国际调解领域专业人士在横琴粤澳深度合作区联合发起创办粤港澳工程争议国际调解中心,该中心采取市场化运作方式,依托一支既熟悉国际、国内商事调解事务,又深谙建筑工程领域的国际调解员队伍,积极推进粤港澳规则衔接、机制对接,使商事调解服务类型在建筑工程专业领域进一步精细化,探索和创造更多可复制推广的建筑工程调解实践经验,为粤港澳大湾区建筑行业健康发展提供有力保障。另外,粤港澳三地成立的粤港澳大湾区知识产权调解中心及广东和澳门两地的多个相关机构签署的《粤澳地区金融纠纷调解合作框架协议》,为粤港澳大湾区知识产权和金融等专业领域商事纠纷的合作解决提供了平台及指引,同时也为其他专业领域商事纠纷多元化解提供经验。

三、粤港澳大湾区商事调解发展的经验启示

粤港澳大湾区积极推进商事调解工作,近年来在商事调解领域的创新先试取得明显成效。以广东省为例,截至 2023 年 10 月,全省有商事调解组织 330 家,其中涉外商事调解组织 20 家,在册商事调解员 2232 人,2022 年以来调解商事纠纷 2.5 万件。[1] 粤港澳大湾区的发展不仅是粤港澳三地的区域建设,对推动"一带一路"建设,深入实施"走出去"战略同

---

〔1〕 参见广东省司法厅:《积极推进商事调解工作　助力粤港澳大湾区营造一流法治化营商环境》,载《人民调解》2023 年第 10 期。

样具有重要意义。粤港澳大湾区对商事调解的先行探索将为我国商事调解的发展提供充分的实践和制度经验启示，在商事调解制度构架、平台搭建和商事调解组织建设及服务创新等方面对内地其他地区商事争议尤其是跨境商事争议的解决起到示范作用。首先，在商事调解制度构架方面，粤港澳大湾区先后制定的《广东自贸区跨境商事纠纷调解规则》《粤港澳大湾区调解员资格资历评审标准》《粤港澳大湾区调解员专业操守最佳准则》《粤港澳大湾区跨境争议调解示范规则》对商事调解规范作出具体规定，为推动多元化解决涉粤港澳三地的跨境商事纠纷提供指引，促进了粤港澳大湾区跨境商事调解规则的衔接和联通，为粤港澳大湾区商事调解的协同发展提供了制度保障。在商事调解制度构架方面，其他地区针对商事调解专业化、市场化和国际化的特性，可以借鉴粤港澳大湾区对商事调解规则、调解员资格评审及跨境争议的调解等方面作出具体规定，为商事调解提供制度指引。其次，在商事调解平台搭建和组织建设方面，粤港澳大湾区调解工作委员会、粤港澳商事调解联盟、深圳市商事调解协会和"粤公正"ODR线上调解平台等组织和平台的组建为整合粤港澳商事调解服务资源、加强三地信息交流和共享提供了沟通协调、密切协作的运作组织和平台，实现了三地共建、共享、共治，对促进粤港澳大湾区商事调解的融合及专业化、规范化发展具有积极推动作用。其他地区可以根据本地区商事调解的需求，学习粤港澳大湾区商事调解平台和组织的建设经验，与其他地区建立紧密的商事调解合作机制，建立和搭建符合本地区商事调解需要的组织及平台。最后，在商事调解服务创新方面，随着我国经济建设的全面推进，有关投资纠纷和商事争议将会越来越多，商事纠纷的类型也在不断更新，对商事调解服务的专业和精细化程度要求越来越高。粤港澳大湾区从提升商事调解员商事调解服务水平专业化入手，对商事调解服务方式、服务模式和服务类型专业化、精细化进行创新，为其他地区提供了服务创新的示范样本，其他地区在推进商事调解员队伍的职业化和专业化的基础上，应当创新服务方式、服务模式和服务类型，充分发挥商事调解优势，化解争议纠纷。

第二节　上海商事调解发展的经验与启示

随着国际贸易实践的发展,尤其是《新加坡调解公约》的开放签署以及世界银行将商事纠纷解决作为营商环境评估的重要指标,调解逐渐成为与诉讼、仲裁相并列的国际商事争议解决的重要方式。上海作为国际贸易中心,近年来,为服务和保障城市高水平对外开放,助力"一带一路"倡议和国际商业往来,上海持续提升法律服务水平,在商事调解领域不断加强专业化、国际化能力建设,取得了较好成效,形成了有益的经验,可以为国内其他地区加快推动商事调解进程提供启示。

一、上海商事调解发展的基本现状

1. 商事调解组织发展迅猛

全国第一家商事调解机构纠纷化解功能日益凸显。上海经贸商事调解中心是2011年1月8日经上海市商务委员会、上海市社团管理局批准成立的作为全国第一家专业从事商事纠纷调解的第三方机构,是最高人民法院国际商事法庭确定的"一站式"国际商事纠纷多元化解决机制唯一一家社会服务性质的特邀调解组织,也是我国开始有自己的与国际通行规则接轨的专业商事调解组织的一个标志性事件。[1] 上海经贸商事调解中心致力于帮助国内外企业或机构解决在贸易、投资、金融、证券、知识产权、技术转让、房地产、工程承包、运输、保险以及其他商事、海事等领域的纠纷并提供有关的咨询、专业培训服务。而且,上海经贸商事调解中心根据业务需要,专门建立了知识产权、海事海商、房地产、能源及环保、金融、国际贸易6个专业委员会。同时,为配合解决上海自由贸易区的商事争

[1] 参见张巍:《"一带一路"商事调解的上海实践》,载《人民法院报》2017年7月28日,第5版。

端,上海经贸商事调解中心还建立了一个全部由境外专业人士组成的国际商事联合调解庭,能够更加快速、有效地处理国际商事争议。上海经贸商事调解中心成立 10 余年来,不论是在商事纠纷处理方面,还是在推动中国商事调解的专业化发展方面,都取得了显著的成绩。

自 2011 年成立至 2023 年 6 月 30 日,上海经贸商事调解中心共受理案件 2562 件,涉案标的额约 654 亿元,调解成功的有 1560 件,调解成功率为 60.89%。其中,2020 年,受理案件 388 件,调解成功 217 件,成功率为 55.93%;2021 年,受理案件 403 件,调解成功 280 件,成功率为 75.26%;2022 年,受理案件 294 件,调解成功 186 件,成功率为 63.26%。而且,从 2020 年起,上海经贸商事调解中心充分运用数字化、信息化手段,使 90% 的案件通过在线视频获得调解,并将电子签名系统嵌入调解协议的签署过程中,大幅提升了调解工作的效率。[1] 上海经贸商事调解中心也是全球最大的纠纷解决机构 JAMS 在中国的唯一战略合作机构,亦是世界知识产权组织(WIPO)仲裁与调解中心、EUIPO 上诉委员会、新加坡调解中心、CEDR 的重要合作伙伴。2020 年,上海经贸商事调解中心先后与 EUIPO 和 JAMS 建立中欧、中美国际商事联合调解机制。正是由于上海经贸商事调解中心在商事调解领域的突出贡献,其被上海市浦东新区政府评为"国际贸易功能性机构",被上海市民政局评为上海市品牌社会组织、上海市"十佳公益机构"、5A 社会组织,成为全国首家 5A 级的商事调解机构。2022 年 1 月,上海经贸商事调解中心荣获"全国先进社会组织"。在上海经贸商事调解中心的引领下,2023 年 1 – 8 月,浦东新区新设的商事调解组织有 5 个,分别是上海浦东新区东方调解中心、上海浦东新区融合民商事调解中心、上海浦东新区和众调解服务中心、上海浦东联合法律服务调解中心、浦东新区书谐调解事务所,调解员共 168 名,其中男性 65 名,女性 103 名。相关调解组织共受理商事纠纷 5638 件,调解成功 5615

---

[1] 参见姚丽萍:《商事调解,且看"东方一枝花"》,载《新民晚报》2023 年 8 月 23 日,第 6 版。

件,涉案标的约 19.66 亿元。[1] 2023 年 8 月,华东政法大学国际调解研究中心成立大会在上海举行,标志着国内高校首家国际调解研究中心的成立,这有助于推动商事调解的理论研究和人才培养。

知识产权纠纷涉外调解机构逐步发展壮大。世界知识产权组织(WIPO)是关于知识产权服务、政策、合作与信息的政府间国际组织,是联合国专门机构,致力于领导发展兼顾各方利益的有效国际知识产权制度,让创新和创造惠及每一个人,现有 193 个成员方。世界知识产权组织仲裁与调解上海中心(以下简称上海中心),是世界知识产权组织仲裁与调解中心于 2019 年 10 月在中国设置的分支机构,是一个中立的、国际性的、非营利性的、专业的知识产权和技术领域的争议解决机构,主要业务是通过采用诉讼外的调解、仲裁、快速仲裁和专家裁决等程序,促进私人主体之间涉及知识产权和技术的商事争议的解决,是司法部批准的首家在中国境内开展仲裁与调解业务的国际仲裁机构。2020 年 10 月,上海市司法局向上海中心颁发境外仲裁机构业务机构登记证,上海中心正式运行。

上海中心解决争议依据的规则包括《WIPO 调解规则》《WIPO 仲裁规则》《WIPO 快速仲裁规则》《WIPO 专家裁决规则》。当事人提交上海中心调解的四种途径包括:通过合同条款约定将争议提交上海中心进行调解;当事人在争议产生后基于合意,将争议提交上海中心进行调解;一方当事人依据《WIPO 调解规则》第 4 条单方申请上海中心调解,上海中心帮助另一方当事人了解调解程序,考虑调解申请;经双方当事人同意,成员方知识产权局、版权局、法院等第三方将受理的知识产权争议委托至上海中心进行调解。上海中心的收费特点是,调解不成不收费,且收费标准低于世界知识产权组织总部。收费标准是:管理费为 50 美元,调解员费为每方当事人 350 美元(包含 4 小时的准备及调解时间),超出时间按每小时每方当事人 140 美元收费。截至 2023 年 8 月中旬,上海中心共计收

---

[1] 数据来源:《浦东新区 2023 年度 1 -8 月商事调解组织及调解数据》,载上海市浦东新区人民政府网站,https://www.pudong.gov.cn/zwgk/zwgk_zfxxgkml_atc_tg/2023/271/317416.html,2023 年 10 月 10 日访问。

到来自法院的委派案件86件。其中,71件来自上海法院、14件来自福建法院、1件来自海南法院,74件已经调解结案。上海中心成立以来收案数量持续增长;2020年7月至12月,受理18件调解案件;2021年受理23件调解案件;2022年受理25件调解案件;2023年1月至8月中旬已经受理20件调解案件。而且,受理的案件特点有:案件类型多样化,涉及知识产权各领域;当事人涉及美国、德国、日本等多国企业;调解保持近40%的高成功率。

2. 商事纠纷调解程序前置稳步推进

以"人民城市"理念和新时代"枫桥经验"为指引,以尊重当事人意愿、和解调解优先等为基本原则,以构建有机衔接、协调联动、高效便捷的多元化解矛盾纠纷机制为目标,《上海市促进多元化解矛盾纠纷条例》在明确大调解工作由司法行政部门负责牵头推进的同时,进一步明确人民调解、行政调解、行业性专业性调解、司法调解的基本规范,并重点对社会调解组织发展、调解费用等作出规定,吸引更多社会力量参与调解工作,真正发挥调解在化解矛盾纠纷中的"第一道防线"作用。

为实现上述目标,《上海市促进多元化解矛盾纠纷条例》明确建立重大行政决策风险评估、社会矛盾排查预警等防范机制,并依托市、区两级非诉讼争议解决中心和多元化解矛盾纠纷信息化平台,为当事人提供"一站式"矛盾纠纷化解服务。此外,该条例还对法律援助与司法救助、经费保障、调解咨询专家库建设等保障性制度作出相应规定。非诉讼争议解决中心是以各区人民调解中心为基础、在区司法局指导下设立的区级层面非诉讼争议解决枢纽性工作平台,主要承担与辖区内中级人民法院、区人民法院诉调对接中心进行对接实现矛盾纠纷"一站式"受理、分流、反馈和促进本区调解与仲裁、行政复议、行政裁决、公证等相互衔接与联动等职能。[1] 在多元化解矛盾纠纷信息化平台搭建方面,2022年12月15

〔1〕 参见《促进多元化解矛盾纠纷,本市新规5月1日起实施》,载澎湃新闻网,https://www.thepaper.cn/newsDetail_forward_12406895,2023年9月1日访问。

日,“解纷一件事”平台上线,对接调解、仲裁、行政复议、行政裁决等 10 类纠纷化解途径,整合全市 15 个部门的解纷资源,推动矛盾纠纷多元化解业务流程优化再造,为市民提供更加便捷、普惠的解纷服务,在实现矛盾纠纷数据统计、数据分析、案件分流等工作的前提下,逐步推动平台的智能化建设。[1] 在成效方面,根据上海市司法局权威统计可知,2020 年,全市 16 个区设置的非诉中心受理案件数量 25 万件,化解成功 15.8 万件。其中,为了不断加强对商事、知识产权、金融等领域纠纷的调解,上海市工商联人民调解工作室已实现 16 个区全覆盖,知识产权纠纷年均调解 2000 余件,银行、证券、期货业纠纷年均调解 4000 余件,有效助力了优化营商环境。[2]

此外,为进一步推进商事纠纷调解程序前置落地生根,2021 年 10 月 27 日,上海市国际贸易促进委员会与上海市第二中级人民法院、上海市国有资产监督管理委员会、上海市工商业联合会等共同签署《关于将非诉讼纠纷解决机制挺在前面　合力做好商事纠纷先行调解工作的合作备忘录》,标志着集“调(仲)诉”为一体的多元解纷新格局在上海落地,探索商事案件先行调解机制取得实质性进展。为进一步落实商事纠纷调解前置,上海市第二中级人民法院在立案窗口放置《商事纠纷先行调解十八问》宣传手册,有效引导商事纠纷当事人首先选择调解程序处理纠纷。

3. 商事调解市场化改革取得实质性进展

中共中央、国务院《关于支持浦东新区高水平改革开放打造社会主义现代化建设引领区的意见》明确提出,浦东要“加强商事争端等领域与国际通行规则接轨”。为了深入贯彻落实中共中央、国务院《关于支持浦东新区高水平改革开放打造社会主义现代化建设引领区的意见》的决策部署、落实国家重大战略,以立法引领和保障改革,支持高水平改革开放而

---

〔1〕 参见《〈上海市促进多元化解矛盾纠纷条例〉实施效果如何？市人大赴徐汇开展专项监督调研》,载澎湃新闻网,https://www.thepaper.cn/newsDetail_forward_22640771,2023 年 9 月 1 日访问。

〔2〕《上海市促进多元化解矛盾纠纷条例》自 2023 年 5 月 1 日起实施。

创设的新的立法形式,贯彻习近平法治思想、正确处理改革与法治关系的生动实践,适应新时代高水平对外开放的需要,坚持在法治轨道上推进改革开放,2021 年 6 月,第十三届全国人大常委会第二十九次会议审议通过了国务院关于提请审议《关于授权上海市人民代表大会及其常务委员会制定浦东新区法规的决定(草案)》的议案,《关于授权上海市人民代表大会及其常务委员会制定浦东新区法规的决定》授权上海市人大及其常委会根据浦东改革创新实践需要,遵循宪法规定以及法律和行政法规基本原则,制定浦东新区法规,在浦东新区实施,通过"建立完善与支持浦东大胆试、大胆闯、自主改相适应的法治保障体系",强化相关改革的法治保障。以此为基础,为了进一步优化营商环境,促进市场化法治化商事调解,建设具有国际影响力和吸引力的国际商事纠纷解决中心,根据中共中央、国务院《关于支持浦东新区高水平改革开放打造社会主义现代化建设引领区的意见》和全国人大常委会、上海市人大常委会的有关决定,结合浦东新区实际,2022 年 6 月 30 日,上海市浦东新区第七届人民代表大会常务委员会第三次会议通过了《浦东新区促进商事调解若干规定》,并于 2022 年 7 月 15 日生效实施。《浦东新区促进商事调解若干规定》作出的"从事商事调解业务,可以向当事人收取合理费用"规定,为近年来市场需求激增的调解行业发展铺平道路的基础上,还可以进一步提升商事调解员对职业前景的预期,吸引更多专业化人才从事商事调解工作。

二、上海商事调解发展的创新举措

上海经贸商事调解中心的成立和《浦东新区促进商事调解若干规定》的出台,奠定了上海地区在商事调解发展上的创新性。

1. 积极推进商事调解组织机构改革

上海经贸商事调解中心作为全国第一家专门从事商事纠纷调解的第三方机构及全国首家专业民办非企业性质的商事调解机构,对推动全国范围内商事调解机构的改革发展具有重大的引领和示范意义。

在商事调解组织机构设置上,为了促进涉外商事纠纷化解,加强国内外调解组织的竞争与合作,《浦东新区促进商事调解若干规定》明确提出支持境外知名调解机构在符合境内监管要求条件下,提供国际商事调解服务,在本区设立业务机构。在个人调解方面,上海经贸商事调解中心主动接轨国际,明确支持调解员个人参与国际商事调解。《浦东新区促进商事调解若干规定》提出,支持调解员个人在符合境内监管要求条件下,采用线上或线下方式参与国际商事调解活动,并且鼓励律师、仲裁员等专业人士在国际商事调解活动中充分发挥个人作用,有效拓展了商事调解的组织机构形式。

2. 大胆创新商事调解收费制度

《浦东新区促进商事调解若干规定》明确规定商事调解组织从事商事调解业务,可以向当事人收取合理费用,收费标准应当符合价格管理的有关规定,并且应向社会公开。这一规定有别于传统人民调解不向当事人收取费用的限制,鼓励商事调解依法走市场化道路。[1] 可以说,对商事调解收费问题进行规定,有利于消除商事调解发展的体制机制障碍,有力推动了商事调解的市场化改革。

3. 逐步推广单边承诺调解机制

为实现商事纠纷的高效、便捷、低成本解决,《浦东新区促进商事调解若干规定》支持各类调解组织建立健全预授权调解、单边承诺调解等快速调处机制。鉴于此类机制已得到最高人民法院、上海市高级人民法院认可,单边承诺调解等制度创新也已被最高人民法院、中国证券监督管理委员会《关于全面推进证券期货纠纷多元化解机制建设的意见》、上海市高级人民法院《关于服务保障设立科创板并试点注册制的若干意见》等重要文件所吸纳,其适用范围也从金融证券期货行业向其他商事领域进一步推广,《浦东新区促进商事调解若干规定》鼓励各类商事行业协会引导成员单位基于自愿原则事先授权调解组织,对一定金额内的纠纷适用快速

[1] 参见《探索与国际通行规则接轨!浦东新区“立法红利”释放商事调解新活力》,载澎湃新闻网,https://www.thepaper.cn/newsDetail_forward_19082556,2023年9月8日访问。

调处机制。

4. 有序组织商事调解的推广宣传

在上海市商务委员会、上海市法学会等单位的精心指导与大力支持下,“上海商事调解宣传周”作为中国内地首个以“商事调解”为主题的宣传活动已成功举办4年,得到了最高人民法院以及社会各界的大力支持。以第四届上海商事调解宣传周相关活动为例,该活动由上海市法学会多元解纷法治研究会、上海经贸商事调解中心等多家单位联合主办,是上海法治文化系列宣传项目之一。该活动广泛邀请司法行政管理人员、人民法院民商事审判部门工作人员、工商业界代表、律师事务所工作人员等主体深入参与“‘中外企业海外知识产权保护’座谈会”、“‘商事调解助力国企纠纷化解’主题沙龙”和“经典案例分享会”等系列活动。

除此之外,上海商事调解宣传周活动的形式不断丰富,内容不断拓展,为了有效助力《新加坡调解公约》的推广实施、实现“调解进校园”,推动中国国际商事调解服务在高校师生中的传承,自2021年起,商事调解高校辩论赛成为上海商事调解宣传周的有机组成部分,吸引复旦大学法学院、华东政法大学、上海财经大学法学院、上海对外经贸大学法学院、上海海事大学法学院、上海交通大学凯原法学院、上海政法学院、同济大学法学院等8所高校积极参与,为线下线上千余名观众带来了8场精彩比赛。上述一系列活动的开展,有力地宣传了商事调解文化,推动了商事纠纷“调解优先”理念的普及,为上海构建一流营商环境作出了积极贡献,也为全国范围内其他地区商事调解的推广与普及提供了可供借鉴的优秀范式。

三、上海商事调解发展的经验启示

上海地区在推进商事调解发展过程中,在坚持商事调解的专业化路线、推进商事调解与诉讼程序的衔接和加强商事调解的宣传引导方面的努力,给国内其他地区推进商事调解发展提供了有益启示,形成了可以结合本地实际进行借鉴的成熟模式。

1. 坚持商事调解的专业化路线

如前所述,与民间纠纷相比,商事纠纷最明显的特征就是复杂性。因此,不同于人民调解所走的基层群众路线,商事调解需要走专业化路线,调解人员需要具备商事活动方面的基本知识以及处理该类纠纷的基本技能。

为了满足商事调解专业化的特殊要求,上海经贸商事调解中心和《浦东新区促进商事调解若干规定》经过探索形成的成功经验可以给其他地区的相关改革提供有益启发。具体而言,上海经贸商事调解中心从成立之初即定位于商事纠纷的调解。从调处纠纷类型角度而言,尽管成立之初年受理案件数量仅有五六件,但上海经贸商事调解中心始终坚持专业定位,坚持保密原则,坚持开拓创新,不断拓展服务领域,逐步获得最高人民法院、高级人民法院、中级人民法院和基层人民法院的信任与认可,并与四级法院分别建立了诉调对接关系。而且,上海经贸商事调解中心为了提升调解员调解处理商事纠纷的专业性,与上海交通大学凯原法学院合作共同组建了国内第一家从事商事调解员技能培训的机构——商事调解资格培训中心。经过逐步探索,其开发了一套比较成熟的商事调解员培训教材,先后举办了多期培训。此外,上海经贸商事调解中心还专门成立了调解中心青年工作委员会,并通过定期开展商事调解专题培训,加快商事调解员青年梯队建设。在当前商事调解方兴未艾的大背景下,无论是商事调解组织的设立,还是商事调解员的选聘、培训,都缺乏明确的规则指引,上海经贸商事调解中心经过10余年探索形成了成熟模式,可以为国内其他地区提供有益参考。

2. 推进商事调解与诉讼的程序衔接

当前,影响商事调解功能发挥的重要一点即与诉讼程序的衔接不畅。为突破这方面的阻碍,《浦东新区促进商事调解若干规定》通过明确当事人可以通过申请公证、仲裁、司法确认、支付令等多种方式,对商事调解协议书进行效力确认。这一规定打通了调解、诉讼、仲裁这三种方式之间的衔接渠道,增强了商事调解协议书的法律效力和履行效果。

在推进商事调解协议司法确认程序的问题上，上海为化解人民法院权责不匹配的问题上的做法也可以给国内其他地区的改革提供有益启发。因为，当前国内大多数人民法院尚未将商事调解协议的司法确认案件数量纳入工作人员的绩效考核体系，而商事纠纷处理中又隐含着虚假调解的隐患，人民法院工作人员对商事调解协议进行司法确认的过程中，往往既要进行形式审查，还要结合商事纠纷的具体情况所达成的调解协议进行实质审查。人民法院工作人员如果因为审查不严未能发现虚假调解损害第三人合法权益，就可能面临被追责的现实风险。为了进一步激发人民法院工作人员针对商事调解协议进行司法确认的积极性，上海逐步推动将司法确认案件数量纳入人民法院工作人员的绩效考核体系，这在一定程度上推动了人民法院工作人员权责的平衡，对国内其他地区推进商事调解的探索有极大的启示意义。

3. 加强商事调解的引导宣传

从根本上看，商事调解在国内尚处于初步发展阶段，这也决定了当前阶段商事调解的基本理念尚未实现全面普及。在此背景下，在商事纠纷处理的前端对商事纠纷主体展开有效的宣传引导，是推动商事调解发挥功效的必要之举。上海市第二中级人民法院推进商事调解的举措，可以为国内其他地区的相关改革提供有益参考。在上海市第二中级人民法院立案受理之前，即由调解窗口引导到商事专业调解机构进行调解，并在立案窗口处放置宣传册，对商事调解的基本问题进行宣传普及。对于达成调解协议的商事案件，由法院出具裁定书对调解协议进行司法确认，使纠纷在司法审判体系之外先行得到解决，有效提升了商事纠纷通过调解程序处理的效能。

为了进一步提升商事调解的纠纷处理功效，上海市第二中级人民法院还通过诉前引导机制，发挥先行调解机制的优势。不同于以往的诉前调解和诉中调解，先行调解是以法院为指导、以社会专业化调解机构为主导，在保障当事人诉权的前提下，遵循合法、自愿的原则，通过释明调解优势特点，提供智能化风险评估服务等方式，鼓励引导当事人在人民法院立案之前选择以调解方式先行着手化解纠纷,从而在源头上化解矛盾纠纷。[1] 通过一系列的诉前宣传和引导机制,可以增进纠纷当事人对商事调解的深入了解,进而优先选择调解路径解决商事纠纷,为提升商事调解的纠纷化解功能打下了坚实的基础,此经验可以为国内其他地区推广与普及商事调解提供有益的启示。比如,2024 年 1 月 1 日起施行的《黑龙江省调解条例》在第 10 条明确规定,人民法院对法律关系简单适宜调解前置的商事纠纷,实行调解程序前置,通过地方立法强化了商事调解的纠纷处理功能。其他地区也可以在借鉴上海地区经验的基础上,结合本地区客观实际逐步推进和完善商事调解法律规范。

第三节　香港商事调解发展的经验与启示

一、香港商事调解发展的基本现状

1. 香港商事调解的兴起与早期发展

香港的商事调解兴起于 20 世纪 80 年代初,1982 年《仲裁条例》修改,将调解首次写入法例,为此后香港商界使用调解方式解决业内纠纷提供了法律认可依据。有了法律认可之后,香港工程师学会最早于建造业尝试推行调解试验计划,运用调解解决土木工程合约纠纷。在运用调解解决商业纠纷取得良好效果的带动下,调解开始越来越受到香港商界的欢迎以及香港政府、社会的关注。在此背景之下,有关调解的服务规则、指引得以陆续推出。1990 年,香港国际仲裁中心与香港建造商会联合举办首次调解专业培训,业界反响十分热烈,香港政府因此对调解的专业化开始高度重视。之后,香港政府将调解服务的相关监察权力由香港工程师学会移交给香港国际仲裁中心,并重新制定调解规范与行政指引。1992

[1] 参见《"调(仲)诉"一体化!上海二中院开启商事案件先行调解新模式》,载澎湃新闻网,https://m.thepaper.cn/baijiahao_15103262,2023 年 9 月 8 日访问。

年，香港政府授权香港国际仲裁中心执行了一项香港机场核心工程计划内的纠纷解决计划，该计划采用先调解后仲裁的方式，通过对工程实施过程中各个纠纷的及时解决，有力地推动了香港机场核心工程的顺利完成，再次体现出用调解解决纠纷的良好效果。因此，调解得到香港政府的进一步认可与重视。随着社会欢迎度、认可度的日益提高，香港律师会、香港大学、香港理工大学等专业团体、学术机构也陆续加入调解领域，运用自身的专业优势和学术资源，积极推广调解，举办调解专业培训课程，并且将海外发展较好的调解专业技巧和调解经验引入香港本土，为香港本地调解专业人才队伍的培育提供了良好的基础，也推动了香港商事调解较早向专业化、职业化的方向发展。

2. 香港商事调解的推广与快速发展

1994 年 1 月，香港国际仲裁中心制定了《调解服务专业守则》，同时按不同领域类别成立相应的调解专业小组，着力向有关专业机构、法律机构、学会、商会等业界推介专业化调解服务。这些调解专业小组即为现在的香港调解会的前身，香港调解会目前仍隶属香港国际仲裁中心，以“推广以调解方式解决纠纷”为宗旨，设有商事、建筑、家事、综合四个调解组。

调解专业小组（香港调解会）对调解及调解专业化服务的大力推广，带动了包括商事调解在内的调解专业化在香港特区政府和民间的进一步影响，各界纷纷加入调解领域，共同致力调解的推广与普及，不同领域的调解试验计划、专业培训陆续在香港推行。经过各个领域的实践、测试、检验，以专业化调解方式解决纠纷得到了香港特区政府和社会各界一致的高度认可，从而促成香港特区政府对专业调解的全面接纳、推动调解立法的决心。

2007 年，“推广调解”首次写入香港特区行政长官施政报告，列入政策目标；2008 年年初，香港特区政府成立了专门的调解工作小组，由律政司司长担任主席；2009 年，香港特区政府推行民事司法制度改革；2010 年 2 月，调解工作小组提交调解工作小组报告，提出 48 条具体建议及公布《香港调解守则》；2010 年 12 月，律政司成立调解专责小组，负责落实前述

48 条建议,并将订立《调解条例》及协助业界成立专业调解员的资格评审组织作为最重要的工作;2012 年年底,律政司成立调解督导委员会。调解督导委员会设立规管架构小组委员会、评审资格小组委员会、公众教育及宣传小组委员会,分别负责调解的规管框架、调解员的资格评审和培训、调解的公众教育与宣传。自此,香港的商事调解迎来了迅猛发展的历史机遇。在 2007 年至 2017 年的 10 年间,香港调解在立法、司法、机制配套、全民推广等各个方面均得到了空前的快速发展,整体制度日趋完善。

3. 香港商事调解的新发展机遇

2017 年 6 月 28 日,香港特区政府与商务部签署《〈内地与香港关于建立更紧密经贸关系的安排〉投资协议》,以促进和保护两地之间的投资。根据该投资协议制定的投资争端调解机制,香港和内地各自指定负责解决投资争端的调解机构及调解员,并已于 2018 年 12 月 14 日公布经双方共同认可的调解机构及调解员名单。投资争端调解机制的制定与实施,大大推动了调解在解决跨境商业争端领域的广泛使用。

随着 2017 年中央政府工作报告首次提出“粤港澳大湾区”,2018 年粤港澳大湾区纳入“区域协调发展战略”,以及 2019 年 2 月 18 日《粤港澳大湾区发展规划纲要》的颁布,香港与粤、澳三地齐心协力,积极投入推进粤港澳的规则衔接、机制对接与粤港澳合作平台的体系化特色化建设之中,香港的商事调解发展也因此机遇,以具备相对完善的规则、机制之优势,逐渐融入国家发展大局。

在新的发展机遇背景之下,为了巩固及提升香港作为全球主要法律及争议解决服务中心的地位,香港特区政府决定在香港的商业中心区域预留地方作为法律枢纽。2020 年 11 月 2 日,香港法律枢纽正式开幕,包括前中区政府合署和前法国外方传道会大楼两座文物建筑,以及交易广场第二座部分地方。法律枢纽为多家具有公信力的本地、地区性、国际性法律相关组织和争议解决机构提供办公空间,以汇聚全球法律及争端解决业界的专业资源,形成一大特色。随着法律枢纽的汇聚,2022 年 3 月 1 日,香港进一步正式推出法律云端服务,以契合全球主要法律及争议解决服务中心地位的发展需求。

为顺应国际调解发展态势和需求，中国与持相近理念的国家起草并达成了《联合声明》，决定共同发起建立国际调解院，专门提供调解服务，为各类国际争端提供友好、灵活、经济、便捷的解决方案。2023 年 2 月 16 日，国际调解院筹备办公室在香港的成立，标志着香港作为全球主要法律及争议解决服务中心的战略定位进一步走向国际化，并将发挥引领作用，香港的国际商事调解迎来了新的发展机遇和更加美好的前景。

4. 香港商事调解的立法

(1)香港调解立法概况

2006 年至 2008 年，香港司法机构实施“调解建筑争议试验计划”、香港保险业推行“新保险索偿调解试行计划”、香港调解会推行“商业争议调解试行计划”、香港金融管理局推行“雷曼兄弟相关投资产品争议调解及仲裁计划”、土地审裁处推行“建筑物管理纠纷试验计划”等调解实践的显著成功与积极效果，促成香港特区政府将调解纳入民事司法制度改革的目标之内。主要成果如下：

第一，《实务指示 31》与《实务指示 6.1》。2009 年 2 月，香港特区政府正式推行民事司法制度改革各项措施。其中，基于《高等法院规则》(香港法例第 4 章)、《地方法院规则》(香港法例第 336H 章)关于调解的《实务指示 31》于 2010 年 1 月 1 日起实施，正式规定调解“是一种常见的另类排解程序”，适用于香港高等法院和区域法院的民事诉讼案件，并对法院在诉讼程序过程中协助各方及其法律代表和解案件的有关调解的法律程序作出了结构化的清晰指引，同时规定了法庭不利讼费令的适用；《实务指示 6.1》认可列入“建筑及仲裁案件审讯表”内的诉讼案件采用调解方式处理。

第二，《香港调解守则》。2010 年 2 月，律政司调解工作小组订立《香港调解守则》，从调解员责任、调解程序、调解员的委任、调解员的角色、利益冲突、调解保密原则、调解费用、调解的法律效力及效果等诸多方面确立了香港调解活动的统一规范指引和调解协议样本。

第三,《仲裁条例》。2011 年 6 月 1 日,《仲裁条例》(香港法例第 609 章)再修订,在第 32 条规定了仲裁程序中“调解员的委任”,第 33 条规定了“仲裁员出任调解员的权力”,为调解与仲裁程序的衔接提供了法律指引。

第四,《调解条例》。2011 年 11 月,香港特区政府向立法会提交《调解条例草案》;2012 年 6 月,《调解条例草案》获立法会通过;2013 年 1 月 1 日,《调解条例》(香港法例第 620 章)经律政司审定后正式生效;《调解条例》明确了在香港认可和实行的调解模式,对调解、调解员、调解协议、经调解的和解协议、调解通信等具体含义,以及条例的目的、适用范围,调解协助或支援,第三方资助,调解通信保密等内容,提供了统一规管框架的法律依据。

第五,《2017 年仲裁及调解法例(第三者资助)(修订)条例》与《第三者资助仲裁及调解实务守则》。2017 年 6 月 14 日,香港通过《2017 年仲裁及调解法例(第三者资助)(修订)条例》,并于 2017 年 6 月 23 日刊审后实施[与《仲裁条例》相关的第 3 条(《仲裁条例》新订条文)及与《调解条例》相关的第 4 条(《调解条例》新订条文)除外],该条例旨在厘清香港法律准许第三者资助仲裁、调解及相关法律程序。2018 年 8 月 30 日,律政司就《第三者资助仲裁及调解实务守则》的拟稿展开了两个月的公众咨询,根据公众咨询意见,决定先发布《第三者资助仲裁实务守则》,并指定 2019 年 2 月 1 日为《仲裁条例》新订条文实施日期,而有关《调解条例》新订条文的实施日期,将延后至律政司继续咨询调解业界及相关持份者以解决有关第三者资助调解的若干问题后决定。

(2)香港商事调解规范

香港没有专门的商事调解立法条例。香港的商事调解活动亦以《调解条例》(香港法例第 620 章)、《仲裁条例》(香港法例第 609 章)、《实务指示 31——调解》、《香港调解守则》、《道歉条例》(香港法例第 631 章)为主要的基础法律规范依据。各商事调解机构在必须遵循上述条例与守则的前提下,可以根据自身需要,制定本机构的调解守则和规则,但须向公众公开。各商事调解机构亦同时制定有关调解员遵守事项，用以规范本机构认可调解员的调解活动。例如，香港国际仲裁中心的《调解规则》《处理投诉认可调解员的规则》《一般道德守则》；香港和解中心、内地—香港联合调解中心的《调解员专业守则》《投诉处理及纪律事宜》；香港金融纠纷调解中心的《调解及仲裁规则》《调解员及仲裁员操守守则》。

5. 香港商事调解的司法实践

自 2009 年 2 月民事司法制度改革对调解作出司法认可以来，香港法院在严格遵守审判独立的前提下，协助当事人各方和解案件，进行了相关司法实践。具体措施主要有：修订《高等法院规则》《地方法院规则》，引入调解认可的相关规定；赋予法庭诉讼费酌情裁定权；订立关于调解的《实务指示》，为当事人各方及其法律代表运用调解和解案件提供法律程序指引；在当事人各方都有律师代表的法律程序中，推行调解证明书、调解通知书、调解回复书的适用，协助推进调解；设立司法机构综合调解办事处，协同联合调解专线办事处和西九龙调解中心，协助小额钱债审裁处案件的诉讼双方使用调解处理纠纷；在区域法院推行案件和解会议试验计划；等等。

6. 香港商事调解主要规则、程序

(1)香港商事调解的定义

在香港现有规范性文件中尚未查阅到对商事调解的单独定义。《调解条例》(第 620 章)第 4 条对“调解的涵义”定义如下：就该条例而言，调解是由一个或多于一个分节构成的有组织程序，在该等分节中，一名或多于一名不偏不倚的个人在不对某项争议或其任何部分作出判决的情况下，协助争议各方作出下述任何或所有事宜：①找出争议点；②探求和拟订解决方案；③互相沟通；④就解决争议的全部或部分，达成协议。

另根据《调解条例》第 2 条“释义(1)本条例中—争议(dispute)包括分歧”的规定，香港的调解并不单纯针对纠纷，而是包括分歧在内的各项争议，说明香港商事调解的外延可以非常广泛，并不局限于形成纠纷的商业争议，所有商业行为实施过程中的分歧、争议在尚未形成纠纷之前，都可以通过寻求专业调解服务解决。

(2)香港商事调解的基本原则

香港商事调解严格遵循中立、公正、自主、自愿、保密等基本原则。本节着重介绍自主原则与保密原则。

第一,自主原则。香港商事调解运用的主要是促进式调解方法,自主原则主要体现在调解员会将整个谈判的主动权交还双方当事人,充分尊重当事人自身的意愿,由当事人自己解决自己的事,调解的结果和可行方案均由当事人自主决定。调解员的角色则主要是充分运用各类调解专业技巧,引导、促进当事人走出是非对错论断的狭宥,始终立足于双方的共同基础需求,协助当事人确定主要的讨论事项,合理管理各自的期望,着眼未来,积极地沟通、讨论,共同探讨出双方均一致认可的可行性解决方案。只有在经得双方同意的情况下,调解员才会出具调解员的最终方案,供双方当事人参考。当事人如果对调解员的最终方案不予认同,就有权拒绝或继续讨论。

第二,保密原则。遵守保密原则在香港商事调解中是非常强调的重要部分,贯穿整个调解过程以及调解结束之后,保密的范围包括与争议有关的一切内容、文件、信息在内,甚至于调解员在调解过程中的所有记录,也应当及时销毁,以此消除当事人的各种顾虑;调解员在调解过程中会反复声明对保密原则的严格遵守,可令当事人对调解员的专业、中立、公正建立及增强信任,从而更加坦诚披露己方信息,有利于调解员推动沟通与讨论,推动谈判与解决方案的最终达成。保密原则的例外情形,严格限于《调解条例》(第 620 章)第 8 条“调解通讯的保密”、第 9 条“调解通讯作为证据的可接纳性”、第 10 条“关于披露或接纳作为证据的许可”的规定情形,主要包括:双方当事人、调解员、作出该项调解通信的人均一致同意披露;已因合法披露予公众可知的资料;有合理理由相信该项披露系为防止或减少任何人受伤风险或任何未成年人的福祉受严重损害的风险而必需;为研究、评估或教育的目的,但不能直接或间接泄露本人或相关人员身份;为征询法律意见需要;因法律施加要求;经得法院或审裁处的依法许可。

(3)香港商事调解的基本程序

香港商事调解从兴起到发展,经过近40年的本土实践检验,加上较早与国际调解规则接轨,已经形成一套系统的、有组织的、成熟的调解程序,并且前后程序之间贯穿各类专业调解技巧交叉、反复运用,精心设计,环环相扣,每个步骤都确定本环节需要完成的任务,目的在于层层推进、积极促成争议双方最终达成一致的解决方案,并签署经调解的和解协议,以及能够自愿、积极、主动履行经调解的和解协议;即便双方最终未能达成一致的解决方案,也愿意继续以积极的态度解决争议,包括继续申请再次调解。这些程序规则的规定可以从《调解条例》(香港法例第620章)、《仲裁条例》(香港法例第609章)、《实务指示31——调解》等基础法律规范以及香港律师会《就〈实务指示31——调解〉的指引》、各商事调解组织制定的本组织调解规则等业内规范得到相关了解。当商事争议通过当事人双方共同申请或当事人一方申请、另一方同意等方式递至调解组织受理后,正式的调解程序启动。调解程序的主要流程如图3-1所示,其中,调解正式会议中的单独会议、联席会议,在实践中会因不同案件的具体需要,单次或多次举行。

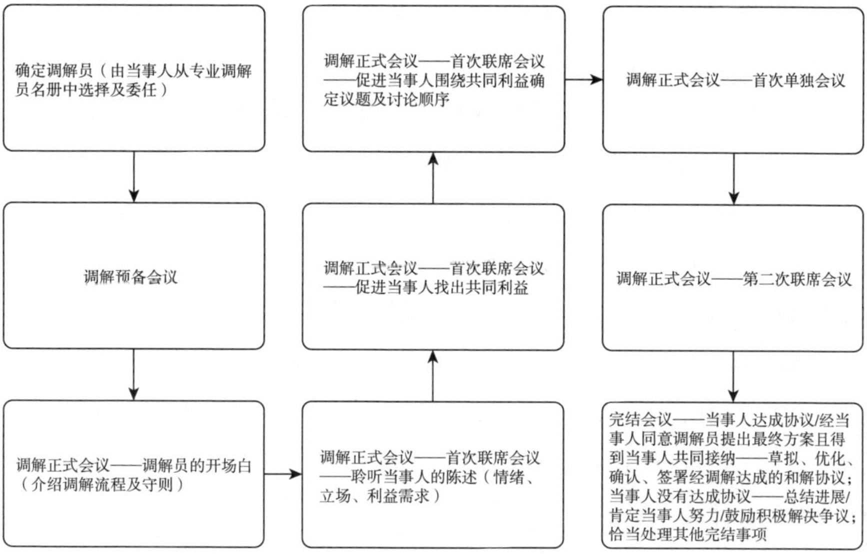

图3-1　香港商事调解主要流程

7. 香港商事调解组织

从广义上来讲,依不同分类标准,香港商事调解组织可以分为官方调解组织与非官方调解组织、独立调解组织与某类专业机构内设调解组织、公司形式调解组织与非公司形式调解组织、营利性调解组织与非营利性调解组织。无论是何种形式的调解组织,都必须依法进行登记。各类调解组织都设立有本组织认可的专家调解员名册或在名册基础之上另设立某一领域的专家调解小组,主要通过向全社会提供不同领域的专业调解服务、专业调解培训课程来获得业务与收益,以及通过举办或参加相关研讨、交流活动来扩大本组织的宣传、行业影响及行业知名度。近年来,部分商事调解组织开始注重多元协同发展,依托自身在调解、谈判、风险管理方面的专业优势,积极对接其他领域共同发展。

(1)商事调解组织的设立注册与商业登记

依据《商业登记条例》(第 310 章)的规定,所有在香港经营的以营利为目的的任何(无论是实体经营还是透过互联网经营)生意、商务、工艺、专业、职业或其他活动,以及所有根据《公司条例》(第 622 章)在香港注册成立的有限公司,均须依法办理商业登记。香港商事调解组织的设立,原则上与其他商事主体的设立条件相似,机构名称亦不强制要求必须有"调解"字样,但是须依据《公司条例》《商业登记条例》相关规定,依法注册并进行商业登记。目前,香港特区政府已开通 GovHK 香港特区政府一站通网上服务,申请设立注册及登记商事调解组织更加便捷。

(2)香港商事调解组织的参考数据

随着调解的广泛普及,以及低成本、高效、便利解决商业争议的优势,香港越来越多的机构与人士参与商事调解领域。由于法律对商事调解组织的名称并无强制"调解"字样要求,以"调解"为关键词,从香港公司注册处网上查册中心(www. icris. cr. gov. hk)、商业登记署官网(www. ird. gov. hk)查询,所能获得的信息较少,无法全面获得香港有多少家商事调解组织的具体参考数据。

另从律政司官网查询获知,进入法律及争议解决服务香港法律枢纽的法律机构目前有25家,这些法律机构并不全部都是以调解为主要或唯一领域,但该数据能够显示香港特区政府对包括调解在内的争议解决服务领域予以长期支持、推动的力度,这意味着香港商事调解组织的数量将会在政策、司法以及国内、国际调解大氛围的背景之下继续增长。

(3)主要商事调解组织介绍

①香港调解会:该组织于1994年成立,隶属香港国际仲裁中心,是香港较早成立的仲裁机构内设调解组织,对香港商事调解的发展发挥了重要的推动作用。自成立以来,香港调解会一直以"推广以调解方式解决纠纷"为宗旨,通过订立相关调解服务工作标准、数据交流、举办各类型座谈会及会议,培训调解员和教育市民以调解方式解决纠纷,以及通过与各委员会(如建造业、保险业、商业及公共事业)合作,推动了香港商事调解的持续发展。香港调解会设有一个专门的商事调解小组。

②香港和解中心:该组织于1999年成立,是香港首间被政府认可为慈善机构的专业调解组织,拥有超过1000名来自不同专业界别的会员,在香港调解业界中具有领导地位。香港和解中心致力于推动调解发展,提供专业调解服务和与调解有关的专业培训、专业提升、大众教育及对外协作。香港和解中心备受香港特区、内地以至国际社会的高度认可,不仅是多个主要联合调解组织的创办机构,还拥有联合国国际贸易法委员会的观察员地位,为全球争议解决的发展提供专业意见,对连接香港特区、内地与国际社会发挥重要的桥梁作用。香港和解中心提供商业及社区综合调解服务,根据香港和解中心2021－2022年度报告,处理的涉及合同、协议类纠纷占比10%,其他一般商业事务占比12%;82%的调解个案程序在一天内完成;调解的成功率达59%。香港和解中心长期提供调解专业培训服务,来自培训服务的收入占中心整个收入的89%,作为财政独立的非营利组织,香港和解中心以自负盈亏方式达至财政稳健。

2014年10月,香港和解中心推出"香港调解结合中国国际仲裁"的跨境争议解决服务,并于2014年12月成功调解首宗个案,该个案中,香港和解中心的调解专家通过"香港调解结合中国国际仲裁"机制成功地为一宗海外投资者在中国内地的商事纠纷作出调解,双方达成和解协议,并获得仲裁裁决。其后,双方向中国法院申请执行该和解协议,效果十分显著。个案涉及合约争议、私人贷款、受托人资产及抵押的争议,争议金额逾人民币5500万元,当事人通过此项服务不仅迅速解决了多年的争议,而且节省了巨大的诉讼费用及行政费用。

③金融纠纷调解中心:金融纠纷调解中心于2011年11月18日由香港特区政府、金融管理局、证监会出资成立,于2012年6月19日投入服务。金融纠纷调解中心的性质为非营利担保有限公司,亦被认可为慈善机构,豁免缴税。金融纠纷调解中心秉承“独立、持平、便捷、有效、公开、透明”之原则,独立管理金融纠纷调解计划,推崇“先调解后仲裁”,为金融机构与客户之间的金钱争议提供一个有效且收费相宜的渠道。经过10余年的坚持,该中心已成为金融纠纷争议双方的首选调解—仲裁机构之一。据金融纠纷调解中心2023年7月31日在官网发布的2022年年报,全年接受相关业务查询共1212宗,比上一年度增加22.6%,表明“先行调解”的争议解决方式得到越来越多的关注,调解服务需求者也逐年增加;在1212宗查询业务中,有665宗为金融产品及服务争议,涉及投资、债务、保险、资产及其他;正式提出调解—仲裁申请的有53宗案件,申索总金额超过1亿港元,最高申索金额超过6000万港元;金融纠纷调解中心2022年的和解成功率为75%,2021年的和解成功率为90%。据统计,金融纠纷调解中心自成立以来,约90%的调解服务使用者(含争议双方)对金融纠纷调解中心的服务评价为满意或以上评级。金融纠纷调解中心除处理调解个案以外,亦积极参与律政司或有关业界机构举办的相关活动,发布电视、电台、网络平台等广告,致力调解优先的宣传与推广。

④内地—香港联合调解中心:内地—香港联合调解中心由中国贸促会调解中心与香港和解中心在律政司的高度支持下,于2015年12月9日共同设立,是首个由两地主要调解机构共同创立的联合调解中心。联合调解中心为两地及国际企业提供更多元化的跨境争议解决平台及调解服务,并致力推动内地的调解发展,为内地调解员和调解代理人制定专业标

准,创立中国专业调解评审机制及协助完善调解培训。

⑤一邦国际网上仲调中心:经律政司推动,香港大律师公会与香港律师会于 2018 年 6 月联合创建一邦国际网上仲调平台,主要服务粤港澳大湾区和“一带一路”,该平台结合区块链、人工智能等先进科技,为包括“一带一路”及粤港澳大湾区在内的国际及区域内商事主体提供便捷且具成本效益的安全交易平台,通过此平台,各方主体可以隔空订立在线合约,达成交易,以及在线解决争议。一邦国际网上仲调中心订立亚太经合组织网上争议解决程序规则。该中心的网上争议解决平台是香港法律科技水平的体现。目前,该中心是《亚太经济合作组织网上争议解决合作框架》下亚太经合组织网站首批网上争议解决服务的提供者之一。

⑥香港国际调解中心:香港国际调解中心于 2018 年经香港特区政府核准登记成立,该中心依据严谨的调解规则及案件管理制度,参照《新加坡调解公约》及国际法律规则,提供保密和高效的专业国际调解服务,协助当事人解决跨地域及跨文化的各类型跨境争议和国际商事争议。香港国际调解中心与全球 50 多个争议解决组织有合作关系,由该中心出具的和解协议可转化为仲裁裁决并可在《纽约公约》签署国及“一带一路”共建区域执行。香港国际调解中心的专业国际调解员来自世界各地,均接受过专业培训与严格考评。

(4)其他商事调解服务组织介绍

①联合调解专线办事处:该组织于 2010 年 7 月 12 日,由香港调解会、香港大律师公会、香港律师会、英国仲裁学会(东亚分会)、香港仲裁司学会、香港建筑师学会、香港测量师学会、香港和解中心共同参与设立并运作,为非营利担保有限公司形式。该办事处为需要使用调解服务解决纠纷的当事人、诉讼人士提供“一站式”调解转介服务,如协助市民了解调解的性质,解答有关调解的问题,转介有意使用调解服务解决纠纷(家事、小区或大厦管理纠纷除外)的当事人至调解服务机构或专业团体。除此之外,联合调解专线办事处还承接与调解推广有关的其他服务项目,自运作以来,曾协助香港特区政府顺利实施“社区调解场地计划”“《土地(为重

新发展而强制售卖)条例》调解先导计划”“小型纠纷调解先导计划”“小额钱债案件调解先导计划”;协助有关资助组织顺利完成“中小企业争议解决中心—有效解决商业纠纷以提升中小企竞争力”“为专业人士及潜在调解用户对内地市场构建、发展及推广【香港调解】品牌”“装备中小企业应用调解技巧排难解纷”“提升专业人士及潜在调解用户对新调解条例及香港调解服务的认知”等项目。

②香港调解专业协会:该组织于 2010 年成立,性质上属于香港特区法例认可的社团,也是处理商事争议的调解组织,最初由律师与金融界专业人士创立,目前已有超过 200 名成员,成员来自法律、金融、工程、建筑、会计、规划、人事管理、商务、贸易、进出口、船务、保险等不同专业及社会各个行业。该协会遵循自愿、独立、客观、公正、保密等原则,为涉及投资、贸易、银行、证券、保险、物流、运输、房地产、建筑、工程、科技资讯、知识产权、遗产、其他商事领域等争议案件双方当事人,以及艺人影视、教育等行业提供调解服务,也接受政府或其他国内、国外组织授权调解的且经当事人同意的商事争议案件。应证券业的发展需要,香港调解专业协会成立了“香港金融调解服务中心”,所有因买卖香港证监会认可的证券或其他金融投资产品所引起的、不涉及刑事的纠纷,当事人双方均可在自愿、公平之基础上向该中心申请调解。该协会同时也为会员提供内部交流、对外交流、一般调解员培训及调解员资格认证协助,通过专业的管理机制,为会员提供发展平台与发展空间。

③司法机构综合调解办事处(西九龙调解中心):2018 年 11 月 8 日,香港特区政府在毗邻西九龙法院大楼及小额钱债审裁处之地设立调解专有设施“西九龙调解中心”,并委任联合调解专线办事处独立统筹负责,实施了一项“小额钱债案件调解先导计划”,为适合调解的小额钱债审裁处案件及争议金额不超过小额钱债审裁处司法管辖权的其他合适的案件的争议各方提供更方便的、费用合理的调解服务。2022 年 6 月 30 日,“小额钱债案件调解先导计划”实施结束,“西九龙调解中心”并未随之停止运作,其于 2022 年 7 月 5 日起改由司法机构综合调解办事处继续启用,以巩

固调解先导计划成果，进一步推动更广泛使用调解服务解决争议。司法机构综合调解办事处（西九龙调解中心）主要为小额钱债审裁官转介的合适案件提供调解服务，同意参与调解的各方可免费参与调解会议。

8. 香港商事调解员资历评审与认可

为规范调解业界的专业发展，保证调解员的专业素质，香港实行调解员资历评审与认可制度，拟申请调解员资历评审者，只有先参加相关机构单独举办或与其他机构合办的不低于 40 小时调解员培训课程并通过该课程考试，才具备调解员资历申请资格，之后，申请者须于两个模拟调解个案中经评审符合专业资格以及符合评审机构所订的其他相关要求，方可获发专业调解员证书。申请者可以根据自己的特长、兴趣选择综合领域或某一领域的调解员培训课程及申请相应领域调解员资历，并可根据自身在调解领域的资历发展水平与自身发展需求，进一步参加更高层级课程培训与资历申请考核，如国际调解员、专家调解员等。目前，专业度、权威性受到普遍认可的调解资历评审机构主要有以下两个。

（1）香港调解资历评审协会有限公司

2010 年 2 月调解工作小组报告 48 项建议第 25 项提出："成立一个单一调解员资格评审组织是可取的，而且有助确保调解员的质素、使评审标准一致、向市民灌输有关调解员和调解服务的知识、建立市民对调解服务的信心，以及维持调解的可信性"。经过 3 个月的公众咨询，该项建议得到绝大多数支持。经律政司调解专责小组全力推动，香港大律师公会、香港律师会、香港国际仲裁中心及香港和解中心四个专业团体于 2012 年 8 月 28 日联合成立了香港调解资历评审协会有限公司（以下简称调评会）。调评会的使命为：①制定标准认可调解员、监督员、评核员、训练员、指导员及其他在港参与调解的专业人员，并认可已符合标准的人士；②制定香港的调解训练课程标准，并认可已达标准的训练课程；③推广香港专业及可实践的调解文化。调评会致力于为香港制定统一、专业、优质的调解资历评审机制。培训课程内容经过调评会认可的机构学员在完成该机构 40 小时调解培训课程并通过该课程考试者，可以向调评会申请调解员资历认可,在通过调评会考核之后,可成为综合调解员,获调评会颁发综合调解员资历证书。取得该资历证书后,综合调解员可通过在香港的调解组织挂证从事调解职业(含商事调解)。

经查询调评会官网(http://www.hkmaal.org.hk)公布的综合调解员名册,截至2023年10月4日,共有综合调解员在册记录1761次,可作为目前香港具有调评会认可资历的商事调解员人数参考(综合调解员可以理解为包括从事商事争议调解的调解员在内)。

(2)国际争议解决及风险管理协会

国际争议解决及风险管理协会(IDRRMI)是一家在香港以及国际上享有专业认可度的调解员资历评审机构,主要接纳通过国际争议解决及专业谈判研究院(AIDRN)、香港和解中心以及与该协会有签署合作的国内、国际调解组织调解培训课程考核者(不低于40小时培训课时,国际专业调解员资历评审申请者不低于50小时培训课时)的资历评审申请,申请者亦必须通过该协会两个模拟调解个案之考核以及符合该协会所订的其他相关要求,方可获得其所申请级别的专业调解员资历或国际调解员资历。与调评会认可资历主要适用于香港相区别,经国际争议解决及风险管理协会评审认可的调解员专业资历除适用于香港调解组织从业,亦适用于与该协会签署有合作的国际调解组织从业。国际争议解决及风险管理协会亦接受符合条件者申请国际调解导师、国际调解专家、资深国际调解专家等资历评审与认可。国际争议解决及风险管理协会认可的调解员专业资历,相关符合条件者可同时申请中国贸促会调解中心、内地—香港联合调解中心、香港和解中心的同等互认,无须另外进行调解培训与资历评审个案考核。

依托内地商事调解专业化发展之需求,国际争议解决及风险管理协会开始增加向内地推出专业商业调解员的资历评审认可机制。获得该会专业商业调解员资历认可的调解员可以通过进一步学习国际认可调解员培训系列课程,对接国际专业调解员资历。目前,获得国际争议解决及风险管理协会认可资历的内地专业商业调解员有17人。

国际争议解决及风险管理协会的资历评核十分重视衔接国际专业资格标准，经查询该协会官网(https://idrrmi.org)，截至2023年10月4日，经该会通过资历评核认可的在册资深国际调解专家8人、国际调解专家69人、国际认可专业调解员149人，合计已达到226人。

调评会和国际争议解决及风险管理协会均为由行业主导的、非法定单一资格评审组织与认证机构。此外，香港其他调解组织亦举办本组织内的相关调解培训课程与调解员认可，这些调解组织协助符合条件的学员向调评会申请香港调解员专业资历评审与认可。

二、香港商事调解发展的创新举措

从20世纪80年代初兴起至今，经过40年的发展，香港的商事调解已经形成由政府引领、立法支持、司法认可、市场推动、商界普识、全民普及、衔接内地、对标国际的整体协同发展态势，调解已然成为业界解决商业争议会普遍、主动优先考虑的重要方式。这一良性局面得益于以下措施的创新与坚持。

1. 立法与司法的创新

调解在香港的蓬勃发展，离不开立法的及时保障和推动。早在调解刚刚兴起之时，香港就及时修改了《仲裁条例》，对调解行为的合法化进行了立法认可，虽然当时还不具备订立成熟调解规则的条件，但调解方式得到法律的及时接纳与认可，是此后调解得以不断发展、成熟的必要催化剂。香港的调解立法紧密衔接调解的实践需求与实践成果，在一定程度上为调解的发展发挥了保驾护航的作用。

(1)为调解独立立法

1982年《仲裁条例》修改首次引入调解，为调解在民间的初期尝试与发展提供了法律认可；在调解发展需求的推动下，2009年终审法院公布民事司法改革成果《实务指示31—调解》《实务指示6.1》，认可调解方式适用相关诉讼案件，调解得到司法认可及协助；2010年，律政司订立《香港调解守则》；2011年《仲裁条例》修改，确立仲裁程序中调解员的委任规则;2012 年,立法会通过《调解条例草案》;2013 年,《调解条例》正式生效实施。这些实务指示、守则、条例的陆续公布与实施,既是调解实践成果的及时总结,也是推动调解进一步实践的规范指引,是目前香港调解(包括商事调解)得以持续发展必不可少的立法支持与司法支持。

(2)调解的特色配套立法

2017 年,立法会通过《道歉条例》(第 631 章),不仅令香港成为亚洲首个制定道歉法例的司法管辖区,也是香港调解发展史上非常重要的一个创新举措。该条例专门就道歉在某些程序及法律事宜中的效果作出规定,以立法的形式提倡和鼓励道歉,以防止争端恶化,促进和睦排解争端;该条例还规定了道歉免责,在该条例规定适用道歉的程序中,某人就某事宜作出的道歉并不构成以明示或沉默的方式,承认该人在该事宜方面的过失或法律责任,以及在该事宜裁断过失、法律责任或任何其他争议事项时,不得列为不利于该人的考虑因素。

道歉在调解程序中是一个非常有效的技巧,对消除当事人双方对抗、打破僵局、促进和睦协商,能起到非常积极的作用,有化干戈为玉帛之效。《道歉条例》的出台,令道歉在调解程序中的适用获得高度的立法认可,为香港整个调解立法体系添加了浓重的一笔,也是香港调解立法进一步接轨国际的重要标志。

(3)调解的责任豁免

根据《香港调解守则》第 18 条、第 19 条、第 20 条的规定,调解员根据《调解协议》履行调解员的责任和相关义务的行为(包括作为与不作为)无须向任何一方承担法律责任,如调解一方或各方对此提出申请,须对调解员作出补偿,除非调解员的该行为含有欺诈成分;调解各方或其代表或调解员在调解期间提出或使用的陈述或意见,无论是书面还是口头,都不得被援引作为任何涉及诽谤(包括短暂诽谤或永久诽谤)或相关投诉的诉讼的依据。这些责任豁免的规定,能够促使调解员、调解当事人放下顾虑与约束,积极发挥各自在调解过程中的角色作用。

(4)诉讼费酌情裁定权

《实务指示31—调解》以"法院有职责协助各方和解案件"为宗旨,为鼓励当事人采用调解排解程序解决争议、和解案件,其规定法庭有权行使讼费酌情裁定权,对有证据证实不曾参与调解且没有合理解释的一方诉讼人,发出不利于该方的讼费令。为了保障讼费酌情裁定的司法公正,《实务指示31—调解》进一步规定了不适用法庭发出不利讼费令的情况:①诉讼人已经参与调解,并达到各方之前所协议的最低参与程度,或达到法庭在调解前依据该实务指示第13段所指示的最低参与程度;②各方已在无损权利的前提下展开积极的和解谈判并取得进展;③和解谈判破裂,各方认为不适宜调解,但已积极进行其他形式的另类排解程序。

与调解程序有关的讼费范围,《香港调解守则》通过"调解协议样本"的方式作出了相关规定:"除调解各方另有书面协定外,调解一方同意平均分摊调解费用,并承担本身的法律费用及其他费用,以及在调解前准备和出席调解的开支('调解一方的法律费用')。调解一方并同意,不论调解是否导致争议达成和解,在有关的诉讼或仲裁的案件中有权评核讼费或发出判付讼费命令的法庭或审裁处,可把调解费用及调解一方的法律费用视为该宗案件的讼费。"

(5)案件和解会议

近年来,香港区域法院展开了一项案件管理过程中引入"协助和解"概念的试验计划,简称"案件和解会议试验计划",并公布《民事案件和解会议指引》。这项试验计划的主要内容是,在案件管理聆讯阶段或在法律程序的任何阶段,由聆案官主持案件和解会议(Case Settlement Conference),无须争议各方协商安排第三方作调解员,以提高民事诉讼的效率。目前,这项试验计划在继续实践中,已取得相应的成果,并进一步发展了"调解员辅助的案件和解会议"(Mediator - Assisted Case Settlement Conference),以充分发挥调解在案件和解会议中的协同效应。根据2023年5月香港"调解为先"承诺书活动会议上相关分享数据,在2021年1月至2022年10月案件和解会议试验计划推进期间,所收集的调查反馈问卷中有81%的当事人认可案件和解会议程序对争议解决的积极作用,这些积极作用包括促进达成和解或即使达不成和解,亦可促进减少分歧、重新审视及管理诉求、节省诉讼时间及费用成本,等等。案件和解会议是香港司法机构对诉讼与调解协同发展的一项创新尝试,既区别于内地法院的诉前和解,也区别于内地法院的诉中调解。

2. 调解推广的创新

政府、业界、学界、机构、民众共同致力调解推广,从不同角度展现调解的专业度和解决争议的实际效果,令各界从认识、接纳调解到主动优先选择调解解决争议,可以说是香港调解发展史上的一大特点。香港已经形成非常深厚的调解文化氛围,是以下措施长期坚持的必然成果。

(1)将推广调解列入施政任务清单

自2007年推广调解首次写入香港特区行政长官施政报告开始,大力推广调解成为历年施政目标的重要内容,香港特区政府自此成立了调解工作小组,律政司也先后成立调解专责小组、调解督导委员会,负责具体落实各项推广计划,包括推动立法、推动司法改革、推动调解的规管、推动调解的宣传、推动调解的实践、推动调解的持续发展。律政司成立法治建设办公室,协助律政司制定和高效落实相关的政策措施,包括:①加强统筹法治教育和培训宣讲领袖;②全方位推广香港法律及争议解决服务的优势和机遇;③深化粤港澳大湾区内法律实务接轨和推广区内更广泛地使用调解。

应香港成为亚太地区乃至全球领先的国际法律及争议解决服务中心之战略发展目标的需求,2022年3月31日,香港特区政府成立了国际法律及解决争议服务专家委员会,由律政司司长担任主席,专家委员会以"就香港特别行政区推广和发展国际法律及解决争议服务提供意见和协助"为职权,为香港特区政府着力推进香港成为亚太地区乃至全球领先的国际法律及争议解决服务中心的各项施政任务提供专家支援。

(2)以调解试验计划的实施效果推动调解发展

自2006年开始,香港特区政府通过司法机构、金融管理局、相关业界及调解机构，在建筑、保险、投资、金融等领域陆续推出调解试行计划，均得到显著的实际效果。通过试验计划内的一个个争议的调解解决，广大市民及商业人士充分了解到以调解方式友好、便捷、经济解决争议的明显优势，从而愿意更多使用调解，调解也逐渐成为他们的优先考虑。这些试验计划的成果，不仅推动了广大市民及商业人士对调解的普遍接受，也推动了调解的立法进程，是此后香港商事调解得以迅速发展的重要原因。

(3)持续举办调解为先承诺活动、调解周活动

自 2009 年开始至今，香港都会如期举办两年一次的“调解为先”承诺书活动。这项活动面向全体公众，提倡先采用调解来解决争议，然后才尝试其他争议解决方法或递交法庭诉讼。律政司官网数据显示，目前有超过 840 间/位公司、组织/联会及个人签署了承诺书。律政司分别拟订了承诺人为公司、个人、组织/联会的承诺书电子版发布于官网，便利承诺人提交承诺申请。调解为先承诺书是承诺人确认运用调解的承诺凭据，虽不具有法律约束力，但签署该承诺书的主体，均充分知悉调解的优势以及自愿优先采用调解解决与他人之间的争议。2017 年 6 月 13 日，律政司进一步推出“调解为先”承诺书星徽奖励计划，该计划旨在表扬符合条件的承诺人有功于在其界别推动和实际采用调解，鼓励获颁发星徽的承诺人在其店铺、销售点及/或工作间展示星徽，并允许承诺人在不对星徽作任何修改的前提下在其信笺抬头及其他刊物中展示星徽。“调解为先”承诺书活动及星徽奖励计划的长期坚持举办，充分带动了全港各界相互宣传、推广调解以及传扬调解文化的良好氛围。

除了 2009 年开始两年一度的“调解为先”承诺活动，香港还于 2014 年开始每两年举办“调解周”活动，两项活动错开举办，年年有推广，活动举办期间，各类调解比赛、调解研讨会、调解讲座纷纷开放，令浓厚的调解文化愈加富有吸引力和影响力。香港甚至还在校园举办调解研讨会及调解征文比赛，令年轻一代早早融入调解文化，推动调解文化的可持续发展。

3. 衔接内地、对接国际的双向发展

香港是全球金融、保险、贸易、物流、航运、商业服务、旅游业的国际中

心,亦具有非常成熟、专业、接轨国际的法律服务体系。为积极响应国家"十四五"规划、"一带一路"倡议、"粤港澳大湾区"发展战略的实施,依托自身的国际优势,以及成为亚太地区以至国际领先的法律及争议解决服务中心的战略定位,近年来,香港全力衔接内地调解事业的发展需求,尤其在商事调解领域,为推动内地商事调解机制的建立与发展贡献香港力量。

(1)在衔接内地方面

律政司积极与香港、内地和其他司法管辖区的法律界和商界联系、磋商,以期为他们建立平台,便利商贸、金融和其他方面的交流;鼓励、支持香港法律及争议解决服务界机构及人士与"一带一路"及粤港澳大湾区内的同业积极展开交流、合作;与最高人民法院、最高人民检察院、司法部达成内地与香港在法律及争议解决服务方面的交流协作;与广东省高级人民法院签订法律交流与互鉴的框架安排;建立粤港澳大湾区法律部门联席会议制度;设立粤港澳大湾区调解平台,促进三地制定统一的粤港澳大湾区调解员资格、资历评审及相关标准,设立合资格的粤港澳大湾区调解员名册,制定跨境争议的调解规则,增强粤港澳大湾区使用调解的信心,提供粤港澳大湾区调解服务的便利,推广调解在粤港澳大湾区内广泛应用,等等。在这些交流、合作过程中,香港将其已经在商事调解领域获得的经验、接轨国际的调解规则引入内地和澳门,积极助力三地相关规则、机制的衔接。2021 年 12 月 10 日,第三次粤港澳大湾区法律部门联席会议正式通过《粤港澳大湾区调解员资格资历评审标准》《粤港澳大湾区调解员专业操守最佳准则》;2022 年 12 月 16 日,第四次粤港澳大湾区法律部门联席会议正式通过《粤港澳大湾区跨境争议调解示范规则》。

(2)在对接国际方面

积极推广调解在国际层面尤其是国际投资争端解决领域的优势与应用;积极寻求与著名国际组织和专业机构之间的长期协作。例如,与联合国国际贸易法委员会合办两年一度的联合国国际贸易法委员会亚太司法高峰会;支持亚洲国际法律研究院承办"中国—亚非法协国际法交流与研究项目”;在亚洲与世界银行集团国际投资争端解决中心和亚洲国际法律研究院合办投资法暨国际投资争端调解技巧培训课程;与海牙国际法学院和亚洲国际法律研究院定期举办国际法课程;加入《亚太经济合作组织网上争议解决合作框架》;与联合国国际贸易法委员会成立“普惠全球法律创新平台”,探讨涉及网上争议的法律问题;安排律师借调国际组织工作,学习国际法律知识,培养国际化高端法律专业人才(目前已与海牙国际私法会议、国际统一私法协会和联合国国际贸易法委员会达成借调安排),等等。

4. 积极推动商事调解组织的独立发展

香港的商事调解组织,无论是政府和相关法律业界支持创办的,还是民间业界自行创办的,都对司法不存在依附性。香港目前没有法院委派调解、委任调解制度。得益于香港特区政府联合各界长期推广运用调解的社会效果,当事人在产生争议时,会自愿优先考虑选择调解,并不依附法院或仲裁机构转介才选择调解;香港商事调解组织往往能够直接对接有需求的争议当事人,并为当事人申请调解提供各种便利,在调解程序启动之后,调解员会积极主动发挥专业能力,促进当事人利用调解,积极协商达成和解方案,从而更加快速、低成本地解决争议,提高经济效益。商事调解组织通过提供有偿调解服务、调解培训,以及与其他商业领域的多元协同合作,能够得以独立发展,从而解决生存与持续发展需求。

5. 建立调解资历评审认证机制

为了保证调解的专业化发展,香港及时设立了调评会,专门为调解员的专业资历认可以及调解组织的培训课程制定统一参考标准,并为调解评审工作制定标准,既及时、有效地解决了调解组织对调解培训课程、调解员专业资历认可相关统一规范指引的迷茫,也有力地保障了香港调解专业化的统一发展。

近年来,国际争议解决及风险管理协会通过与香港和解中心、中国贸促会调解中心、内地—香港联合调解中心、香港国际调解中心以及亚太仲裁与调解中心(APCAM)等涵盖中国内地、中国香港特别行政区、印度、澳大利亚、马来西亚、印度尼西亚、泰国、尼泊尔等国家及地区的有关争议解决权威机构的合作,在香港调评会评审机制的带动下,尝试建立并积极推动香港对接内地、衔接国际的调解员专业资历评审机制,使香港的调解资历评审认证机制更加健全、完善及贴合发展需求。

三、香港商事调解发展的经验启示

通过对香港商事调解的发展历程以及主要创新举措之观察、分析,我们可以了解到,香港的商事调解取得今天的成果,既有历史原因,也有地域原因,这是香港自身的优势决定的。然而,更重要的经验则是香港特区政府联合立法、司法、业界、民众的力量,配以相关的制度设计,通过调解文化的持续培育、调解试验计划的逐步推进、调解规则的统一、调解立法的配套以及市场良性竞争的引导,才得以将其自身的先天优势充分发挥,最终使商事调解一直朝着专业化、市场化、职业化方向良性发展,并在国家发展新战略和国际争端解决服务新需求之新时代背景下,能够迅速反应,融入大局,融入国家层面的商事争议解决机制与大力发展国际商事调解的顶层设计,在已经取得的发展成果之基础上,积极推进与内地的共融共通共发展,积极对接国际商事调解新发展,在新的历史机遇背景下,开拓更深度的全方位持续发展,不断提升香港作为亚太地区以至全球重要的法律及争议解决服务中心的国际地位。

香港商事调解的发展历程与各项创新、经验,对内地当前商事调解的进一步发展,亦具有一定的启示意义和借鉴作用。

1. 立法是商事调解良性发展的必要保障

香港整个调解机制、体系具有一种内在的统一性,不但没有影响香港商事调解专业化、市场化、职业化的持续发展主轨道,而且能够保障政府与民众在这个机制、体系内融合发展,没有脱节。除此之外,调解机构也能非常便利地直接对接到有需求的争议双方当事人。这源于政府对调解近 40 年来的递进发展给予了及时的、充分的立法支持,从调解的法律认可,到调解规则、调解程序、调解员的资历评核、调解机构的设立、调解专业培训课程等，都及时公布统一规范、统一规则指引、统一实务指示，在整体机制和具体细节的设计上，真正解决争议双方、调解服务提供者的需求，并落地实施，检视实际效果，及时加以立法完善。基于此，香港调解文化得以有效全方位推广、普及，获得民众的真心接纳，也是彼此相辅相成的必然成果。这对内地的商事调解立法具有重要的借鉴意义。

2. 坚持商事调解的专业化、职业化发展

商事争议往往更重视经济成本、时间成本和经济效益，产生争议的双方往往具有合作经历，表面上的局部利益之争可能隐藏更大的利益需求，争议的事项也往往具有某类行业、领域的高度专业性，因此，商事调解对调解员的综合专业能力必然会比一般纠纷的调解提出更高要求。要冲破商事调解专业化发展的“瓶颈”，首先在于培养专业能力强的商事调解员职业队伍，可以借鉴香港的调解培训课程认证和调解员资历评审考核的相关做法，建立商事调解员的专业资历认可机制和商事调解组织培训课程认可机制，推动内地商事调解员的专业化培养和职业化队伍建设。

(1)在商事调解员专业培训课程的内容设计方面，可以考虑在传统的评估式调解基础上，吸收香港发展成熟的且与国际接轨的促进式调解规则与方法，以及香港专业调解员培训课程当中契合内地传统调解文化的内容，以满足商事调解员综合专业能力高要求、高标准的培养需求以及能够胜任国际商事争议调解服务的专业人才储备。

(2)在商事调解员专业培训方式上，可以考虑内地与香港联合培训模式。两地联合培训的方式，既能有效推动各自商事调解经验的相互分享、借鉴，也是两地商事调解事业融合发展的必然趋势，并且通过对香港与国际接轨的商事调解规则、商事调解经验的学习与交流，还有利于促进我国商事调解与国际商事调解专业标准的整体衔接，为将来《新加坡调解公约》在我国的生效提供过渡准备。

(3)在商事调解员的专业资历认可方面，可以参考香港的做法，通过行业主导机制，对商事调解员进行一定标准的专业考核与认可后，颁发相应的商事调解员资历证书，并凭认可的资历证书在商事调解组织挂证从事商事调解职业,获取专业报酬。商事调解员的专业资历考核与认可,是对商事调解员具备专业能力的认可,更是商事争议能获得专业化调解服务的必要保障。

3. 支持商事调解以市场化独立发展

早在2019年1月23日,中央全面深化改革委员会发布《关于政法领域全面深化改革的实施意见》,曾提出商事调解组织按市场化方式参与矛盾纠纷解决。但是,目前内地的商事调解组织仍普遍存在过于依附司法、行政的现象,还做不到独立的市场化发展。其背后原因可能主要在于商事调解组织自身对专业化、市场化的发展尚无所适从;并且由于缺乏调解规则、调解员资历评核等方面的统一行业指引,各商事调解组织只能各自为营,摸着石头过河,结果始终走不出人民调解传统发展路径的拘束。很多希望快速、便捷、低成本解决争议的当事人,对接不到专业的调解组织和专业的调解员,得不到期望的调解服务,大量争议依然涌入诉讼,令法院案件压力巨大,推行已久的诉前和解制度在某种程度上尚未充分发挥疏纷解争的积极作用,令当事人对调解制度产生怀疑甚至质疑。如何解决这些脱节问题,打通商事调解组织与当事人的对通渠道,回归法院的司法审判主要职能,减缓当事人的诉讼压力和法院的案件压力,重新纠正对调解运用的正确认识,是当前需要直面的问题。为了解决上述问题,可以借鉴香港商事调解发展经验,除了尽快为商事调解进行专门立法、统一规则指引之外,还需考虑商事调解组织的去行政化、去司法化,将商事调解组织真正推向市场,让市场化的冲击力推动商事调解组织先从内发展、努力,致力提高自身的专业化与市场竞争优势,在业务源头上真正脱离对法院、对行政单位的依附,实现商事调解组织与争议双方当事人之间(供需双方之间)的直接对接,调解组织通过专业化调解服务为更多的当事人解决争议,自然会令更多的人重新认同调解、宣扬调解,以及愿意继续运用调解解决争议,进而形成整个商事调解机制的独立、良性发展局面。

总的来说,香港的商事调解机制接近《新加坡调解公约》的理念与框架,且对外接轨国际调解体系,对内影响内地传统调解体系。在当前两地不断融合发展的大环境之下，香港商事调解的专业化、职业化、市场化以及国际化高阶调解的一系列成熟技巧，在经过一定时期的冲击与交融过程后，必然会对内地现代调解体系的创新发展起到重要推动作用。内地传统调解可以积极借鉴香港调解的已有成果与经验，兼容并蓄、采其长处，早日推动内地商事调解往真正的专业化、职业化、市场化方向独立发展，共创中国商事调解发展的美好未来。

第四章　中国商事调解发展中的关键问题及其展开

第一节　商事调解组织发展中的问题

近年来，在全球商事调解发展浪潮的推动之下，国内商事调解组织如雨后春笋般涌现，推动形成了中国商事调解发展的浪潮。《全国公共法律服务体系建设规划（2021—2025 年）》提出要完善商事调解相关法律制度，在“十四五”时期内打造 10 家具有国际影响力的商事调解组织，为新时期商事调解的发展指明了目标和方向。然而，由于缺乏明确的法律依据、有力的政策保障、专业的调解队伍和充足的调解案源，部分商事调解组织在生存和发展中依然困难重重，甚至有不少商事调解组织在“挂牌”以后并没有真正从事过商事调解业务，处于“搁置”状态。本章将从商事调解组织的发展视角出发，深入剖析商事调解组织在组织形式、设立条件、行业监管和内部治理等方面的关键问题，进而为商事调解组织的高质量发展提出有益方案。

一、调解组织的组织形式相对单一

通过本报告第一章对国内商事调解组织基本情况的介绍，可以了解到，我国商事调解组织类型多样，包括事业单位、民办非企业单位、社会团体、个体工商户、独资企业、有限责任公司等，其中登记设立为民办非企业单位的商事调解组织数量最多、最具代表性。本节在全国概况的基础上，进一步选取我国商事调解制度建设成果最为突出、调解组织成立数量最多的深圳经济特区作为样本，从地方层面进一步对中国商事调解组织的组织形式展开分析。

深圳作为中国特色社会主义先行示范区，不仅出台了全国第一部专门规范商事调解的地方性法规，还成立了全国第一个商事调解行业协会，对我国商事调解行业的发展具有强大的领导力和影响力。截至2023年9月1日，深圳已成立19家不同形式的商事调解组织（详见表4－1），这一数量在全国遥遥领先。但简单分析可以发现，在这些组织中，只有中国贸促会深圳调解中心和深圳证券期货业纠纷调解中心属于事业单位性质，其余商事调解组织均为民办非企业单位。

表4－1 深圳地区登记设立的商事调解组织

序号	成立年份	调解组织名称	组织形式
1	2011	深圳市民商事调解中心	民办非企业单位
2	2013	深圳证券期货业纠纷调解中心	事业单位
3	2014	中国国际贸易促进委员会深圳调解中心	事业单位
4	2019	深圳市蓝海法律查明和商事调解中心	民办非企业单位
5	2020	深圳市罗湖区联和商事调解中心	民办非企业单位
6	2020	深圳市前海国际商事调解中心	民办非企业单位
7	2020	深圳市坪山区商事调解院	民办非企业单位
8	2022	深圳市福田区河套国际商事调解中心	民办非企业单位
9	2022	深圳市光明区润泽民商事调解中心	民办非企业单位
10	2022	深圳市福田区厚德现代法律服务中心	民办非企业单位
11	2022	深圳市罗湖区赟恒金融商事调解中心	民办非企业单位
12	2023	深圳市福田区鹏炬商事调解中心	民办非企业单位
13	2023	深圳市福田区至行商事调解中心	民办非企业单位
14	2023	深圳市罗湖区致和商事调解院	民办非企业单位
15	2023	深圳市罗湖区融关商事调解中心	民办非企业单位
16	2023	深圳市罗湖区华议商事调解中心	民办非企业单位
17	2023	深圳市光明区君诚商事调解中心	民办非企业单位

续表

序号	成立年份	调解组织名称	组织形式
18	2023	深圳市盐田区法信国际海事商事调解院	民办非企业单位
19	2023	深圳市福田区仁合商事调解中心	民办非企业单位

为什么我国绝大多数商事调解组织都以民办非企业单位的形式成立？这一现象背后的原因值得深思。从历史角度来看,自1996年中央和国务院将“民办事业单位”这一概念修正为“民办非企业单位”以来,各类民办非企业单位型组织在政治、经济、文化、教育、科技、卫生等社会领域中发光发热,成为政府与社会之间的纽带,解决社会问题、促进社会稳定与发展,并推动国际交流与合作。从当前情况来看,尽管一些司法解释性文件和地方性法规提到支持商事调解组织市场化运作并适当收取费用,但由于它们的效力等级不高且宣传推广不足,社会影响力实际上有限。此外,由于人民调解概念的泛化,我国民众对“调解”的认知仍停留在免费提供的基本公共服务上,对调解付费的观念尚未完全形成。因此,将调解机构设立为民办非企业单位,是借助民办非企业单位组织的公益性质,以避免引发民众质疑与注册登记困难的无奈之举。

民办非企业单位是公益性质的社会服务机构。在我国市场化调解尚未完全开放的背景下,资质齐备的调解组织选择成立为“民办非企业单位”,可被看作一种权宜之计。然而,随着《新加坡调解公约》的签署和国际商事调解职业化的趋势,市场化调解逐渐得以扩展。最高人民法院在2016年发布的《关于人民法院进一步深化多元化纠纷解决机制改革的意见》中提到,“支持商事调解组织、行业调解组织、律师事务所等按照市场化运作,根据当事人的需求提供纠纷解决服务并适当收取费用”。中共中央、国务院在2019年发布的《粤港澳大湾区发展规划纲要》中也提到,“构建多元化争议解决机制,联动香港打造国际法律服务中心和国际商事争议解决中心”“坚持用法治化市场化方式协调解决大湾区合作发展中的问题”。因此,在市场化调解逐渐放开的背景下,民办非企业单位型调解组织的公益性质反而成为限制其发展的因素。这些民办非企业单位型商事调解组织无法从事营利性经营活动，其资金来源往往依赖法院补贴、政府补贴和社会捐赠。此外，其过多设立也限制了调解组织的多样性。因此，有必要进行商事调解市场供给侧的结构性改革，建立公益性和市场化共存的商事调解组织体系，以更好地发挥市场在资源配置中的关键作用。

二、调解组织的设立条件有待明确

商事调解组织的设立条件，也就是进入商事调解行业的门槛设定问题，是当前学术界和实务界比较关心的议题。因此，如何制定科学合理的设立条件，既不抑制商事调解组织的发展，也不致使商事调解组织无序发展，是当前需要重点解决的问题。由于我国目前尚未制定专门的商事调解法律，商事调解组织的设立缺乏统一的标准指引。国家立法层面的标准缺失，导致实践中各地商事调解组织的设立条件较为混乱，长此以往，恐将不利于商事调解的可持续发展。

从厦门、海南、上海等 10 余省市颁布的多元化纠纷解决地方性立法来看，也几乎没有关于商事调解组织设立条件的规定。目前，仅有《深圳经济特区矛盾纠纷多元化解条例》第 37 条提到，“商事调解组织应当经司法行政部门同意，并依法登记为非营利组织。商事调解组织应当制定组织章程、调解规则，并有自己的名称、住所、人员和资产”。但该条对深圳市商事调解组织的设立条件作了较为宽泛的规定，是否达到以上标准则由司法行政部门进行自由裁量。因此，这一标准的详细程度仍然有所欠缺，难以为发起设立人提供较为清晰的标准指引。在其他多数地方性法规中，即使存在商事调解组织设立规定，也常仅以笼统的表述出现，如《福建省多元化解纠纷条例》第 25 条规定，“鼓励商会、行业协会、民办非企业单位或者具备相应资质的专业机构设立商事调解组织”；《武汉市多元化解纠纷促进条例》第 17 条规定，“鼓励商会、行业协会、民办非企业单位、民商事仲裁机构等设立商事调解组织”。以上条例中所谓“依法成立”的规定，则表现为设立事业单位形式的调解组织需要满足《事业单位登记管理暂行条例》的设立条件，设立民办非企业单位形式的调解组织需要符合

《民办非企业单位登记管理暂行条例》的要求,设立企业形式的调解组织则需满足《公司法》《合伙企业法》《个人独资企业法》等相关法律规定的条件,如表4－2所示。

表4－2 不同形式调解组织需要满足的设立条件

组织形式	设立条件
事业单位	《事业单位登记管理暂行条例》第6条 申请事业单位法人登记,应当具备下列条件:(1)经审批机关批准设立;(2)有自己的名称、组织机构和场所;(3)有与其业务活动相适应的从业人员;(4)有与其业务活动相适应的经费来源;(5)能够独立承担民事责任
民办非企业单位	《民办非企业单位登记管理暂行条例》第8条 申请登记民办非企业单位,应当具备下列条件:(1)经业务主管单位审查同意;(2)有规范的名称、必要的组织机构;(3)有与其业务活动相适应的从业人员;(4)有与其业务活动相适应的合法财产;(5)有必要的场所。 民办非企业单位的名称应当符合国务院民政部门的规定,不得冠以"中国""全国""中华"等字样
公司	《公司法》第23条 设立有限责任公司,应当具备下列条件:(1)股东符合法定人数;(2)有符合公司章程规定的全体股东认缴的出资额;(3)股东共同制定公司章程;(4)有公司名称,建立符合有限责任公司要求的组织机构;(5)有公司住所
合伙企业	《合伙企业法》第14条 设立合伙企业,应当具备下列条件:(1)有二个以上合伙人。合伙人为自然人的,应当具有完全民事行为能力;(2)有书面合伙协议;(3)有合伙人认缴或者实际缴付的出资;(4)有合伙企业的名称和生产经营场所;(5)法律、行政法规规定的其他条件。 第15条 合伙企业名称中应当标明"普通合伙"字样。 第56条 特殊的普通合伙企业名称中应当标明"特殊普通合伙"字样。 第62条 有限合伙企业名称中应当标明"有限合伙"字样
个人独资企业	《个人独资企业法》第8条 设立个人独资企业应当具备下列条件:(1)投资人为一个自然人;(2)有合法的企业名称;(3)有投资人申报的出资;(4)有固定的生产经营场所和必要的生产经营条件;(5)有必要的从业人员

虽然目前还没有统一的立法规范商事调解组织的设立条件,但国内商事调解行业组织进行了有益的实践探索。2021年1月1日,由中国贸促会商业行业委员会与中国贸促会调解中心共同牵头组织起草的《商事调解服务规范》团体标准正式实施,标志着我国商事调解标准化时代的到

来。该标准专门规定了“服务机构要求”与“服务设施”相关要求，对商事调解机构设立的基本条件作了规定（详见表4－3）。详细而言，要求商事调解机构必须具备相应的机构名称和场所、章程或调解管理办法，特定数量的专兼职调解员以及满足特定条件办公场所。作为一项团体标准，《商事调解服务规范》的实施对规范商事调解组织的设立条件、营造健康的商事调解服务生态圈、提高商事调解组织的发展质量具有重要的指引作用。

表4－3　《商事调解服务规范》中的商事调解组织设立条件

基本要求	具体内容
5　服务机构要求	5.1　机构名称和场所 机构名称和场所应满足以下要求：a）是依法设立的法人、非法人组织以及下属机构；b）机构名称中应有“商事调解”字样，或机构名称中含有“调解”字样且业务范围中含有“商事调解”内容；c）场地宜符合本文件第6章所规定的内容 5.2　章程或调解管理办法 章程或调解管理办法宜载明以下内容：a）调解机构的职责和业务范围；b）调解机构负责人的产生方式、职责和变更程序；c）调解机构的内部组织架构；d）调解费收入的分配及调解机构债务的承担方式；e）章程或管理办法的解释和修改程序；f）其他 5.3　调解员 应有专职调解员不少于1名，兼职调解员不少于5名，并以名册形式向社会公示
6　服务设施	6.1　商事调解服务机构宜具备至少四个独立的房间，满足日常办公，接待咨询、召开调解会议、背对背调解、当事人休息等需要。 6.2　服务场地环境风格应注意营造和谐氛围，并考虑不同文化背景当事人的感受和需求。 6.3　服务机构应备置符合调解特点和需求的，高效便捷的办公设备和设施，可视情况备置在线调解设备和设施。 注：设备和设施包括但不限于白板、复印机、打印机、电脑、投影仪或电子屏幕、饮水机、桌牌、纸笔、空调、暖气（或地热）。 6.4　调解设备和设施的功能与使用方式应符合调解对私密性和信息安全的要求

综合前文对我国商事调解组织设立条件的分析，可以发现，我国未制定全国性法律以统一规定商事调解组织的设立条件和准入门槛，并且地方性法律规范对商事调解组织的设立条件也缺乏详细规定。在实践中，

商事调解组织的“依法设立”只能依据《公司法》《个人独资企业法》《事业单位登记管理暂行条例》《社会团体登记管理条例》《民办非企业单位登记管理暂行条例》等规范性文件的通常性规定。缺乏全国统一的设立标准,导致我国实践中的商事调解组织虽然形式多样化但普遍缺乏竞争力和影响力。《商事调解服务规范》虽然在商事调解组织设立要求方面提供了详尽规定,但该标准并非法律规范,仅属于推荐性标准而非强制性规范。除约束自愿接受并采用该标准的商事调解组织外,服务规范并不具备广泛适用的法律约束力。因此,以立法形式进一步明确商事调解组织的设立条件,是规范和保障商事调解组织有序发展的当务之急。

三、调解组织的监管机制有待健全

科学完备的行业监管体系是商事调解组织有序发展的根本前提,缺乏明确统一的监管单位和行业管理标准无疑制约了中国商事调解的协调发展。

1. 商事调解监管部门不统一

《中共中央关于深化党和国家机构改革的决定》明确指出,深化党和国家机构改革应当遵循“优化协同高效”原则,包括坚持“一类事项原则上由一个部门统筹、一件事情原则上由一个部门负责”,加强相关机构配合联动,避免政出多门、责任不明、推诿扯皮。同时,我国一直在努力构建以人民调解为基础,人民调解、行政调解、行业性专业性调解、司法调解优势互补、有机衔接、协调联动的大调解工作格局。在这一背景下,全国调解行业需要满足“优化协同高效管理”的要求,确保有明确的归口管理部门来负责统筹和监管。以人民调解为例,根据我国《人民调解法》第 5 条的规定,国务院司法行政部门负责指导全国的人民调解工作,县级以上地方人民政府司法行政部门负责指导本行政区域的人民调解工作。同时,基层人民法院对人民调解委员会调解民间纠纷进行业务指导。在明确的监管和业务指导下,中国的人民调解工作取得了显著进展。根据司法部的数据,截至 2023 年年底,中国拥有 69.3 万个人民调解委员会,形成了覆盖城乡,涵盖重点领域、重点单位的广泛组织网络。2022 年,通过人民调解方式解决的矛盾纠纷高达 1494 万件,2023 年上半年,这一数字已经达到了 877 万件。这再次凸显了相关部门的支持和引导对行业发展的重要性。

为了更深入了解商事调解组织在实际监管中的现状,本报告通过"天眼查"数据库和"全国社会组织信用信息公示平台"对全国注册设立的商事调解组织的主管单位进行了统计分析。如图 4 -1 所示,虽然大部分商事调解组织均由司法行政部门指导和监督其商事调解业务的开展,但也存在其他部门主管的情况。这些非司法行政部门的主管单位包括工商业联合会、仲裁委员会、商务局、法学会、贸促会等。这一现象主要因为我国的商事调解组织类型多样,不同类型的社会组织又分属于不同的管理部门。因此,商事调解组织的监管部门不一的情况更加明显。

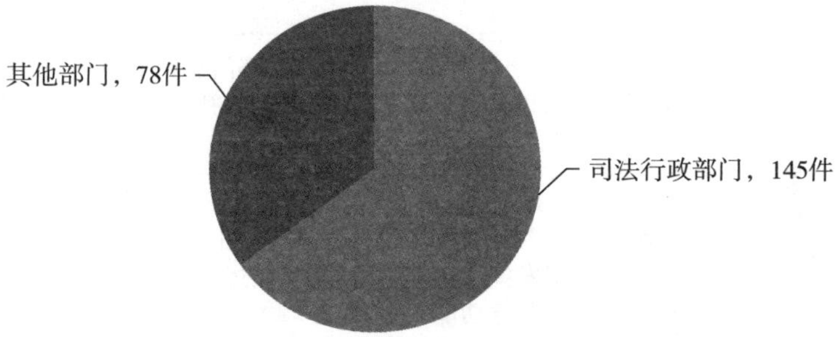

图 4 -1　商事调解组织主管部门情况

2. 商事调解监管规范不统一

我国缺乏统一的商事调解立法,商事调解的相关规范分散在多个司法解释性文件和地方性法规中,导致相关监管规定碎片化,往往过于笼统,缺乏可操作性。具体而言,这些不同地区之间的规定存在一定的相似性,主要关注司法行政部门的监督和指导,以及鼓励商事调解组织成立行业协会(见表 4 -4)。

表 4 -4 部分地方性法规中商事调解组织的监管规定

地方性法规	相关行业监管规定
《安徽省矛盾纠纷多元化解促进条例》	第 48 条 司法行政部门和有关行业主管部门应当建立健全调解组织名册和调解员名册管理制度,加强对调解组织和调解员的监督管理
《福建省多元化解纠纷条例》	第 57 条第 1 款 司法行政部门和有关行业主管部门应当加强对调解组织和调解员的监督管理,规范调解员业务培训、回避和惩戒等管理制度,建立调解组织和调解员名册并向社会公开,接受社会监督
《杭州市社会矛盾纠纷多元化解办法》	第 24 条第 2 款 相关行政主管部门应当依法对商事调解组织开展商事调解进行指导、监督
《河北省多元化解纠纷条例》	第 64 条第 1 款 司法行政部门和有关行业主管部门应当加强对调解组织和调解员的监督管理,规范调解员回避和惩戒等管理制度,建立调解组织和调解员名册并向社会公开,接受社会监督
《江西省矛盾纠纷多元化解条例》	第 45 条 司法行政部门、有关主管部门和行业协会应当建立健全调解组织和调解员名册管理制度,向社会公开名册信息,加强对调解组织和调解员的监督管理
《辽宁省矛盾纠纷多元预防化解条例》	第 23 条 鼓励各类社会组织参与社会事务、维护公共利益、救助困难群众、帮教特殊人群、预防违法犯罪,支持行业协会、商会等社会组织发挥对其成员行为引导、规则约束、权益维护的行业自律和专业服务功能
《浦东新区促进商事调解若干规定》	第 8 条第 2 款 区司法行政部门应当对调解行业协会和纳入名册的调解组织、调解员加强指导和管理。纳入名册的调解组织、调解员开展或者参与商事调解活动的管理办法,由区司法行政部门根据实际情况另行制定或者提请相关部门制定
《厦门经济特区多元化纠纷解决机制促进条例》	第 73 条 司法行政部门和有关主管部门,应当建立健全调解组织名册管理制度,加强对调解组织和调解员的监督考核。调解组织名册应当向社会公开,接受社会监督
《上海市促进多元化解矛盾纠纷条例》	第 17 条 本市鼓励登记为社会服务机构的调解组织发展,探索设立市场化运行的调解组织,由司法行政部门进行业务指导和监督。 第 22 条 司法行政部门应当建立健全调解组织和调解员名册管理制度,加强对调解组织和调解员的监督。调解组织和调解员名册应当向社会公开,接受社会监督

续表

地方性法规	相关行业监管规定
《深圳经济特区矛盾纠纷多元化解条例》	第 41 条　司法行政部门应当指导和监督商事调解活动,推动建立商事调解行业诚信体系,并定期向社会公开监督管理情况。 第 42 条第 1 款　商事调解组织可以依法成立行业组织,并依照法律法规和章程的规定开展行业自律管理

从表 4 –4 可以看出,尽管各地已有不少提及司法行政部门提供商事调解业务指导和监督,鼓励成立行业协会的相关规定,但总体而言相对粗糙,可操作性不强。纵观全国,我国有关商事调解监管规定最为完善的当属《深圳经济特区矛盾纠纷多元化解条例》,该条例正式以立法形式肯定了"司法行政管理 + 行业自治管理"的商事调解行业监管模式,对商事调解监管具有引领和探索意义。《深圳经济特区矛盾纠纷多元化解条例》明确提出,司法行政部门应当指导和监督商事调解活动,推动建立商事调解行业诚信体系,并定期向社会公开监督管理情况。此外,商事调解组织可以依法成立行业组织,并依照法律法规和章程的规定开展行业自律管理。商事调解行业组织可以开展商事调解组织等级评定,并将等级评定情况通报司法行政部门和人民法院。可见,作为中国特色社会主义先行示范区,深圳在商事调解领域扮演了先行先试的开拓者、探索者角色。

在《深圳经济特区矛盾纠纷多元化解条例》颁布之前,深圳市实际上已经成立了全国首个专门的商事调解协会——深圳市商事调解协会。深圳市商事调解协会自成立以来,积极履行职责,陆续制定了《深圳市商事调解协会会员管理办法(试行)》《深圳市商事调解协会商事调解员资格评审规则(试行)》等行业规则。此外,其还鼓励企业在提起诉讼之前将商事调解作为首选解决纠纷的方式,特别在金融、科技、建筑等领域推动"调解优先"活动。这一系列举措使深圳商事调解的发展氛围日益浓郁,深圳市商事调解协会因此受到业界的高度认可和赞扬。《深圳经济特区矛盾纠纷多元化解条例》颁布以来,深圳成立了多家商事调解组织,并成立了全市第二家商事调解协会——深圳市光明区商事调解协会,这表明行业监管规范对行业发展起到了重要推动作用。但从全国范围来看,除深圳的两家商事调解协会外,全国也只有广西壮族自治区成立了另外的商事调解协会,各地与商事调解相关的监管规范仍相当缺乏。因此,我国迫切需要通过国家层面的立法规范商事调解行业监管,以满足日益增长的监管需求。

四、调解组织的内部治理有待加强

完善的内部治理规则是规定调解组织人、财、物等各方面相关活动的基本准则,构成了调解组织规范职、责、权的动态结构体系,对调解组织的健康发展至关重要。从立法层面来看,一些地区的多元化纠纷解决法规已经明确提及商事调解组织应该制定相关内部规则。例如,《武汉市多元化解纠纷促进条例》第 25 条规定:"商事调解组织应当制定和完善调解规则,依法调解商事纠纷。"《厦门经济特区多元化纠纷解决机制促进条例》第 54 条第 2 款规定:"商事调解组织应当制定机构章程、调解规则。"《海南省多元化解纠纷条例》第 15 条规定,"国际商事调解机构应当制定调解规则,明确调解员任职条件,并予以公布"。然而,从实际操作层面来看,我国只有少数成立时间较长、规模较大、专业性较强的商事调解组织制定了较为完整的内部治理规则(见表 4－5)。

表 4－5　部分商事调解组织规则建设情况

调解组织名称	主要规则	其他规则
中国国际贸易促进委员会/中国国际商会调解中心	《中国国际贸易促进委员会/中国国际商会调解中心调解规则》	《调解员守则》 《调解员聘任管理办法》 《调解员培训管理规定》 《调解员行为考察规定》 《调解费用表》
上海经贸商事调解中心	《上海经贸商事调解中心调解规则(试行)》	《上海经贸商事调解中心调解员守则》 《上海经贸商事调解中心收费办法(试行)》 《上海经贸商事调解中心调解员聘任及考核管理办法》 《上海经贸商事调解中心调解员培训管理办法》

续表

调解组织名称	主要规则	其他规则
北京多元调解发展促进会	《北京多元调解发展促进会章程》 《北京多元调解发展促进会调解规则(试行)》	《北京多元调解发展促进会调解员守则》 《北京多元调解发展促进会调解员聘用管理办法》 《北京多元调解发展促进会调解员培训考核规定》 《北京多元调解发展促进会调解员培训计划》
北京融商一带一路法律与商事服务中心一带一路国际商事调解中心	《北京融商一带一路法律与商事服务中心一带一路国际商事调解中心调解规则》	《北京融商一带一路法律与商事服务中心一带一路国际商事调解中心收费管理办法》 《北京融商一带一路法律与商事服务中心一带一路国际商事调解中心调解员行为规范》 《北京融商一带一路法律与商事服务中心一带一路国际商事调解中心调解员任职条件》 《北京融商一带一路法律与商事服务中心一带一路国际商事调解中心调解流程》
厦门市经贸商事调解中心	《厦门市经贸商事调解中心调解规则》	《厦门市经贸商事调解中心收费标准(试行)》 《厦门商事调解中心调解员守则》
深圳市前海国际商事调解中心	《深圳市前海国际商事调解中心调解规则(试行)》	《深圳市前海国际商事调解中心调解收费办法(试行)》 《深圳市前海国际商事调解中心调解员守则(试行)》

在实践中,商事调解组织的内部规则体系通常包括调解程序、调解费用、调解员聘任和调解员行为规范等方面的规则。表 4－5 中列举的国内知名调解机构大多也制定了上述规则。然而,根据本报告对全国登记设立的商事调解组织的统计,有 75% 以上的商事调解组织开办资金不超过 10 万元,55% 以上的商事调解组织开办资金不超过 5 万元,这说明我国有大量的中小型商事调解组织。由于规模较小,资金相对薄弱,这些商事调解组织在组织机构设置和内部规则建设等方面普遍不如知名调解组织完善。另外,从调查问卷的反馈结果也可以看出许多调解组织在规则建设方面的不足之处,尤其是在调解员行为规则和调解收费规则方面(见图 4－2)。

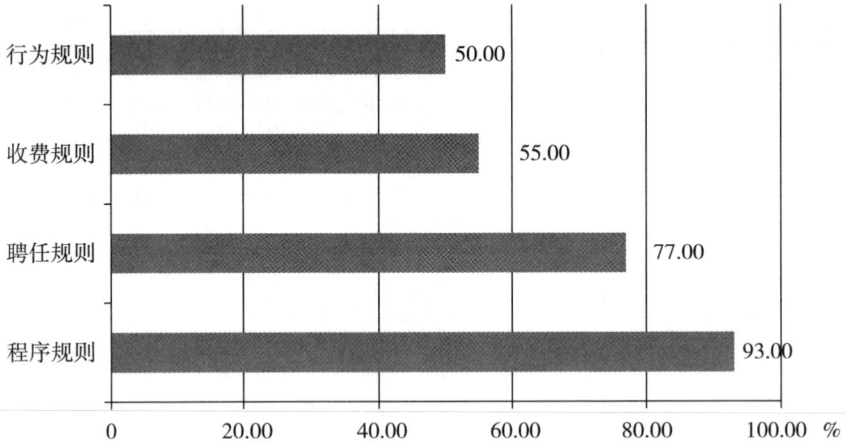

图4-2 调解组织规则建设情况

有一个完整、成熟的内部规则体系对促进商事调解组织的专业化和规范化发展至关重要,而缺乏完善的内部规则体系将会限制商事调解组织的可持续发展。因此,我国有必要通过统一立法的形式规范商事调解组织的内部运作机制和治理方式,使各类调解组织可以制定内部规则有法可依、有章可循,从而确保商事调解组织合法有序开展调解活动,推动商事调解行业的健康发展。

第二节 商事调解的职业化中的问题

在社会学上,"职业化"是指一个行业通过控制教育、行业准入、职业团体、伦理规范等方式形成自治性的职业共同体并获得市场垄断地位的社会过程。[1] 这个过程的核心特征在于对行业准入的控制和对服务产出的控制。早有学者指出,调解员职业化已是调解在全球领域呈现出的发

〔1〕 参见刘思达:《中国法律的形状》,载《中外法学》2014年第4期。

展趋势之一。[1] 而在我国,推动调解职业化的努力也早已付诸实践。2022 年,在人力资源和社会保障部公示的最新《职业分类大典》中,"调解员"已成为一种职业名称,属于"法律事务及辅助人员"目录中的一类人员。这意味着调解作为一项职业正式得到了国家层面的认可。而商事调解作为调解领域中最符合职业化发展要求和最具备职业化发展条件的类型,更应该走在调解职业化的前列。

事实上,我国商事调解在发展之初就意识到商事调解的组织形式和运作方式超出了现有调解法律所能涵盖的制度范畴,[2] 从而注重吸收国际上的先进经验,强调调解人员的专业性和调解市场化运作,在调解组织的设立、调解员的资格、调解队伍的培训、调解员的职业操守、调解的收费等方面进行了有益的探索,并取得了一定的进展。然而,整体来看,我国的商事调解职业化仍处于初步阶段,许多问题亟待解决。本部分正是立足于全国各地的实践情况,从职业准入、职业训练、职业保障这三个"职业化"的基础内容着手,试图发现、找到并指出这些问题,以引起有关部门的重视。

一、职业准入:未兼顾多样性与一致性

准入资格的规制是商事调解走向职业化的开始,为商事调解员设定一定的准入门槛既是出于保护公众利益的需要,也是保障商事调解质量的需要。鉴于商事调解服务不会直接影响公共利益,我国与大多数国家一样,对商事调解职业的准入采用认证制,即获得认证不是执业的先决条件,但可以确认获得认证的人员已经达到了特定的标准。目前,各个商事调解组织根据其发展理念、业务需要设定准入条件,建立调解员名册,但对职业准入的控制未能在多样性和一致性之间做到均衡,存在主体不一、标准不同、程序不当等问题,具体表现如下所述。

---

〔1〕 参见[新加坡]娜嘉·亚历山大:《国际调解十大发展趋势》,赵蕾、樊文颖译,载《商事仲裁与调解》2021 年第 3 期。

〔2〕 参见赵毅宇:《中国商事调解立法模式选择及其展开》,载《法学杂志》2023 年第 3 期。

1. 认证主体缺乏统一监管

我国没有一部统一商事调解专门法,商事调解员的任职资格由各商事调解组织自行把握。由于没有一个主管部门对商事调解组织制定的调解员准入标准进行审查,各个商事调解组织之间的任职条件差异较大,甚至存在相互冲突的情形。首先,有些商事调解组织设立的任职条件宽松,将商事调解员的任职资格与人民调解员任职资格等同,与商事调解的需求不能完全匹配,难以契合商事纠纷和商事调解的特殊性;〔1〕而有些商事调解组织设立的任职条件过于严苛,设立一些与调解能力无关的要求,将一些合格的商事调解员排除在外。商事调解组织各自为政,标准差异过大,会令公众对认证产生困惑,削弱社会对商事调解行业的信心。其次,商事调解组织之间存在一定竞争关系,相互不认可对方的认证标准。调解从业者为了加入不同的调解组织,需要投入大量的时间和精力应对不同的认证标准,造成成本的增加和资源的浪费。

2. 认证标准缺乏科学论证

调解是一种与调解员个人经验、能力、知识乃至人格魅力密切相关的实践活动。〔2〕 商事调解员的资格认证应根据商事调解的特点,围绕调解员的调解技能和道德品质设定公平客观的标准。许多商事调解组织对申请者的学历提出较高要求,要求具备大学本科以上学历,但没有证据表明,拥有本科以上学历与调解能力之间有任何联系,使用学位作为认证标准会给有能力的调解员设置准入障碍,不利于商事调解领域的多样性。调解所需的三种核心能力是倾听能力、使用清晰中立语言的能力以及处理复杂事务的能力,调解技能的培训和调解的实务经验才是保证调解员核心能力的重要因素。部分商事调解组织虽然认识到调解培训和调解经验的重要性,但对具体的调解时长和调解个案的数量没有作出具体的要求,仍然无法保证认证的有效性。

---

〔1〕 参见刘沁予:《〈新加坡调解公约〉签署后我国商事调解员的任职资格》,载《商事仲裁与调解》2022 年第 3 期。

〔2〕 参见范愉:《纠纷解决的理论与实践》,清华大学出版社 2007 年版,第 482 页。

3. 认证程序缺乏综合评估

申请担任商事调解员,一般需要经过以下流程:第一步是填写调解员申请登记表,提交商事调解组织;第二步是由商事调解组织对调解员申请登记表进行初步审查;第三步是商事调解组织专家对申请材料进行评审;第四步是对通过认证的商事调解员颁发聘书,列入名册;第五步是在商事调解组织网站及相关媒体公布。从上述流程可以看出,商事调解组织对调解员的资格评审基本采取书面审查的方式,但调解是一项实践性很强的活动,是否适合担任调解员的角色,仅凭书面审查难以确定,需要通过综合评估才能判断。当前的评审过于简单和片面,主观性较强。

二、职业训练:供给难以满足市场需求

职业化强调执业者具备独特而又专业的技能,而职业技能的获得,应当是在系统训练的基础上,通过不断的实践而习得,[1]故职业训练是职业化的必备内容。已建立资格准入的商事调解组织多数将培训作为获得准入资格的先决条件,同时将继续培训作为续职的必要条件,但商事调解职业训练的供给在数量和质量上难以满足商事调解训练的需求,商事调解职业培训供给不足与需求旺盛之间的矛盾比较突出。在针对55名商事调解员进行的一项问卷调查中,31%的调解员没有参加过任何培训,11%的调解员参与培训的时间在1天以内,培训时间在5天以上的调解员仅占33%(见图4-3)。

---

〔1〕 参见蔡伟:《论法律职业化》,载《宁夏社会科学》2008年第1期。

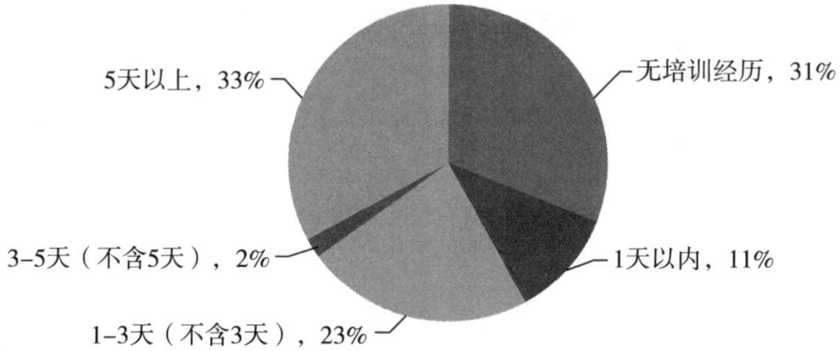

图4-3　调解员培训经历

1. 商事调解职业训练机构的数量不足

我国能提供商事调解职业训练的机构主要包括三类:一是具备调解培训资格的专门机构。最具代表性的是上海经贸商事调解中心与上海交通大学于2013年年底合作成立的上海凯声商事专业调解资格培训中心,该中心是全国首家专业从事调解员技能培训的市场化运营的非官方机构。二是商事调解组织。中国贸促会调解中心几乎每年都会举办调解员培训活动,与国外知名调解培训机构合办培训课程。三是高等院校。湘潭大学法学院、上海政法学院为在校学生开设谈判和调解等专业课程,同时接受相关部门和调解组织的委托,为调解员进行专项培训。虽然商事调解培训受到各方重视,并在组织建设上有一定发展,但跟不上商事调解培训需求的增长。具体表现在:专业性调解培训机构成立条件严格,难以获得主管机构审批;商事调解组织主要以提供调解服务业务为主,培训能力有限;大多数法学院未开设系统化、专业化的调解学课程。同时,英国、美国、新加坡等地的调解培训机构难以进入我国市场,且培训收费过高,提供的课程不完全符合我国的国情、文化和传统,接受范围不广。

2. 商事调解职业训练的内容缺乏层次性

从纠纷的复杂程度来看,商事纠纷有难易之分;从纠纷涉及的领域来看,商事纠纷可分为加工、投资、贸易、金融等类型;从纠纷涉及的区域来看,商事纠纷可分为国内纠纷和国际纠纷;从纠纷的标的来看,商事纠纷可分为小额、大额、巨额等类别。不同的商事纠纷对调解员的要求不同,复杂纠纷要求调解员的经验更丰富、知识更全面；涉外纠纷要求调解员掌握外语交流能力，对国外的法律制度有一定了解。这种差异性在对商事调解员的培训上应有不同体现，但是大部分商事调解培训机构的培训重点不突出，特色不鲜明，对新入职的调解员和任职多年的调解员、主要处理国内纠纷的调解员和主要处理国际纠纷的调解员，在培训内容上未作区分。

3. 商事调解职业培训的质量有待提高

首先，在教学方法方面，由于调解是一项实践性很强的活动，角色扮演或个案分析是国外通行的培训方法，但我国大部分调解培训主要采取以课堂讲授为主的教学方法，理论知识培训较多，实操培训较少，师生之间缺少互动，学员的参与度不高，对调解原理与实务的思考和分析不够。其次，在培训师资方面，培训导师主要由高校学者和实务工作者组成。高校学者有深厚的理论功底，但缺乏调解实践，讲授的内容与实务操作存在一定的脱节；实务工作者有丰富的调解经验，但缺乏提炼和总结，个人色彩浓厚，难以复制和推广。最后，在教材质量方面，权威性和系统性的商事调解培训教材比较匮乏，除部分高校如湘潭大学、汕头大学、中国人民大学编写的调解员培训通识教材外，少有专门针对商事调解的培训教材。

三、职业保障：理想与现实之间的差距

商事调解职业化的形成需要一系列措施来保障队伍的稳定和相对自主性，其中最主要的措施是职业待遇保障和职业伦理保障。我国商事调解组织借鉴国外的经验，确定了市场化运作的发展方向，制定了商事调解服务收费标准，并以行为规范、行为规则等文件明确了称职、中立、自愿、保密、利益披露等基本职业伦理准则，为商事调解的职业保障奠定了初步的基础，但在运行过程中，依然问题较多。根据对调解员的问卷调查，调解收入较低（占被访者的60%）、调解案源较少（占被访者的50%）、调解认可度不高（占被访者的58%）是商事调解面临的主要问题（见图4－4）。

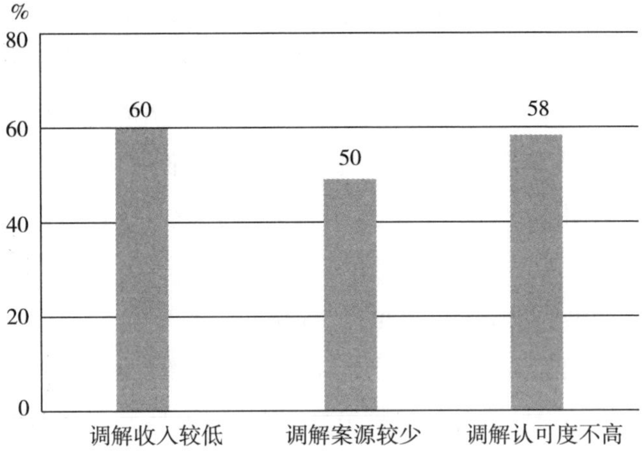

图 4 -4 调解工作中面临的主要困难

1. 商事调解组织制定的收费标准难以实施

在独立收案方面,商事调解与诉讼、仲裁等其他商事纠纷解决方式相比,具有一定的成本优势,但在与人民调解、司法调解等免费调解的竞争中处于不利地位。商事主体对商事调解服务尚未形成付费理念,习惯使用免费调解服务,选择有偿调解服务的意愿不强,独立收案很难成为商事调解组织盈利的主要来源。在法院转介的案件方面,与法院建立诉调对接机制的商事调解组织,按照特邀调解的相关规定,往往只能在调解成功后依靠法院发放的误工、交通津贴等获得一些补偿,即使在试行市场化解纷机制的法院,对商事调解组织的收费标准也有严格限制,要求收费的标准不得高于诉讼费的50%。商事调解职业不以追求利润最大化为目的,但应是从业人员的主要生活来源和在社会上的立足之本。商事调解收费过低,不利于吸引更多专业人才投身商事调解服务。

2. 商事调解员的工作量严重不饱和

从各商事调解组织建立的名册来看,调解员数量一般在百名左右,但调解案件的数量普遍不理想。据上海经贸商事调解中心介绍,其成立伊始年平均受理案件数量仅为 5 个至 6 个。之后案件数量逐年上升,自 2011 年至 2023 年上半年,正式受理的案件共计 2562 件。按调解中心共

94名调解员计算,平均每人每年调解的案件数量不到3件。在面对“每月用在调解工作上的时间为多少小时?”时,31%的调解员没有调解任何案件,38%的调解员每月用在调解上的时间不足20小时(见图4-5)。与此形成对比的是,法院普遍面临案件不断增长的压力和“案多人少”的困境。商事纠纷未能有效从诉讼渠道分流到调解渠道,导致商事调解资源得不到合理配置和充分利用,严重影响了商事调解员的积极性,不利于商事调解组织发展壮大。

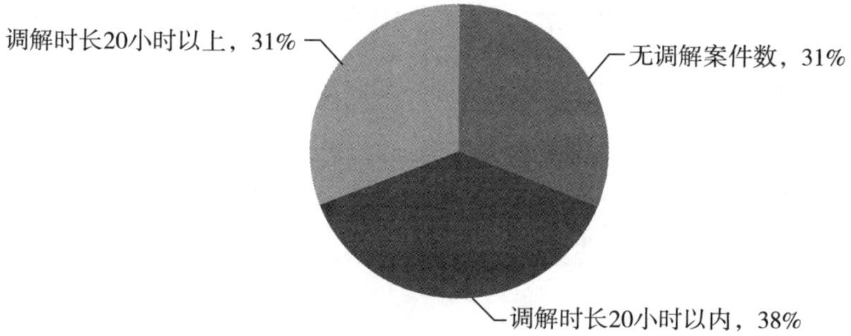

图4-5 调解员每月平均调解时长

3. 商事调解职业伦理规范不够严密

从数量上看,各商事调解组织出台的职业伦理规范条文较少,一带一路国际商事调解中心和上海经贸商事调解中心的行为规范条文分别为8条和10条,中国贸促会调解中心的行为规范条文稍多,但也只有22条。从内容上看,职业伦理规范中原则性规范较多,可操作的规则性规范较少,对实务的指导意义有限。以中立原则为例,中立在不同的语境下有不同的含义,包括无利害关系的中立、公平的中立、不偏不倚的中立等。中立并不是一个单一内涵的概念,具有高度的复杂性和视情况而变动的特征。如果商事调解组织仅仅从一个侧面或一个角度规定中立的标准,调解员就会面临消极中立无助于实现公平,积极干预损害合意的两难选择。

4. 商事调解职业伦理规范未真正实施

从对商事调解员失范行为的惩戒情况来看,很少看到相关的报道。一方面是商事调解组织对调解员的失范行为持宽容态度,另一方面是商事调解组织对调解员的惩戒基本上不公开,无法为公众所及时了解。除了对商事调解员的失范行为未严肃认真处理,商事调解组织本身对职业伦理规范也未严格遵守。以商事调解最重要的保密原则为例,商事调解程序是不公开的程序,目的是尊重当事人的隐私和秘密,但商事调解组织或法院为了扩大商事调解的影响力,将一些具有重大影响的商事调解案件进行公开,甚至定期举办典型调解案例的评比活动,违背了调解保密的基本原则。比如,某唱片公司与某互联网公司之间的音乐作品著作权系列案,不仅未对案件当事人的信息进行隐名处理,而且详细描述了调解过程,公开了具体的调解结果。

第三节　商事调解的市场化

2019 年以来,习近平总书记“把非诉讼纠纷解决机制挺在前面”的要求和《新加坡调解公约》的签署,给我国商事调解的发展注入了强大的动力,而推进商事调解市场化作为发展的重要举措也被提上了议程。然而,商事调解的市场化需要具备一些前提条件。从目前的发展状况来看,这些前提条件还未得到充分满足,商事调解的市场化道路还存在许多阻碍。本部分将从商事调解市场化的概念及其构成的要素出发,对其面临的种种阻碍进行梳理和阐释。

一、商事调解市场化及其要素

深圳、上海等多地的调研情况显示,社会各界对商事调解的了解尚不深入,对商事调解市场化以及如何市场化的认识不明晰,观点存在较大差异,尚未形成统一认识。例如,有人认为商事调解市场化就是允许商事调解组织收费,开展营利性活动;而有人认为商事调解收费并不一定就是市场化,使用“市场化”这个概念应该谨慎。有人认为商事调解市场化就是放开准入门槛,允许各商事调解主体进行公平竞争、优胜劣汰;而有人认为商事调解市场化不能离开监管,前期应该对商事调解组织进行规范和限制。事实上,不同的观点背后代表着不同的立场。相关政府主管部门基于其职责所在,更希望对商事调解组织进行规范和限制,以防出现市场混乱;现有民办非单位企业等非营利性商事调解组织从自身生存的角度出发,希望商事调解组织设置一定的门槛,从而避免大量不具有相应资质和能力的组织进入市场,避免由此带来的市场混乱和无序竞争,且部分代表认为商事调解收费不一定就是要走市场化之路,尤其是当前我国商事调解尚处于起步阶段,更不应当贸然走市场化的道路;而律师及其他想加入商事调解行列的群体,则希望尽量打开目前封闭性的状态,放宽对商事调解组织的限制,促进商事调解进一步市场化。正因为不同立场和视角对商事调解市场化的理解存在较大的差异性,因而有必要从理论的视角对该概念进行正本清源,并结合我国实际对该概念进行全面的阐释和说明,从而寻求达成共识的空间并以此出发更好地探索出符合我国国情的市场化道路。

实际上,公众对市场的概念并不陌生,在不同的领域和场合均会适用。通常情况下,它是指各方交易商品的场所或商品交换的领域。在营销学上,市场是指一群具有相同需求的潜在顾客,他们愿意以某种有价值的东西来换取卖主所提供的商品或服务,这样的商品或服务是满足需求的方式。〔1〕 但"市场化"这一概念是从宏观制度建构层面来理解的,它可以被界定为促使一个各方参与交换的制度、机制和程序形成的过程,与此相对应,市场则泛指各方参与交换的制度、机制和程序。同时,作为资源配置的方式,它与政府的行政命令相对,是指在开放的市场中,用市场机制而非行政命令方式实现资源配置。〔2〕 尽管对市场的概念存在普遍认识,但它却更多被经济学家所关注。在经济学上,市场的形成一般需要具备三个基本条件:存在可供交换的商品;存在提供商品的卖方和具有购买

---

〔1〕 参见[美]小威廉·D. 佩洛特、[美]尤金尼·E. 麦卡锡:《营销学基础》(第 15 版),胡修浩译,上海人民出版社 2006 年版,第 59 页。

〔2〕 参见陈传明主编:《管理学》,高等教育出版社 2019 年版,第 39 页。

欲望、购买能力的买方;具备买卖双方都能接受的价格。

根据上述理解,可以将商事调解的市场化界定为:促使商事调解主体以合适的价格提供商事调解服务,并与有调解服务需求和相应购买能力的商事主体进行有偿交换,从而逐渐形成一套制度、机制和程序的过程。其目的是引入竞争机制,在商事调解主体与商事主体之间形成有序的有偿交换,并实现供需平衡。可见,"市场化"可以从"供给""需求""价格"三个要素加以理解:对于供给方,它能够提供满足用户需求的商品,即专业化的商事调解服务;对于需求方,它有购买相应服务解决问题的需求及相应的购买能力;而商品价格则影响着供需关系,需要合理的商事调解收费制度。在此基础上,结合当前商事调解发展的现状,还可以对商事调解市场化作更具体化的解释:

第一,商事调解市场化意味着商事调解服务的供应从主要由政府(公益性)供应到主要由市场(营利性和非营利性)供应,但这并非排斥政府供应,而应是公益性和市场化相结合,市场化的过程就是逐步提高市场供应比重的过程,但由于纠纷解决的特殊性,公益性的商事调解服务不可能完全被市场取代。

第二,商事调解市场化旨在形成供需平衡、交易有序的市场体系,虽然营利是绝大部分市场主体进行经营活动的目的,但在商事调解市场化过程中,政府因提供商事调解服务而收取的费用并不具有营利性,其主要目的是弥补相应成本。换言之,市场主体提供商事调解服务可以具有一定的营利性,但由于调解服务的特殊性,市场主体的营利性应该受到一定的限制。这里容易产生的误解就是,不少人认为商事调解市场化就是要大量增加营利性的商事调解组织、大幅提升其市场比重。然而,从本报告对当前商事调解组织发展状况的调研和分析来看,这不太契合我国当前的体制与经济环境状况。简言之,市场上商事调解服务的提供者,由营利性组织和非营利性组织构成,但市场化不一定就是完全以营利为目的,完全按营利模式运行,并由营利性组织占据市场多数。事实上,何者占据多数,这需要综合考量各国各地的政治经济体制、市场环境等诸多因素。而从我国目前的国情状况及商事调解的发展形势来看，由于强调监管的体制逻辑和思维习惯并未改变，公司制商事调解组织的注册端口也未完全打开，据此不难推测：我国在推动商事调解市场化的过程中，市场建立初期乃至未来较长的一段时间内，非营利性商事调解组织仍将作为主要的服务主体并在一定程度上引领市场的发展。当然，这不是否认自由竞争、逐利等市场的一般特征及其规律，而是我国尚不具备充分的市场基础和社会条件，因而在市场化的过程中选择更可控的、不以逐利为宗旨的非营利性组织作为重点发展的对象，更具有现实的可能性。

第三，商品的价格影响着供需关系，但也同样地受到供需关系的影响，因而商事调解组织收费需要制定一个“合理”的价格。而作为“合理”的价格，应考虑到商事调解组织提供商事调解服务的成本、质量和商事主体的购买需求、愿意为解决纠纷付出的成本等，它不能完全由商事调解组织内部自主决定，而是会受到市场行情的影响，同样也要接受政府的指导和监督。

二、商事调解市场化中的供给

1. 供给方的类型

根据经济学的相关原理，商品和服务的供给既可以交给政府也可以交给市场。前者意味着公益、廉价甚至是免费，而后者则是有偿、价高且更为优质。具体到商事调解领域，目前商事调解服务的供给方大概可分为两大类：一是法院和仲裁机构，它们分别在诉讼和仲裁的过程中提供免费的调解服务（因已收取了诉讼费和仲裁费，调解在一定程度上可视为附带性的免费服务）。二是相对独立的专门性商事调解组织（本报告主要讨论的对象）和其他调解组织（主要是人民调解组织以及各行各业内部成立的不具有独立资格的调解组织）。独立的专门性商事调解组织根据组织性质，又可以分为非营利性商事调解组织和营利性商事调解组织。非营利性商事调解组织在我国一般以民办非企业单位的组织形式出现，而营利性商事调解组织则以公司、合伙企业等组织形式出现。在经济学意义上,法院、仲裁机构可视为由政府提供,因其属于向社会提供必要的公共服务而不涉及市场化的问题;人民调解组织因其立法规定的公益性,当前不可能市场化,其性质也不适合市场化,长期以来其资金来源也主要是中央和地方的财政支持,仍属于政府提供的范畴;而唯有相对独立的专门性商事调解组织才涉及走市场化道路的问题。

2. 供给方的供给障碍

(1)供给方资格障碍

为保障市场的有序运作,一般情况下,进入市场成为供给方需要满足一定的条件。在商事调解领域,对于不同类型的供给方,其设立条件也不尽相同。从表面上看,似乎商事调解组织只要满足既定的条件即可成立,实则不然,从全国各省市的实践情况来看,商事调解组织的成立并非易事,存在不小的准入阻碍。

根据其组织性质和形式,我国目前商事调解组织形式主要有:事业单位、社会团体、民办非企业单位、公司、合伙企业和个人独资企业。其中,事业单位、社会团体、民办非企业单位属于非营利性商事调解组织,公司、合伙企业和个人独资企业属于营利性商事调解组织。就非营利性商事调解组织的成立而言,在我国对社会组织实行严格的管理政策的背景下,无论事业单位、社会团体,还是民办非企业单位,其成立均实行较为严格的审核制。事业单位的成立要求之一是“经审批机关批准设立”。而“批准设立”不仅意味着能否成立几乎完全取决于审批机关的意见,而且通常需要经过烦琐的审批程序。而该组织形式基于其性质和定位不会也不该成为商事调解组织的主流。社会团体和民办非企业单位成立的要求之一是“经业务主管单位审查同意”。相对于“批准设立”,从字面意思来理解,“审查同意”的要求应该相对宽松,但现有的法律规范体系中并未明确规定商事调解的业务主管单位是哪个部门。一般认为,司法行政部门作为人民调解和行政调解的指导部门,应该由其担任所有调解业务的主管单位。部分地方,在推动商事调解发展的过程中也出台了相应的规定,明确由司法行政部门负责对商事调解组织的成立进行审查或者备案。但这也仅是少数地方的先尝先试，全国大部分地方的“业务主管单位”难以确定，从而也就无法达到成立的条件。而且，即便是明确了“业务主管单位”的地方，司法行政部门也非常谨慎地控制“审查同意”的组织数量。例如，深圳市的司法行政部门就有意识控制各区的商事调解组织数量，一般每个区仅允许成立1－2家民办非企业单位性质的商事调解组织。

由于我国的工商登记采取的是形式审查为主、实质审查为辅的原则，更符合市场运行规律的营利性商事调解的成立理应不存在阻碍因素。但从目前的组织数量来看，反而是民办非企业单位性质商事调解组织占多数。出现该现象的原因在于：一是市场尚未完全培育起来，受业务量的影响，完全市场化运作的营利性组织不仅盈利空间有限，甚至还存在较大的生存困难，因而社会资本参与的积极性不高；二是调解并没有被录入企业登记的名称范畴，因而多数地方不能成立以“调解”字样命名的公司，而只能成立法律服务咨询及类似名称的企业。但调解特别是商事调解是有别于法律服务咨询的一项业务，企业名称上的限制不利于其独立业务的形成，而无独立的业务也就很难形成良性循环的商事调解市场。

（2）服务品质和营销障碍

商事调解作为一种特殊的“商品”，从目前的供给情况来看，还存在品质不高、知名度较低等问题。一方面，我国商事调解的职业体系尚未初步形成，尽管在向着职业化的方向发展，但商事调解在职业准入、职业训练、职业保障三方面均存在不少问题。[1] 由于缺乏高素质的人才队伍，整体上提供的商事调解服务质量不高。倘若商事调解组织提供的调解服务不能以其专业性、创造性和高效性与传统的公益性调解、诉讼、仲裁等形成较大的优势，当事人自然会更倾向于选择其他免费或收费较少的纠纷解决方式。而且，从调研情况来看，当前的商事调解中的创造性不足，多数案件更倾向于“法律阴影下”的调解，而不是从双方当事人的实际需求出

〔1〕 参见廖永安、刘青：《论我国调解职业化发展的困境与出路》，载《湘潭大学学报（哲学社会科学版）》2016年第6期。

发形成针对性的解决方案,甚至不少案件的调解结果与法官预判的审判结果几乎一致。而当事人乐于接受这样的结果,既与承办法官的参与指导有关,也很大程度上来自对高额诉讼费用减免的看重。显然,这种同质化的解决结果并不利于商事调解的长远发展,与旨在成为与诉讼、仲裁相并列的第三驾"马车"的目标相冲突,因为商事调解在这同质化的过程中已失去了自身的特色,也失去了视野开阔、善于挖掘当事人背后利益、可形成带来"双赢"的创造性方案等独特的优势。这也从侧面反映出,商事调解尚未走出诉讼思维的囹圄,商事调解的职业化培训和人才培养仍亟待加强。

另一方面,面对公众对商事调解的知悉偏低、信任不足的现状,"营销"作为扩大市场需求、促成供给和需求对接的一种重要手段,其很难取得效果。从深圳调研的情况来看,当地的一些商事调解组织通过搭展台、举办系列宣传讲座甚至发放宣传手册等多种方式对以企业为主的商事主体进行广泛宣传,然而收效甚微。可见,虽然我国历来有调解的传统,但随着市场经济不断深入发展,在推进法治现代化的过程中,在传统调解权威消解、技术性权威尚未形成、诉讼文化兴起等多种因素促使下,整个社会的调解文化和调解氛围日渐式微。虽然国家近10多年来也十分重视调解在非诉讼纠纷解决机制中的基础性作用,但总体上缺少科学的顶层设计和立法政策的大力推进,社会中选择调解解决纠纷的习惯远未形成。

三、商事调解市场化中的需求

从市场需求的角度来看,目前市场的需求尚未真正形成。一方面,公司企业和个人的需求并不凸显,主动寻求商事调解服务的情形很少,商事调解组织的案源严重依赖法院委托委派,案源严重不足。另一方面,本就不旺盛的需求甚至还受到了很多因素的限制。这些因素主要集中于两点:一是商事调解的利用与现有的部分制度相冲突,如国企事业单位的领导责任制就很大程度上限制了国企业单位利用商事调解解决纠纷;二是由于存在公益性的商事调解服务,如免费的法院调解、仲裁调解乃至人民调解、商会调解,商事主体对调解付费的意愿不强,也在一定程度上降低了商事主体对收费调解服务的需求。

1. 商事调解需求不凸显、案源严重不足

经广泛的调研发现,目前几乎所有的商事调解组织均未形成独立的案源,其案源绝大多数来自法院的委托委派。究其原因,其中一个很重要的因素就在于,大众对商事调解的了解不足,尚未形成选择习惯,且更信任诉讼和仲裁。

首先,虽然我国的调解文化源远流长,但普通民众对调解的知悉程度不高,多数的认识仅停留在人民调解、电视调解等婚姻家庭纠纷方面的调解机制,对商事调解知之甚少,商事调解的普及度严重不足。其次,相较于诉讼,民众对诉讼外调解机制的信任度不高。随着社会主义市场经济的高速发展和诉讼文化的兴起,特别是20世纪80年代末至21世纪初,调解受到我国学界主流和法院系统较大程度的抵制,由此使各项调解机制陷入了低谷。在当时的环境下,拿起法律的武器"上法庭讨说法"等标题充斥于媒体报道之中。与此同时,法院经费来源于诉讼费,不断扩大案源和数量成为多数法院的选择,由此导致了当事人日益选择诉讼作为纠纷解决的首选。尽管进入21世纪后,在多个因素的促进下调解得到了复兴和发展,但由于我国司法具有低廉、快速、便利的特点,当事人和社会对诉讼仍有很强的依赖性,对非诉讼调解并不十分接受,且由于缺乏明确的律师引导当事人利用非诉机制解决纠纷义务性规定,多数的商事纠纷经常直接涌入法院。这也是为什么商事调解组织的案源主要来自法院的重要原因。最后,调解机制自身亦存在不少问题,如调解服务的质量不高、专业性不足,调解协议刚性不足,这也在很大程度上影响了当事人的选择,使其对调解特别是商事调解的需求度不高。

2. 商事调解需求受到部分机制的限制

根据《企业国有资产法》的规定,中共中央、国务院《关于深化国有企业改革的指导意见》,国务院《关于改革和完善国有资产管理体制的若干意见》,《中央企业境外投资监督管理办法》等相关文件的规定,国企对资产处置的全过程均受到相关部门的监管,这也包括了在利用调解化解商事纠纷过程中对其资产的处置。若在调解过程中,出现了一些实收账款少于应收账款或向对方作出支付赔偿金等让步,就易引起相关监管部门对调解协议内容的合法性和合理性的质疑,由此使国企相关负责人面临造成国有资产流失或存在腐败的质疑和相应的指控风险。而诉讼和仲裁因作出的是有公信力的裁决,则可免于承担类似的风险。因此,在可能带来责任风险与无须担责的选项中,国企及其相关负责人自然宁愿选择耗时长、费用高的仲裁程序以及承担不利的仲裁裁决结果,也不愿意在调解中主动作出让步以达成调解协议。

3. 商事调解的消费选择度不高

由于我国存在大量的公益性(如人民调解)和不收费的附带性调解机制(如法院调解、仲裁调解),而作为理性的经济人,当事人自然对功能相似的付费机制的选择意愿不强。在对深圳、上海多地法院进行访谈的过程中,受访法官也多次指出,在委派和委托出去的商事案件中,不少当事人对相关的商事调解组织收费存在疑问,且也会明确提出为什么法院调解不收费、人民调解不收费,却需要对商事调解组织付费等类似的问题。这也从侧面反映出当前商事调解组织提供的有偿调解服务与公益性调解的区分度不高,其服务品质有待进一步提升以区别于公益性调解。

四、商事调解市场化中的价格

价格作为市场中对供需关系产生重要影响的关键性要素,主要涉及商事调解的收费以及相关费用如何在当事人之间承担的问题。因费用承担属于后续性问题,本部分仅着重讨论商事调解的收费障碍。

1. 与诉讼、仲裁的价格优势不明显

与英美等国高昂的诉讼费用相比,我国司法具有低廉、快速、便捷等特点。从我国的诉讼费用规则来看,多数案件的商事纠纷,其诉讼成本并不高,因而对于这部分案件,商事调解并无价格上的优势。对于部分国际商事案件，部分国际商事调解组织的收费甚至还略高于诉讼和仲裁。例如，标的额为50万元的国际商事案件，申请贸仲委仲裁，根据其仲裁收费标准，仲裁费用为2万元；起诉至法院，则需要缴纳8800元的诉讼费；而申请到中国贸促会调解中心调解，调解费用为24,500元。可见，目前商事调解的价格优势并不明显。而在商事调解的服务品质没有明显提升的情况下，当事人自然更愿意选择诉讼或者仲裁。当然，诉讼和仲裁结果的强制性，也是当事人考虑的重要因素。

2. 与公益性商事调解区分度不高，难以收费

如前所述，我国商事调解目前可分为收费型商事调解和完全公益型商事调解。尽管商事调解服务的品质整体不高。但部分完全公益型商事调解的专业性也得到了一定的保证。例如，深圳龙岗区坪地商会人民调解委员探索出“商会+行政司法+人力资源+司法审判”四位一体全周期纠纷化解模式，就较好地满足了民营经济纠纷多元化解、快速化解和有效化解的实际需求。根据现行的立法规定，人民调解组织更容易获得当地法院的认可，能够通过委托调解、司法确认等方式，获得结果上的强制力。正因如此，在与公益性商事调解服务区分度不高的情况下，收费型商事调解很难向当事人收取费用。事实上，相较于国外的商事调解组织收费标准，我国商事调解组织的收费已经偏低，很难再通过降价手段来赢得“客源”。

第四节　商事调解协议司法确认中的问题

在我国，调解协议的本质是合同，需通过司法确认程序赋予其强制执行力。2021年修正的《民事诉讼法》扩大了司法确认程序的受案范围，将“人民调解协议”扩张至“依法设立的调解组织调解达成调解协议”。据

此,依法设立的商事调解组织调解达成的商事调解协议[1]获得了司法确认的通道。但立法仅解决了商事调解实践的部分困境,在《新加坡调解公约》出台、国际商事调解利用率日益提升的背景下,亟须重新检视商事调解协议司法确认中的问题,从而有效促进商事调解的利用和发展。

为更好地了解《民事诉讼法》修改后商事调解协议司法确认的实践现状,本部分借助北大法宝网站,选择以“司法确认”为“标题”中的关键词,选择“合同、准合同纠纷”为民事案由,选择“民事案件”为案件类型,选择“2022 年”为审结年限,共检索到 116 份调解协议司法确认的相关文书,其中属于商事调解协议司法确认的文书共 51 份,但仅有 1 起案件被驳回司法确认申请。为进一步了解商事调解协议司法确认申请被驳回、不予确认的情形,本部分以“最高人民法院《关于适用〈中华人民共和国民事诉讼法〉的解释》第三百五十八条”[2]为关键词,选择民事案由,年份限定在 2022 年、2023 年,截至 2023 年 8 月 12 日,共检索到 27 份驳回司法确认申请的文书,其中商事调解协议司法确认的申请文书 16 份。在这 16 份申请文书中,14 份因调解协议内容不明确被驳回,2 份因当事人未在调解协议生效之日起 30 日内向法院提起确认申请被驳回。

一、部分商事调解协议难以进行司法确认

《民事诉讼法》第 205 条规定申请司法确认的,由双方当事人自调解协议生效之日起 30 日内,共同向人民法院提出。本节抽取的案例中有 2 个被驳回申请的案件是当事人申请司法确认的时间超过了“调解协议生效之日起三十日内”的法定期限。[3] 该规定导致司法确认程序入口变

[1] 需注意的是,本部分所讨论的商事调解协议是以商事纠纷作为划分标准,并不特指商事调解组织达成的调解协议,还包含了人民调解组织及其他调解组织就商事纠纷达成的调解协议。

[2] 2022 年修订的最高人民法院《关于适用〈中华人民共和国民事诉讼法〉的解释》中第 358 条规定的是“驳回司法确认申请”的情形。

[3] 参见沈某众、栗某森申请司法确认调解协议案,陕西省旬阳市人民法院(2022)陕 0928 民初 1846 号民事裁定书;白某平、李某根申请司法确认调解协议案,陕西省旬阳市人民法院(2022)陕 0928 民初 1814 号民事裁定书。

窄,部分无意思瑕疵的商事调解协议被拒之门外。该时限要求的目的为督促当事人快速申请司法确认。但是,调解本就是一项独立的纠纷解决机制,商事调解协议是双方达成的合意,具有高度自治性,当事人自愿履行的可能性较高。通过司法确认程序赋予商事调解协议执行力,是为了预防一方当事人不履行协议时另一方可以直接申请法院强制执行,无须再行提起诉讼程序解决商事纠纷,也避免之前的商事调解工作变为徒劳。对司法确认申请设置时限和商事调解协议司法确认的目的、功能相悖,其降低了司法确认程序的效能,增加了后续启动诉讼程序的可能性。如上述两个案例,当超过时限被驳回司法确认申请后,若后续其中一方不履行协议时,另一方只能启动诉讼程序,不仅影响了商事调解的解纷功能,也间接增加了法院负担。

二、驳回司法确认申请的依据和理由不足

在因“调解协议内容不明确”而被驳回申请 14 个案件中,裁定书内容较为简单,仅载明驳回申请的法律理由为“申请人达成的调解协议内容不明确”,无法进一步查明协议内容“不明确”的具体情形,是权利义务关系不明确还是基本事实不明确抑或执行内容不明确?2009 年最高人民法院发布《关于建立健全诉讼与非诉讼相衔接的矛盾纠纷解决机制的若干意见》中第 24 条第 1 款第 5 项指明“内容不明确,无法确认和执行的”,法院不予确认调解协议效力。内容不明确指的是协议内容不具执行性或者不能执行。但也有法官指出,调解协议内容不明确指的是“表述上不能执行、内容上不能执行”。[1] 司法确认的功能是将私文书转为具有执行力的公文书,在双方就权利义务关系达成合意后快速发出执行名义,一方不履行协议时另一方可申请强制执行,无须再行启动诉讼程序。赋予调解协议执行力是司法确认程序最基本、最直接的功能。因此,申请商事调解

---

〔1〕 参见王业坤:《司法确认程序的实务操作指引》,载微信公众号“审判研究”2020 年 3 月 23 日。

协议司法确认的前提是商事调解协议具备可执行性,即协议内容需为双方对债权债务关系的合意。例如,最高人民法院《关于适用〈中华人民共和国民事诉讼法〉的解释》(以下简称《民事诉讼法解释》)第354条规定,当事人申请司法确认的,需提交与调解协议相关的财产权利证明材料,而《民事诉讼法解释》第355条之所以将涉及身份关系及物权、知识产权的协议排除在司法确认范畴之外,是因为上述法律关系不涉及执行内容,仅是双方作出确认法律事实、权利有无的判断。商事纠纷通常涉及的就是债权债务纠纷,达成的调解协议是可以具备执行力的。此时有可能是商事调解协议的表述不明导致其无法执行。例如,关于"分期履行"的合意,若没有约定某一期或某时间段内债务人未履行的法律后果,则后续容易产生债务人是否按照约定履行协议的争议,因此属于执行不能。再如,商事调解协议记载的权利义务关系不够明确、履行方式不明等均会导致执行不能。还有案例显示,法官驳回申请的事实理由虽较为明确,但法律理由却仅指出是"不符合法律规定"(并不是指违背法律的强制性规定),并未指明依据《民事诉讼法解释》第355条中的哪一款、哪一项。综上,实践中驳回商事调解协议司法确认申请的裁定书中法官说理并不充分,驳回申请的法律依据、理由不足,法官作出裁定的主观意愿较强,在一定程度上加剧了商事调解协议无法获得司法确认的情形。

三、调解员专业性不足影响司法确认效能

就检索到的样本而言,商事纠纷的调解主体虽呈多元发展趋势,但中坚力量仍是人民调解委员会。在上述51个商事调解协议司法确认案例中,有45个案例是由人民调解委员会主持调解的,其中包含1个金融纠纷人民调解委员会主持调解的案件。此外,有3个案件由法院进行调解。

另外,四川建雷律师事务、[1]北京多元调解发展促进会调解中心、[2]青岛市金融消费权益保护协会[3]等各主持调解了1起纠纷。商事纠纷由专业性的商事调解进行调解是最为理想的状态,但就本报告抽取到的司法确认案例而言,申请司法确认的商事调解协议案件中的调解主体仍以人民调解委员会为主。但当前人民调解员专业性不足、不熟悉相关政策、欠缺法律知识、学历程度偏低等情形较为常见,[4]如此不仅对能否达成商事调解协议有一定的影响,达成的商事调解协议在一定程度上也难以经得起法院的审查。已经有研究显示,人民调解员队伍专业性不足、素质不高直接影响了司法确认程序的制度效能。[5] 正如上文所言,实践中商事调解协议内容不明确是法官驳回司法确认申请的主要原因,而调解协议内容不明包含表述上不明确而无法执行或内容不具备可执行性等。上述问题与调解员素质、专业性具有直接相关性。若由专业化、职业化的商事调解员进行调解,在一定程度上可避免上述情形。熟悉商事纠纷、具有商业经验及法律专业知识的调解员可引导当事人形成权利义务关系明确、基本事实清楚、具备执行内容、执行对象明确的商事调解协议。

四、实质审查与商事调解的本质特征不适配

2012年修正的《民事诉讼法》将司法确认程序置于特别程序章,此后学界主流观点及《民事诉讼法解释》将司法确认程序认定为非讼程序,并按照非讼程序法理设定了程序规则。后最高人民法院制定的《关于人民

---

[1] 参见凉山农村商业银行股份有限公司雷波支行、翁吉某门等金融借款合同纠纷调解协议司法确认案,四川省雷波县人民法院(2022)川3437民特6号民事裁定书。

[2] 参见遵义文旅产业发展(集团)有限公司等申请司法确认调解协议案,北京金融法院(2021)京74民特148号民事裁定书。

[3] 参见上海浦东发展银行股份有限公司青岛分行、马某翠调解协议司法确认案,山东省青岛市市南区人民法院(2022)鲁0202民特411号民事裁定书。

[4] 参见毛永忠、高翔:《浅析人民调解工作中存在的问题》,载江西法院网,http://jxgy.jxfy.gov.cn/article/detail/2020/12/id/5680923.shtml,2023年10月1日访问。

[5] 参见陈嘉鑫、潘墨泽等:《新时代"枫桥经验"与人民调解协议司法确认制度的优化路径》,载《应用法学评论》2022年第1期。

法院案件案号的若干规定》及配套标准明确了司法确认裁定书使用“民特”案号。但本报告抽取的案例中,有两个案件使用的是“民初”案号,[1]即法官是采用诉讼程序审理商事调解协议司法确认案件。由此表明不同法院对司法确认程序审查判断标准的理解与把握是有区别的,有些法院仅进行形式审查,但有些法院却采实质审的方式。鉴于实践中存在调解时违反法律规定、违反当事人意愿、虚假调解、调解员专业性不足导致商事调解协议质量不高的情形,为避免承担司法责任,法官实际上更倾向对调解协议司法确认案件进行实质审查。尤其是商事调解协议通常涉及的标的额较大,某些案件法律关系相对复杂、对社会影响较大,有法官认为可组成合议庭进行实质审查。[2] 也有法官认为司法确认程序“案情复杂时,应当通知双方当事人到庭进行询问,采取必要的实质审查和证据调查”[3]。某些法院对司法确认案件甚至“一刀切”地采取到庭实质审查。[4] 综上,司法实践中多数法院对商事调解协议司法确认案件采实质审查。

在理论界,有学者认为,司法确认程序的目的是确认调解协议合法有效并赋予其强制执行力,并不对当事人间的权利义务进行判断,无须审查双方间的纠纷案件事实。[5] 也有学者认为,司法确认程序的基础是双方达成的合意,法官确认的是双方的合意而非对合意的内容进行判断,即法

---

〔1〕 参见沈某众、栗某森申请司法确认调解协议案,陕西省旬阳市人民法院(2022)陕0928民初1846号民事裁定书;白某平、李某根申请司法确认调解协议案,陕西省旬阳市人民法院(2022)陕0928民初1814号民事裁定书。

〔2〕 参见马骁:《优化司法确认程序的制度定位、推进原则和工作机制》,载《人民法院报》2020年3月26日,第008版。

〔3〕 李玉皎:《浅析调解协议司法确认程序的适用》,载中国法院网,https://www.chinacourt.org/article/detail/2013/03/id/928894.shtml,2023年11月4日访问;参见高天保、田莹:《多元解纷视野下“委派调解”+“司法确认”模式研究——以T市5家法院运行现状为检材》,载天津市津南区人民法院网,https://tjjnfy.tjcourt.gov.cn/article/detail/2021/09/id/6250380.shtml,2023年11月4日访问。

〔4〕 参见温岭法院课题组:《调解协议司法确认运行情况的调查与思考——基于温岭法院运行实践的调研》,载台州法院网,https://www.tzfyw.gov.cn/InfoPub/ArticleView.aspx?ID=4732,2023年9月30日访问。

〔5〕 参见唐力:《非讼民事调解协议司法确认程序若干问题研究——兼论〈中华人民共和国民事诉讼法修正案(草案)〉第38、39条》,载《西南政法大学学报》2012年第3期。

院对调解协议仅需进行形式审查即可，调解协议涉及的权利义务分配、是否严格符合法律要求等均不属于法院审查范畴。[1] 但有学者认为，赋予调解协议公法上的强制执行力及为避免恶意串通规避债务需要进行实质审查。[2] 还有学者认为，调解协议司法确认过程中允许对调解协议提起实体抗辩，因而法官需要审查证据、开庭审理，由此司法确认程序应属于简易程序。[3] 还有观点认为，诉讼外调解协议因调解员素质偏低，不能确保调解协议符合当事人自愿原则，需要对诉讼外调解协议自愿性进行审查。[4] 也有观点坚持司法确认程序应采用形式审查和实质审查相结合的方式。[5] 如有学者认为，司法确认程序应侧重形式审查，当事人自愿、意思表示真实等情形无须审查，仅需对给付内容是否明确、是否明显违法等可执行内容进行实质审查。[6] 但何时适用形式审查？何时适用实质审查？若由法官自行决定，则与当前实践现状没有区别，即仍主要适用实质审查。还有学者进一步指出，协议效力、当事人自愿性、调解过程、原法律关系的基础事实、协议的可执行性等均属于实质审查的内容。[7] 上述内容已经包含了司法确认程序中的重点审查对象，该方案本质上是实质审查。综上，对于商事调解协议司法确认案件，实践与理论的主流观点均认为需进行实质审查。虽采实质审查在避免虚假调解、保障第三人合法权益方面具有合理性，但其忽视了商事调解机制低成本、高效率、程序灵活

---

〔1〕 参见邵华：《论调解协议的司法确认：效力、价值及程序审查》，载《政治与法律》2011 年第 10 期。

〔2〕 参见廖中洪：《民事司法确认程序若干问题研究》，载《西南政法大学学报》2011 年第 1 期。

〔3〕 参见周翠：《司法确认程序之探讨——对〈民事诉讼法〉第 194 - 195 条的解释》，载《当代法学》2014 年第 2 期。

〔4〕 参见黄忠顺：《诉讼外调解协议自愿性的司法审查标准》，载《东方法学》2017 年第 3 期。

〔5〕 参见江必新主编：《最高人民法院民事诉讼法司法解释专题讲座》，中国法制出版社 2015 年版，第 316 页；马骁：《优化司法确认程序的制度定位、推进原则和工作机制》，载《人民法院报》2020 年 3 月 26 日，第 008 版；刘敏：《论优化司法确认程序》，载《当代法学》2021 年第 4 期。

〔6〕 参见刘显鹏：《合意为本：人民调解协议司法确认之应然基调》，载《法学评论》2013 年第 2 期。

〔7〕 参见张新：《司法确认程序的系统建构》，载《东方法学》2023 年第 6 期。

等本质特征,[1]也无法满足商事纠纷对高效、低耗的需求。此时商事调解协议司法确认制度的正当性何在?

五、与《新加坡调解公约》的衔接尚存障碍

《新加坡调解公约》规定了国际商事调解协议具有执行力。但在我国仅有法院调解所达成的调解书才具有执行力,经其他调解组织所形成的调解协议仅具有合同效力,需法院司法审查后才能成为执行名义。当前符合该公约适用范围的国际商事调解协议在我国获取执行力的主要路径是通过司法确认程序。但将来若批准了《新加坡调解公约》,国际商事调解协议的执行力在我国如何实现?实际上在批准加入《新加坡调解公约》前、后,国际商事调解协议在我国的执行均存在一定的障碍。

1. 国际商事调解协议司法确认存在的难题

第一,当前国际商事调解协议需经司法确认才能获得执行力,但司法确认程序的受案范围与《新加坡调解公约》的适用范围有所出入。例如,《新加坡调解公约》第1条明确了其不适用的范围,但我国《民事诉讼法解释》第355条、第357条规定的司法确认不予受理、裁定驳回申请的范围较该公约不予适用的协议范围更广。例如,调解协议内容涉及物权、知识产权确权的调解协议司法确认申请不予受理,但《新加坡调解公约》对该类纠纷并未禁止。换言之,当前部分国际商事调解协议在我国难以获得执行。第二,对审查方式、审查内容提出了挑战。例如,实践中司法确认程序以实质审查为主,具有浓厚的职权主义色彩,而《新加坡调解公约》中当事人对国际商事调解协议是具有审查任务的。又如,对国际商事调解协议的审查如何选择恰当的法律法规?适用我国民法典的限度在哪里?[2]

---

[1] 参见朱华芳、顾嘉、郭佑宁:《中国商事调解年度观察(2021)》,载北京仲裁委员会网,https://www.bjac.org.cn/news/view?id=4030,2023年9月30日访问。

[2] 参见高奇:《论国际和解协议在我国的跨境执行:理论分析与制度建构》,载《理论月刊》2020年第8期;赵云:《〈新加坡调解公约〉:新版〈纽约公约〉下国际商事调解的未来发展》,载《地方立法研究》2020年第3期等。

2. 批准《新加坡调解公约》后国际商事调解协议执行的困境

当我国批准加入《新加坡调解公约》后，国际商事调解协议无须再行申请司法确认便可具有执行力。但其遭受质疑的地方在于：第一，省略司法审查环节如何避免虚假调解、如何保障第三人合法利益？其理论依据何在？尤其国际商事纠纷应由专业的商事调解员主持调解，如其通常要求具备商事经验、熟练掌握相关外语、了解相关地方的商事习惯、商业文化等。但我国当前缺乏专业的国际商事调解队伍，法律法规也尚未涉及调解员资质及认定问题。虽实践中有些调解组织对调解员的资质要求较高，如《上海经贸商事调解中心调解员聘任及考核管理办法》第 4 条、第 5 条，但正如上文所言，我国当前的商事纠纷的调解主体仍以人民调解员委员会为主，而以人民调解员的素质是难以胜任国际商事纠纷的，且经域外的商事调解组织、调解员主持达成的国际商事调解协议便能保障第三人合法权益不受侵害吗？第二，如何与司法确认制度对接？如经国内商事调解组织、调解员调解达成的符合《新加坡调解公约》适用条件的国际商事调解协议，依据该公约规定，其具有强制执行力，可以直接申请我国法院强制执行，但按国内法规定需经司法确认后才具执行力，此时该如何处理？

第五节 商事仲裁与调解结合及衔接的模式与问题

随着《新加坡调解公约》的生效，《新加坡调解公约》《纽约公约》《选择法院协议公约》共同构建起了调解、仲裁及审判三足鼎立的国际民商事争议解决及执行框架。[1] 《新加坡调解公约》赋予了国际商事和解协议

---

〔1〕 参见宫步坦、刘文昭：《〈新加坡调解公约〉对我国商事调解与商事仲裁协同发展的影响》，载《武汉仲裁》2022 年第 1 期。

强制执行力,极大地提升了商事和解协议跨国执行的可能性,使国际商事和解协议有了与仲裁裁决近乎平等的可行性。[1] 然而,在解决商事争议的实践中,仲裁和调解这两种不同途径仍各自存在局限。近年来,仲裁的高效性和经济性、保密性与公正性均遭受过学界和实务界的质疑,调解也面临其产生的和解协议缺乏强制执行力等现实困境。商事仲裁与商事调解虽然都是独立的争议解决方式,但二者又并非两种完全平行且不可交集的。实践中,作为复合式的争议解决方法,"仲裁和调解相结合"应用非常广泛。同作为第三人促进的合意纠纷解决方式,仲裁与调解的有效衔接能够避免单一纠纷解决方式的弊端,能结合其各自优势,相互补缺,在国际商事纠纷的化解中的作用突出。

一、我国商事仲裁与调解结合及衔接的实践模式

目前,内地共有 270 多家仲裁机构,其中一半以上的仲裁机构都设有专门的商事纠纷调解委员会,如中国海事仲裁委员会成立中国海事仲裁委员会海事调解中心,广州仲裁委员会设立了"三旧"改造行业仲裁调解中心和广州空港经济区的商事仲裁调解室等。这些仲裁机构设立的调解机构发挥了积极作用。据统计,北京仲裁委员会 2022 年仲裁结案数共有 7313 件,其中以调解结案的案件数为 1117 件,占比 15.27%;[2] 贸仲委 2022 年结案数共 3822 件,其中撤案结案数为 586 件,调解结案数为 339 件(其中和解裁决结案 132 件、调解书结案 207 件),共计 925 件,占比 24.20%;[3] 深圳国际仲裁院 2022 年结案数为 6825 件,其中调解结案 657

---

〔1〕 参见王国华、施长艳:《〈新加坡公约〉与中国国际商事调解机制的冲突及破解之道》,载《中国海商法研究》2023 年第 2 期。

〔2〕 数据来源:《2022 年度工作报告 | 北京仲裁委员会/北京国际仲裁中心》,载北京仲裁委员会/北京国际仲裁中心网,http://www.bjac.org.cn/news/view?id=4461,2023 年 12 月 16 日访问。

〔3〕 数据来源:《2022 年度工作报告 | 北京仲裁委员会/北京国际仲裁中心》,载北京仲裁委员会/北京国际仲裁中心网,http://www.bjac.org.cn/news/view?id=4461,2023 年 12 月 16 日访问。

件，占比9.63%；[1]上海仲裁委员会2022年结案数为4651件，其中调解结案783件，裁决调解43件，撤诉949件，占比38.16%；[2]哈尔滨仲裁委员会2022年结案数为3122件，其中调解及撤案804件，占比46.37%；[3]济南仲裁委员会2022年于立案前免费为当事人调解纠纷1300余件，对已经进入仲裁程序的案件，采取退还仲裁费用、引入协会斡旋等措施，促成了49%的案件以调解或和解的方式结案。[4]

不仅如此，最高人民法院也在促进仲裁与调解相结合方面作出了努力。最高人民法院国际商事法庭于2018年设立了"一站式"国际商事纠纷多元化解决机制，在包括上海国际经济贸易仲裁委员会在内的5家国际商事仲裁机构展开仲调结合的机制运行，引导当事人通过诉讼—仲裁—调解"一站式"的方式高效化解纠纷，为仲调结合机制中仲裁机构与调解机构之间的合作互动提供了空间。"仲调结合"也即将获得立法上的支持，在2021年《仲裁法（修订）（征求意见稿）》中就明确规定了"当事人在仲裁程序中可以通过调解方式解决纠纷"。

而相较于各国丰富多元的"仲调结合"实践，我国商事仲裁与调解结合与衔接在实践中主要存在两种模式：仲裁中调解（Arb－Med或Arb－Med－Arb）和先调解后仲裁（PureMed－Arb）。

1.仲裁中调解（Arb－Med或Arb－Med－Arb）模式

该模式是指仲裁委员会根据仲裁协议受理仲裁申请后，当事人形成合意希望先调解纠纷时，由仲裁员对案件进行调解，当调解不成或者当事人不愿意继续调解时，再恢复仲裁程序。该衔接方式的特征在于，一是争议双方当事人存在仲裁协议，当事人合意将纠纷提起仲裁；二是调解发生

---

〔1〕 数据来源：《2022深圳国际仲裁院高质量发展数据概览》，载深圳国际仲裁院网，http://www.scia.com.cn/home/index/newsdetail/id/3128.html，2023年12月16日访问。

〔2〕 数据来源：《上海仲裁委员会发布2022年度报告》，载微信公众号"上海仲裁委员会"2023年2月9日，https://mp.weixin.qq.com/s/pZNYkimHDLp－NAmiwgoL8Q。

〔3〕 数据来源：《哈尔滨仲裁委员会2022年案件情况分析》，载哈尔滨仲裁委员会网，http://www.hrbac.org.cn/newsshow.php?cid=15&id=5119，2023年12月16日访问。

〔4〕 数据来源：《济南仲裁办2022年度法治政府建设情况报告》，载济南仲裁委员会网，http://zcb.jinan.gov.cn/art/2023/1/29/art_10366_4762852.html，2023年12月16日访问。

在仲裁程序开始后,即当事人提起仲裁后,调解实质上发生在仲裁程序进行中的某一阶段;三是调解员和仲裁员通常为同一人。我国法律意义上的“仲调结合”一般是指《仲裁法》中规定的“仲裁中调解”这一模式。《仲裁法》第 51 条、第 52 条就针对“仲裁中调解”的具体情形进行了规定。《中国(上海)自由贸易试验区仲裁规则》第六章也对仲裁与调解相结合中的“仲裁中调解”进行了规定。不过该种衔接模式存在效率低、仲裁员与调解员身份混同等问题,难以保证调解不成后仲裁员在后续仲裁过程中对案件的独立性。

2. 先调解后仲裁(Pure Med - Arb)模式

该模式可以分为调解成功后的仲裁和调解不成后再启动仲裁机构进行仲裁。调解成功后的仲裁有两种情形:一是在仲裁庭组成之前,当事双方可共同申请指定一名调解员对案涉争议进行调解,调解达成一致的,双方可共同申请指定一名仲裁员根据和解协议的约定出具裁决书。除非当事人书面同意,仲裁程序中接受指定的调解员不再担任本案仲裁员。二是调解 + 仲裁确认模式,即调解成功后进入仲裁程序,其主要目的是通过仲裁程序赋予调解协议执行效力。[1] 实践中的做法通常是当事人协商一致提交第三方调解机构调解,调解后签署调解协议书(内含仲裁条款),并将调解协议书提交某仲裁委员会确认其法律效力[《厦门市现代物流业商会调解规则(2022 版)》]。“仲裁确认”制度在以往并未明确规定在我国仲裁法及相关法律之中,但是在实践中已经出现了具体适用。例如,北京仲裁委员会与中国贸促会调解中心于 2018 年 7 月签署战略合作协议,就调仲对接展开合作,率先实践了“仲裁确认”安排。对于中国贸促会调解中心受理的调解案件,如果当事人能就争议达成和解协议,中国贸促会调解中心就可以帮助当事人针对和解部分达成仲裁条款,并选择北京仲裁委员会作为仲裁机构作出仲裁调解书或和解裁决,使双方就争议达成调

[1] 参见胡军辉、赵毅宇:《论仲调结合在“一带一路”商事纠纷解决中的运用》,载《南华大学学报(社会科学版)》2018 年第 4 期。

解协议后，可以通过仲裁协议将争议相关的和解协议提交北京仲裁委员会，北京仲裁委员会在仲裁程序中可协助当事人细化和解协议安排，保证其执行性，进而作出仲裁调解书，实现赋予和解协议以强制执行力。

调解不成后，当事人也可以再启动仲裁程序进行仲裁。一般情况下，调解员和仲裁员不同一，以保证仲裁员进行仲裁时的客观中立性，具体又可以细分为复合模式下的先调解后仲裁（Med - Arb - Diff）与建议模式下的先调解后仲裁（Med - Arb - Diff - Recommendation）。在这两种模式下，调解员和仲裁员都由不同人员担任。但为了加强仲裁与调解的衔接性，复合模式下的调解员应当把调解阶段获取的信息和双方一致同意的事项告知仲裁员，除非当事人要求对信息严格保密；建议模式下，调解员在调解不成后、仲裁程序启动前，可以向仲裁员提交一份裁决建议书，以便仲裁员能更快地了解案件案情，节约时间，更快地作出裁决。

尽管我国实践进行了不少有益的探索，也取得了一定的成效，但也面临不少问题，亟须进行探讨并加以解决。

二、仲调衔接的相关规则不完善

目前看来，商事仲裁与商事调解二者衔接的过程中不少规则还有待健全。对于商事仲裁与调解的衔接，《仲裁法》第 49 条和第 51 条、《中国国际经济贸易仲裁委员会仲裁规则》第 47 条、《北京仲裁委员会仲裁规则》第 43 条等都类似规定了在仲裁机构受理案件后并在仲裁裁决作出之前，当事人可基于意思自治，先行向仲裁机构调解中心或者其他调解中心申请调解。在当事人签订和解协议后，可请求仲裁庭依据和解协议的内容制作裁决书。但上述及与之类似的规则，其内容较为原则和笼统，并无关商事仲裁与调解衔接的具体操作规范，包括对仲调结合程序的启动、当事人合意的审查标准、调解员的选任等均不明确。此外，上述规则只对“仲裁中调解”这一种仲调结合的模式进行了规定，但并没有对其余“先调解后仲裁”“仲裁调解共存”等在实践中大量成功运用的模式进行明确规定。

三、仲调衔接中调解员的中立性挑战

无论是商事仲裁、商事调解还是仲调结合机制,均是由中立第三人主持的争议解决程序。如何选任中立者,以及根据什么标准选任中立者,都是保证程序顺利进行、争议有效解决、当事人获得公正对待的重要基础。在仲裁调解结合机制中,中立者既有可能只主持仲裁程序或调解程序,也有可能由同一中立者同时主持仲裁和调解程序。在后一种情况下,既有可能是仲裁员身份转换为调解员,调解不成再转为仲裁员;也有可能是调解员主持调解之后被当事人指定为仲裁员,转而主持仲裁程序。在我国商事调解与仲裁衔接的具体实践中,会出现由仲裁员担任调解员,即调解员与仲裁员身份合一的情形。若仲裁员角色转换不当,就可能会引起当事人对商事纠纷解决公正性的质疑。首先,由于仲裁裁决天然地具有强制执行效力,仲裁员在担任调解员进行调解的过程中,可能会因自己在后续环节中将继续有权对纠纷作出仲裁裁决而将自己的意见强加于当事人,出现“以裁压调”情况。其次,仲裁员与调解员同一,即调解员在参与过调解后带着先前获悉的各种情况进入仲裁程序,并作出最终裁决。换句话说,调解员在先前调解过程中通过运用调解技巧,或许已经挖掘到了当事人各方背后的真实利益诉求,或者当事人可以接受的最低条件。这种情况下,先前阶段的调解员在后续仲裁阶段中可能会因为先入为主的印象或者预期,作出不利于某一方当事人的仲裁裁决。

四、仲调衔接中调解协议的规范性不足

根据《仲裁法》的相关规定,在仲裁前当事人调解达成协议的,可以凭借已达成的仲裁协议和调解协议向仲裁委提出申请,请求其作出仲裁裁决;仲裁中达成调解协议的,仲裁委员会可以制作裁决书。但是,对于仲裁委员会根据调解协议作出仲裁裁决前是否需要对调解协议进行实质审查,目前并无明确的法律予以规定。在实践中,一般情况下,只要调解协议是出于双方自愿且没有明显违法情形的,仲裁庭基于对当事人的尊重,

就会确认调解协议的效力并作出仲裁裁决。仲裁法对调解协议的效力以及仲裁庭对协议效力几乎没有审查和限制，调解协议容易产生随意性。基于具有随意性的调解协议在后续执行过程中容易暴露风险，当事人反悔的可能性较高。仲裁庭依据这种调解协议的结果制作的裁决书也会因此丧失执行力。

五、仲调结合实体错误救济机制不完善

第一种实体错误是指在仲调结合程序中，调解不成后继续进行仲裁，仲裁员认定事实不清或者法律适用错误而作出错误的仲裁裁决。这种实体错误的发生与裁决前的调解环节无关。第二种实体错误则与仲裁前的调解环节密切相关，具体是指仲裁员受到当事人虚假调解和恶意调解的影响，制作出了错误的仲裁调解书和裁决书。在仲调结合的情况下，仲裁庭和仲裁员所做的“合意裁决”，与普通裁决不同，更多地像是通过仲裁赋予和解协议更强的结果安定性或者说是强制执行力。这种合意裁决效率更高，更容易被当事人接受，但风险也随之而来。恶意调解就是常见的一种责任规避方式，具体是指民事纠纷的当事人怀有不正当目的，参与调解活动，利用调解来为自己谋取非法利益，损害对方当事人利益或诉讼外的第三人的利益。[1] 在仲调结合的过程中，恶意调解时有发生。譬如，一方当事人为逃避债务，与他人达成仲裁协议，但在仲裁开始后却向仲裁庭表明愿意调解，并通过调解达成调解协议，凭调解协议与仲裁协议申请仲裁委员会作出仲裁裁决，进而实现转移资产的目的。这种利用仲裁庭对调解协议效力作出确定的行为就是一种虚假的恶意调解的仲裁确认，有侵犯国家利益、社会利益及案外第三人利益的风险，但目前法律对恶意调解的责任和救济措施的规定尚不明确。

---

〔1〕 参见李浩：《虚假诉讼中恶意调解问题研究》，载《江海学刊》2012 年第 1 期。

第六节　商事调解的立法问题

党的二十大报告强调,“加强重点领域、新兴领域、涉外领域立法,统筹推进国内法治和涉外法治”。商事调解立法属于加强立法中涉外领域、重点领域的范畴。一方面,在《国际商事调解和调解所产生的国际和解协议示范法》《新加坡调解公约》等国际性规范的推动下,国际商事调解日益受到重视,与诉讼、仲裁并称为争议解决的“三驾马车”。另一方面,根据我国《国民经济和社会发展第十四个五年规划和 2035 年远景目标纲要》中“一带一路”、粤港澳大湾区、自由贸易区网络、一流营商环境等国家重点规划,商事调解的制度构建及其立法规则,已成为经济带、自由贸易区营商环境的重要内容。在最新世界银行营商环境的指标体系中,商事调解也是 10 项指标中“争议解决”的重要考察要素。本部分将在上文对商事调解组织及其发展、职业化、市场化、商事调解协议的司法确认、商事调解与仲裁的结合和衔接等问题讨论的基础上,进一步深入探究商事调解立法中的关键问题。

一、商事调解立法的基本范畴

商事调解是商事调解立法的基本范畴。商事调解的内涵与外延涉及立法的调整范围,围绕商事调解概念展开的基本逻辑主线也是法律内在结构体系性的重要体现,对实现法律周延性与协调性具有重要意义。然而,现有法律规范通常对商事调解概念置之不理,相关教材往往也浅尝辄止,专著或论文中的各类学说观点更是莫衷一是。

从商法中存在的商法客观主义与商法主观主义这两种学说中获得启

示，[1]并通过对相关立法规范和学术文献的梳理发现，对商事调解的概念也存在主观主义与客观主义两种理解，且客观主义模式为当前的主流观点或多数意见。商事调解客观主义重视商事调解行为的基础性作用，强调针对商事纠纷的调解行为所具有的特殊性，是基于纠纷类型的一元定义。“商事调解就是按照纠纷类型进行的一种分类，是指为解决传统商事纠纷——商事主体之间有关商事活动的争议——而设立的专门性调解。”[2]商事调解主观主义重视调解主体的基础性作用，是基于商事调解组织对商事调解进行的概念界定。“依法成立的商事调解组织对当事人申请的民商事纠纷进行调解的活动。”[3]理解商事调解概念的困难之处在于它交织着主观主义与客观主义。在商事调解立法的语境下界定商事调解概念，应把握商事调解客观主义与主观主义的辩证关系，即商事调解概念应坚持“重点论”与“两点论”相统一。

以主观主义商事调解为“重点论”，即以商事调解组织为基础定义商事调解。调解根据主持主体的不同，可分为司法调解、行政调解与民间调解三类。[4] 在统一型商事调解立法模式下，商事调解应与法院调解、行政调解，以及民间调解中的人民调解等类型进行区分，其内涵是由独立的商事调解组织进行的调解活动。商事调解组织的性质应为民间性，而非司法性与行政性。也就是说，只有民间性商事调解组织进行的调解活动才能作为商事调解法的调整范围。民间性商事调解组织应以法人和非法人组织分类中最具有法律意义的根本差异即“是否营利”作为分类标准，分为非营利性商事调解组织与营利性商事调解组织。非营利性商事调解组织包括事业单位型、社会团体型、社会服务机构型等；营利性商事调解组织涵盖公司型、合伙企业型、个人独资企业型等。

---

〔1〕 商法客观主义的内涵在于重视商行为的基础性作用，以商行为解释商事主体的范围，强调商事主体资格对商行为的依存；商法主观主义重视商主体概念的基础性作用，以商主体概念解释商行为的范围，强调商行为对商事主体资格的依存。

〔2〕 范愉：《商事调解的过去、现在和未来》，载《商事仲裁与调解》2020 年第 1 期。

〔3〕 廖永安主编：《调解学教程》，中国人民大学出版社 2019 年版，第 140 页。

〔4〕 参见范愉：《非诉讼纠纷解决机制研究》，中国人民大学出版社 2000 年版，第 376 - 383 页。

"两点论"要求在突出商事调解主体基础性作用的同时,兼顾商事调解行为的制约作用。商事调解的行为范围是体现其制约作用的首要因素,它需要考虑解决两个问题:商事纠纷的范围如何确定?商事调解组织对非商事纠纷进行调解的,是否能认定为商事调解?首先,商事纠纷的范围可参照《国际商事调解示范法》的规定。该示范法规定"商事"一词应作广义解释,涵盖由一切商业性质关系而发生的事项,无论这种关系是否属于合同关系。其次,商事调解组织对部分民事纠纷进行调解的行为属于商事调解法的调整范围。该命题可以"附属商行为理论"作为理论基础。附属商行为原本是民事行为,由于这些民事行为依附商人或者其他商行为,法律认可其商事性。[1] 正如学者指出:"行为的性质或标的虽然是民事性质的,但只要它们由商人在商事经营活动中所实施,则它们可以成为商行为。"[2]将商事实体法中的"附属商行为理论"映射到商事调解行为中,依附性商事调解行为属于依附商事调解组织的商事调解,即当事人自愿选择商事调解组织对其民事纠纷进行调解的,也属于商事调解法调整的范畴。综上所述,商事调解立法所调整的商事调解,是指当事人自愿通过依法设立的商事调解组织的协调、引导,在平等协商的基础上自愿达成调解协议,解决商事纠纷的活动。[3]

二、商事调解立法的模式选择

在商事调解立法问题域中,需要重点破解的是商事调解立法模式选择难题,只有立法模式确定,才能进行法律文本结构的设计和具体条文的起草。立法模式的内涵有广义和狭义之分。广义的立法模式是一个国家创制法律的惯常套路、基本体制和运作程式等要素所构成的整体,[4]涉及立法主体、立法权、立法程序等。狭义的立法模式是指立法最终体现出来

---

[1] 参见刘朗泉:《中国商事法》,商务印书馆 2011 年版,第 41 -44 页。

[2] 张民安:《商法总则制度研究》,法律出版社 2007 年版,第 305 页。

[3] 参见赵毅宇:《商事调解概念的主观主义重构》,载《商业经济与管理》2023 年第 4 期。

[4] 参见江国华:《立法模式及其类型化研究》,载刘茂林主编:《公法评论》(第 4 卷),北京大学出版社 2007 年版,第 94 页。

的外部表现形式，属于法的外部结构技术，[1]如存在法典形式或单行法形式，制定法形式或判例法形式等。此处聚焦狭义的立法模式。

1. 商事调解立法的基本模式

2002 年，联合国国际贸易法委员会出台《国际商事调解示范法》。2018 年，《国际商事调解示范法》更名为《国际商事调解和调解所产生的国际和解协议示范法》，其内容包括总则、国际商事调解、国际和解协议三部分。[2] 在该示范法的影响下，全球现有 33 个国家，共在 46 个法域以示范法为基础形成各自的立法，联合国国际贸易法委员会将这些立法划分为六种立法模式，如表 4 – 6 所示。[3] 在我国，商事调解立法问题仍处于理论研究阶段，存在多种模式的观点争鸣。对此，我们可以对上述法律文本和学术观点进行类型化分析，进而将商事调解立法模式分为统一型立法模式、渗透型立法模式与分散型立法模式三种类型。[4]

表 4 – 6　国外商事调解立法模式

模式名称	立法的国家（地区）
调解示范法模式	美国：哥伦比亚市、佐治亚州、夏威夷州、爱达荷州、伊利诺伊州、艾奥瓦州、内布拉斯加州、新泽西州、俄亥俄州、南达科他州、犹他州、佛蒙特州、华盛顿
商事调解示范法模式	加拿大：新斯科舍省、安大略省
调解法模式	法国、黑山、瑞士
法律修正模式	阿尔巴尼亚

〔1〕 参见曹海晶：《中外立法制度比较》（第 2 版），商务印书馆 2016 年版，第 342 页。

〔2〕 See *UNCITRAL Model Law on International Commercial Mediation and International Settlement Agreements Resulting from Mediation with Guide to Enactment and Use* (2018), https://uncitral. un. org/sites/uncitral. un. org/files/media – documents/uncitral/en/22 – 01363_mediation_guide_e_ebook_rev. pdf.

〔3〕 模式名称由报告课题组概括，表中内容来自 United Nations Commission On International Trade Law. Status: *UNCITRAL Model Law on International Commercial Mediation and International Settlement Agreements Resulting from Mediation* (2018) (amending the Model Law on International Commercial Conciliation, 2002), https://uncitral. un. org/en/texts/arbitration/modellaw/commercial_conciliation/status, 2023 年 8 月 1 日访问。

〔4〕 参见赵毅宇：《中国商事调解立法模式选择及其展开》，载《法学杂志》2023 年第 3 期。

续表

模式名称	立法的国家(地区)
法律协调化模式	贝宁、布基纳法索、喀麦隆、中非、乍得、科摩罗、刚果、科特迪瓦、刚果民主共和国、赤道几内亚、加蓬、几内亚、几内亚比绍、马里、尼日尔、塞内加尔、多哥
其他立法模式	比利时、不丹、克罗地亚、洪都拉斯、匈牙利、卢森堡、马来西亚、尼加拉瓜、斯洛文尼亚、北马其顿

第一,统一型商事调解立法模式。统一型商事调解立法模式是制定一部专门的法律或法典来规制商事调解,以追求调整和保护的统一性和协调性。从域外商事调解立法模式看,调解示范法模式、商事调解示范法模式、法律协调化模式属于统一型立法模式。它们之间的区别是,前两种为示范法,适用于联邦制国家;后者是协调法,适用于地区性组织及其成员方。我国学界也提出制定一部独立的商事调解法,这是适用于单一制国家的统一型商事调解立法模式。在 2012 年《民事诉讼法》修改前期,中国贸促会调解中心建议将司法确认的适用范围扩大至经依法设立的调解组织达成的调解协议,唐厚志还进一步提出,制定一部专门的商事调解法帮助商事调解摆脱困境。[1] 近年来,在《新加坡调解公约》背景下,制定独立商事调解法的观点日益增多。统一型商事调解立法模式的基本特点可概括为三项:一是高度权威性。统一型商事调解立法在联邦制国家或区域性组织之间通常以示范法的形式出现,客观上起到了统一与协调各州立法或参与国国内法的作用;在单一制国家,统一型商事调解立法将具有更高的法律效力位阶,避免纷繁复杂的地方立法在实施过程中可能造成的混乱,防止法律秩序失范。二是内容系统性。统一型商事调解立法将覆盖商事调解可被规范的全部要素,由此形成全新的、体系化的法律,可有效避免商事调解在不同法律中存在内容上的重叠与冲突。三是立法难度较大。统一型商事调解立法需要有成熟的立法理论与立法技术予以支撑。正因如此,相比其他立法模式而言,域外的统一型商事调解立法更

〔1〕 参见张维:《立法助力商事调解摆脱困境》,载《法制日报》2012 年 1 月 2 日,第 3 版。

充分地吸收了《国际商事调解示范法》的立法资源。

第二,渗透型商事调解立法模式。渗透型商事调解立法模式不专门制定单行的法律或法典,而是将商事调解规范渗透到其他法律中,对现有法律进行改良,表现形式主要是单独的法律章节、法律条文和附带性规定。在上述域外商事调解立法中,渗透型商事调解立法模式包括调解法模式、法律修正模式与其他模式。在我国,属于渗透型商事调解立法模式的观点有两种:其一,将商事调解规范纳入综合性调解法中。如廖永安教授认为,综合性调解法的调整对象应包括人民调解、行政调解、行业调解、商事调解四种类型。[1] 其二,对现行《人民调解法》《仲裁法》等法律进行修改,将商事调解规范渗透其中。如中国贸促会法律部原部长杨华中提出,《人民调解法》仅规定人民调解具有狭隘性,可以在此部法里充分吸纳商事调解的内容,或在其中设商事调解专章。[2] 渗透型商事调解立法与统一型商事调解立法相比,存在以下特征:一是规范融合充分。渗透型商事调解立法可以将商事调解规范与其他法律规范紧密联系,如将商事调解规范与家事调解、人民调解、民商事仲裁等不同规范相互融合,实现不同纠纷解决机制之间有效联动。二是立法效果有限。渗透型商事调解立法的主要做法是对现行法律进行改良,但这种做法无法打破原有法律的体系框架,难以从根本上解决法律滞后性与实践超前性之间的矛盾,被学者称为一种"暂时性的规制手段"[3]。三是立法成本较低。渗透型商事调解立法通常不需要启动全新的或专门的立法程序,可避免耗费大量立法资源。

第三,分散型商事调解立法模式。分散型立法模式以分类化和差异化为导向,通过单行的法律规范对商事调解的不同内容分别作出规定。

---

〔1〕 参见廖永安等:《中国调解的理念创新与机制重塑》,中国人民大学出版社 2019 年版,第 338－341 页。

〔2〕 参见赵爱玲、高潮:《中国贸促会法律部部长杨华中:商事调解是解决商事纠纷有效途径》,载《中国对外贸易》2007 年第 11 期。

〔3〕 参见陈书全、王开元:《共享单车地方立法研究——以立法模式选择为视角》,载《中国海洋大学学报(社会科学版)》2018 年第 3 期。

在联合国国际贸易法委员会划分的6种商事调解立法模式中,未出现典型的分散型立法。从我国学界的观点看,如范愉教授认为,应强调区分国际与国内商事调解,传统商事调解与新型消费和专门性调解,根据需要设计各种公益性与市场化并行的专门性制度。[1] 实践中,最高人民法院与地方立法机关主要承担了商事调解分散型立法的工作。例如,最高人民法院针对不同类型的商事纠纷出台了司法解释[2],主要包括《关于全面推进保险纠纷诉讼与调解对接机制建设的意见》《关于全面推进证券期货纠纷多元化解机制建设的意见》《关于发挥商会调解优势　推进民营经济领域纠纷多元化解机制建设的意见》等。从理论上看,分散式立法适合于立法时机不成熟或法律需精细化发展两种情形。分散型商事调解立法模式的特点在于:一是针对性较强。虽然分散型商事调解立法欠缺系统性,但注重对商事调解中不同纠纷类型和地域实践差异进行富有类型特点和区域特点的立法活动,符合法律精细化发展的需求。二是立法难度偏低。分散型商事调解立法能有效回避统一型立法所需复杂的立法程序和立法技术,立法阻力较弱,可以及时填补法律空白,规则解释与修改程序也更加灵活。三是权威性缺乏。在立法时机欠成熟时,分散型商事调解立法通常以政策性文件的形式呈现,与法律相比缺乏权威性。部分分散型商事调解立法带有"试验"性质,其立法目的之一是为统一型立法积蓄经验。

2. 商事调解立法模式选择的考量因素

统一型立法模式、渗透型立法模式与分散型立法模式各有利弊,关键在于是否契合本国的实际,能否有效推动商事调解的发展。合理选择立法模式,需要从立法目的、立法内容、立法技术等要素展开系统分析。[3]

第一,立法目的考量:突破现有调解法律框架的束缚。商事调解立法面对的实践问题是:"人民调解泛化"问题严重,商事调解无法在我国以《人民调解法》为主的调解法律框架下有效发展。商事调解具有专业化、

[1] 参见范愉:《商事调解的过去、现在和未来》,载《商事仲裁与调解》2020年第1期。

[2] 本文所指的司法解释是广义的,包括狭义的司法解释、司法解释性文件等。

[3] 参见赵毅宇:《中国商事调解立法研究》,清华大学出版社2023年版,第66－68页。

职业化与市场化等特征,无论从组织形式还是运作方式上看,都已经超出了人民调解所能涵盖的制度范畴。渗透型立法依赖对现行法律规则的改良,难以打破原有法律的体系框架,不能从根本上解决立法滞后所带来的一系列问题。若将商事调解规范渗透至《人民调解法》,《人民调解法》中规定的人民调解委员会、人民调解员、调解效力等内容无法适用于商事调解,仍难以达到发展与规范商事调解的目的。而仲裁与调解作为不同的非诉讼纠纷解决方式,更是具有本质区别。若在《仲裁法》中规定商事调解制度,则将导致规范仲裁中的调解、仲裁与调解相结合等制度具有局限性,商事调解立法的目的更是难以实现。分散型商事调解立法模式更适合于商事调解立法时机不成熟的阶段,但当立法时机成熟时,若不进行统一型商事调解立法,将无法提高商事调解的法律地位。诚然,只有进行统一型商事调解立法,规范商事调解原则、商事调解组织、商事调解员、商事调解程序、调解协议效力等商事调解的全部构成要素,形成全新的、具有体系性与独立性的法律,才能使商事调解摆脱人民调解的"阴影"与"束缚"。

第二,立法内容考量:非诉讼程序法体系融贯性的需求。商事调解立法属于非诉讼程序法的范畴,商事调解立法的模式选择应符合法律体系融贯性的要求。我国主要的非诉讼程序法包括《公证法》《人民调解法》《仲裁法》等。当公证、人民调解、仲裁等作为一种新的制度需要通过立法予以规制时,我国采用的均为统一型立法模式。这些非诉讼程序法不是单纯的"程序法",而是将组织法规范和程序法规范融为一体的综合法,即先规定非诉讼纠纷解决组织及其人员行为,再规定纠纷解决程序。基于法律体系融贯性的要求,对于商事调解也应采用统一型立法模式,并形成"组织—程序"的法律结构。较渗透型立法与分散型立法而言,统一型立法更容易实现法律规范的系统性。统一型商事调解立法应通过设置商事调解总则规范、商事调解组织规范、商事调解程序规范等,切合"组织—程序"结构的立法需求。域外各国的商事调解立法也以统一型商事调解立法模式为主。加拿大新斯科舍省与加拿大安大略省颁布的《商事调解法》是典型的统一型商事调解立法。部分商事调解立法的法律名称中虽未明确出现“商事”一词,但从立法内容看,却是针对商事调解进行的统一型立法,如《美国统一调解法》、非洲商法协调组织通过的《调解统一法》等。

第三,立法技术考量:立法制定与立法实施的双重可行性。立法技术的评估和分析,应当包括法的制定与实施两个部分。[1] 在渗透型商事调解立法模式中,主张将商事调解立法的内容纳入综合性调解法的操作性不强。一是宏观综合性的调解法不可能事无巨细地对每一种调解制度或程序都作出具体明确的规定,因此只能成为一种基本框架和原则性的法律。[2] 二是在行政调解、行业调解等发展还很不成熟的情况下,希望通过制定综合性调解法一揽子解决所有问题,显然将存在诸多难以突破的实践障碍。三是综合性调解法可能会与其他实体法或程序法有所重复、交叉甚至冲突,在立法技术方面存在较大难度。然而,进行统一型商事调解立法在立法制定与立法实施层面具有双重可行性。在立法制定层面的可行性上,已存在各项政策、法律法规为统一型立法提供制度基础,也有我国《人民调解法》制定的立法技术经验,国际示范法与外国立法亦提供了参考样本。在立法实施层面的可行性上,一是从阻力消解角度看,我国政治体制决定了“自上而下”推行统一型商事调解立法的可行性;二是从法律执行主体角度看,较为充足的商事调解员储备为统一型商事调解立法的实施提供了人才保障;三是从执法成本角度看,商事调解的市场化发展将使统一型商事调解立法走向自动实施的新纪元。

综上所述,我国应采用统一型商事调解立法模式,即以《国际商事调解示范法》为蓝本,充分研究和参考有关国家行之有效的商事调解立法,并在总结和梳理我国商事调解经验的基础上,制定独立的商事调解法。

---

〔1〕 参见徐向华主编:《立法学教程》(第2版),北京大学出版社2017年版,第288页。

〔2〕 参见范愉:《有关调解法制定的若干问题(上)》,载《中国司法》2005年第10期。

三、商事调解立法的内部结构

法律名称又称法律标题，是指一部法律的称谓，其不仅是法显性的外部符号，还是法的内部结构中第一层次的要件。[1] 法律名称应反映法律调整内容、法律效力范围与法律效力等级三个基本要素。其一，统一型商事调解立法的调整内容是全要素的商事调解，是指当事人自愿通过依法设立的商事调解组织的协调、引导，在平等协商的基础上自愿达成调解协议，解决商事纠纷的活动。其二，商事调解法的效力范围为全国，应在法律名称上冠以"中华人民共和国"。其三，商事调解法的法律效力等级应为全国人大及其常务委员会制定的法律，因而使用"法"，不使用"条例"等。据此，统一型商事调解立法的法律名称应为"中华人民共和国商事调解法"，简称"商事调解法"。

法律结构是指法律应当具备的各个组成部分及法律条文之间从形式到内容应当按照其内在规律要求，作出科学合理的排列、组合和联结的方式。[2] 体系方法的本质在于对内在关联或者亲和性进行认识和描述，[3] 法律结构的体系性则主要取决于总则对分则的涵摄性以及分则之间的协调性。古今中外发达的成文法国家，在法律结构上多采用总分形式，我国现有相对成熟的成文法体例，如《民法典》《刑法》《人民调解法》，皆采用总则、分则形式展开。在没有过往经验参照的情况下，商事调解法宜借鉴现有相对成熟的立法体例，先明确法律名称，再构建总则、分则的结构形式，如表 4－7 所示。

---

〔1〕 参见周旺生：《立法论》，北京大学出版社 1994 年版，第 572 页。

〔2〕 参见李培传：《论立法》，中国法制出版社 2004 年版，第 282 页。

〔3〕 参见[德]萨维尼：《当代罗马法体系Ⅰ：法律渊源 · 制定法解释 · 法律关系》，朱虎译，中国法制出版社 2010 年版，第 14 页。

表4－7 “商事调解法”的结构体系

法律名称		商事调解法
总则		第一章　总则
分则	组织法部分	第二章　商事调解组织
		第三章　商事调解员
	程序法部分	第四章　商事调解程序
		第五章　商事调解协议
		第六章　涉外商事调解的特别规定
附则		第七章　附则

在法教义学的体系化思维中,总则是从各类规范中“提取公因式”〔1〕的结果。总则规范不直接规定被调整的法律关系主体的具体行为模式,而是在法律调整中执行着某些专门职能,这些规范在立法学理论中也被称为“专门化规范”。〔2〕“商事调解法”的总则可主要分为三个部分:原则性规范、定义性规范和业务性规范。原则性规范在形式上不具备法律规范所必需的假定、处理、制裁的结构要素,其功能在于确定“商事调解法”的指导思想、目的、任务或者基本价值取向。定义性规范的功能是确定和解释商事调解等具有普遍意义的概念或术语的特定含义。业务性规范是专门规定“商事调解法”效力范围的规范,包括时间效力、空间效力、对人的效力与对事的效力。

分则是法的整体中与总则相对应的部分,使总则中的立法目的、根据、法的原则等内容得以具体化。在分则的设计上,“商事调解法”应由组织法与程序法构成,其理由可以分为实体法与程序法两个方面。在实体法方面,商法主要包括组织法和行为法两部分,“商事组织法”是解决主体地位的规范,商事行为法是划分行为合法与违法界限的规范。商事调解

〔1〕 参见[德]茨威格特、[德]克茨:《比较法总论》(上),潘汉典等译,中国法制出版社2017年版,第273页。

〔2〕 参见朱力宇、叶传星主编:《立法学》(第4版),中国人民大学出版社2015年版,第253－256页。

属于“商事救济法学”的组成部分,[1]因而“商事调解法”的分则可以参照商法的设置。在程序法方面,“商事调解法”属于非诉讼程序法体系的范畴,我国的非诉讼程序法均为将组织法和程序法融为一体的综合法。为实现法律体系的融贯性,“商事调解法”分则的制定也应采取“组织—程序”的结构体系。组织法部分可以分为商事调解组织、商事调解员两章;程序法部分可以分为商事调解程序、商事调解协议与涉外商事调解的特别规定等三章。此外,“商事调解法”还应规定附则部分,具体包括授权司法部制定实施细则的规定、宣告有关法律规范失效或者废止的规定、实施时间的规定等。

四、商事调解立法的内容安排

在借鉴《国际商事调解示范法》内容的基础上,还应当结合我国商事调解自身特点以及我国立法的长期惯例来拟定我国“商事调解法”的主要内容。

一是商事调解的概念。商事调解立法所调整的商事调解,是指当事人自愿通过依法设立的商事调解组织的协调、引导,在平等协商的基础上自愿达成调解协议,解决商事纠纷的活动。商事调解有别于人民调解,也有别于行政调解、仲裁调解、司法调解等。

二是商事调解的基本原则。我国“商事调解法”应对商事调解的基本原则作出明确规定。商事调解法的基本原则条款可以规定为,商事纠纷当事人、调解机构和调解员在商事调解中应当遵循下列原则:自愿原则、保密原则、中立原则、高效原则与合法原则。

三是商事调解组织。商事调解内含由独立的民间性商事调解组织进行的调解活动,是民间调解中一种独立的调解类型。因此,商事调解组织的性质应为民间性,而非司法性与行政性。参考《民法典》总则编第三章

[1] 商事救济法学以商事权利人的权利救济为中心,主要探讨商事自力救济、商事调解、仲裁、诉讼等商事程序问题。参见官欣荣主编:《新编商法原理》,中国检察出版社 2009 年版,第 17 页。

“法人”与第四章“非法人组织”的相关规定,以“是否具有营利性”为分类标准,商事调解组织可以分为非营利性商事调解组织与营利性商事调解组织。“商事调解法”还应对商事调解组织的内部运行规范与外部管理规范进行规定,主要包括商事调解组织的内部机构、调解规则、收费规则、成立条件、登记管理机关及其职责、主管机关及其职责。

四是商事调解员。我国“商事调解法”应对商事调解员的基本资质作出相应规定,特别应在调解员道德标准以及专业资质方面作出专门规定。同时,我国“商事调解法”应当建立职业化和专业化方面的培训及认证体系,从事涉外商事调解活动的调解员还应当熟练掌握一门以上的外语,并具有处理国际商事纠纷的能力。

五是商事调解基本程序。我国“商事调解法”应当明确商事调解程序的开始、进行、终止应当遵循的具体法律规则,从而为商事调解组织制定商事调解规则确立基本法律依据,确保商事调解程序符合商事调解的规律和特点,以尊重商事主体意愿和维护商事主体利益的方式解决商事纠纷。

六是商事调解协议效力与执行。我国“商事调解法”应当设置人民法院对商事调解协议审查、司法确认、执行等程序,赋予商事调解协议的法律效力,创造“调解友好型”司法氛围,有效引导各商事主体将调解作为首选纠纷解决方式。与此同时,我国“商事调解法”应设置专门的涉外执行程序,对经国际调解达成的和解协议应当按照《新加坡调解公约》相关条款规定予以审查和执行。

第五章　中国商事调解发展的未来展望

随着社会经济的持续发展和法律体系的不断完善，商事调解作为解决商事纠纷的重要途径，在中国日益受到关注和重视。举例而言，全国人大代表已提交多份商事调解立法议案，越来越多的地方制定了针对商事调解的地方性法规，国内的商事调解组织数量也持续增加，商事调解职业化、市场化的趋势逐渐显现。当前，中国商事调解发展正处于关键时期，如何进一步完善制度成为亟待探索和研究的问题。本章将从商事调解在立法、组织、职业化和市场化等方面提出一些对策和建议，以期推动商事调解向更加成熟、专业化和高效的阶段迈进。

第一节　商事调解组织发展路径与对策

商事调解组织作为一种新型的纠纷解决机构，在蓬勃发展的同时也存在诸多问题。实践形式单一、设立条件不明确、外部监管机制与内部治理规则不完善，都是制约商事调解组织发展的重要因素。针对上述问题，我们认为应从以下几个方面加以完善。

一、鼓励商事调解组织多元化发展

当前，我国商事调解行业发展仍处于探索阶段，但现有的调解组织实践模式相对单一，不利于其长远发展。从调解的本质来看，调解与其他纠纷解决方式相比最大的不同之处在于其多样性。调解的专业发展、职业进程以及市场运作都应秉持多样性的原则。因此，设立不同类型的商事调解组织与调解的特性相契合,应鼓励调解组织采用多元化的形式。在当前阶段,我们应该持开放态度,积极鼓励各种商事调解组织形式的探索和创新,允许符合条件的自然人、法人等各种主体发起设立不同类型的调解组织。具体而言,民办非企业单位型调解组织是目前我国商事调解组织中最主流的形式,也是重要的公益性社会服务机构。应继续鼓励和支持这类组织的发展,并在税收等方面提供政策优惠;事业单位型调解组织的数量应受到适度限制,以防止占用过多机构与人员编制,同时避免商事调解作为民间型纠纷手段的过分行政化;企业型调解组织的设立应当规范化,虽然以企业形式成立的商事调解组织可以吸引更多商业资源参与,促进商事调解的市场化和国际化,但企业的利益导向性使其在确保调解的中立性和公正性方面存在一定风险。通过不断的实践探索和验证,我们可以了解哪种类型的商事调解组织更能满足市场和社会的实际需求,以适应中国的国情。这种多元化发展形势有助于促进商事调解行业的发展和进步。

二、明确商事调解组织的设立条件

在鼓励商事调解组织多元化发展的同时,也需要避免无序发展,以免导致商事调解服务质量参差不齐。因此,我国有必要通过统一的立法来明确商事调解组织的设立条件。具体而言,可在调解组织的名称、住所、章程、资产、人员等方面设定相对明确的标准:第一,商事调解组织的名称应含有“商事调解”字样,准确反映其性质以避免误导社会大众。第二,调解组织需设有固定的服务场所,以便当事人和社会公众能够方便地寻求调解服务。第三,调解组织章程应载明调解组织的职责和业务范围、负责人的产生方式、职责和变更程序、内部组织架构、收入及债务的分配承担方式、章程或管理办法的解释和修改程序等主要管理制度。第四,根据组织形式的不同,商事调解组织的出资方式和出资金额也应有所差异,合理的资产要求可以确保机构具有充足的财务实力,不至于因经费问题而影响调解服务质量。第五,应对调解组织的发起设立人资质、调解员数量和资质作出相关规定,以避免不专业或不合规的商事调解机构进入市场。

在制定商事调解设立条件标准时，更多的是应该充分吸收实践经验。例如，可在立法过程中参照《商事调解服务规范》团体标准等相关经验，以确保符合中国商事调解的行业发展实践。

三、将行政监管与行业自律相结合

在监管单位的合法性方面，司法行政部门作为国务院直属部门负责公共法律服务管理，积累了丰富的相关监管经验，具备足够的能力以确保商事调解机构的合法性和规范运作，进而促进整个行业的健康发展。另外，从其他行业领域的经验来看，如中华全国律师协会、中国仲裁协会和中国公证协会等作为各自行业的自律管理组织，它们在协助官方指导和管理各自领域工作时，扮演了至关重要的角色。行业协会不仅可以制定行业准则、职业伦理等规范，协助司法行政部门履行相关监管职责，还能够通过学术研讨和经验交流会提升行业专业水平和服务质量。因此，商事调解领域的监管应当继续采取类似的监管措施。首先，司法行政部门将商事调解纳入公共法律服务管理范畴，有助于促进多元化纠纷解决方式之间的协同发展，确保多元化纠纷解决总体框架的有效衔接。其次，商事调解协会的自律性管理可以减少调解组织的不规范行为，提高行业的整体信誉度。建立行政监管与行业自律相结合的模式，有助于创造有序、高效和规范的商事调解生态系统，推动商事调解向高质量发展迈进。

四、建立更为完善的内部治理规则

商事调解组织的内部治理机制是其日常运营和纠纷调解的基础，对保障商事调解组织的生存和发展具有关键作用。因此，商事调解组织应制定详尽的内部治理规则以规范组织运作。具体而言，商事调解组织应建立完备的执业管理、财务管理、投诉处理、档案管理等相关规范：第一，制定执业管理规则，规范调解员的行为。通过明确调解员的资格要求、招聘程序和绩效评估，对调解员遵守职业道德、法律法规的情况进行监督，以确保调解员技能的专业性和行为的合法性。第二，制定财务管理规则，预防贪污和腐败问题。调解组织在开展调解时会涉及各项费用的收支,因此需建立透明、规范的财务管理制度,包括制定和调整收费标准、资金使用和监管等,以确保经费合理使用和公开。第三,制定投诉处理规则,以应对调解中的违规行为。调解活动中有可能出现各种违规行为,从而产生各种问题和纠纷,因此有必要明确投诉渠道和相应的处理机制,以确保不当行为能够及时、公正地得到处理。第四,制定档案管理规则。调解活动会产生大量的案件资料,因此需要建立严格的案件登记、归档和保存制度,在确保调解的保密性同时保证调解活动的可追溯性和真实性。上述制度的确立将提高调解活动的规范性和专业性,为商事调解组织奠定坚实的内部管理基础,促进其健康、规范和可持续发展。

第二节　商事调解职业化发展路径与对策

职业化是一个动态概念,是指在历史过程中,某行业的占据者对他们的服务市场实行控制的社会现象。[1] 既然职业化是动态发展,这就意味着需要经过一个长期的过程来构建职业蓝图。为了确定商事调解的职业管辖权,实现对商事调解服务市场的控制,商事调解需要在职业准入、职业训练、职业伦理方面采取以下措施。

一、完善商事调解职业准入标准

1. 制定最低限度的统一职业准入标准

对商事调解员的职业准入采取何种认证模式,应根据实际需求和客观条件寻找适合自身的路径,而不必强求相同的模式。我国幅员辽阔,文化多元,不同地区的商事调解发展水平差异较大,全国范围内实施统一的商事调解职业准入标准难以兼顾各地的情况,不利于商事调解的发展,但

〔1〕 See Richard L. Abel, *The Rise of Professionalism*. Brit. J. L. & Soc, 1979,(6): 82 -89.

完全放任商事调解组织自行制定职业准入标准，势必影响商事调解的质量，故应当制定最低限度的统一职业准入标准。在此基础上，在不同地区由不同的调解组织分别设立调解员职业准入标准，这种模式更符合我国的国情。最低限度的职业准入标准应包括政治素质、道德品行、专业知识、调解技能四方面，具体如下：拥护《宪法》，拥护“一国两制”；未受过刑事处罚，未被列入失信被执行人名单，未有因违反职业道德受惩处的记录；具备至少3年与商事相关工作经验；参与不少于40小时的调解培训，累计完成不少于2宗的调解个案。

2. 完善商事调解职业资格的评价体系

由资深商事调解员组成评审委员会，综合运用书面审查、推荐、面试、笔试等多种方式，从商事调解所需的技能，包括安排调解、管理调解、有效沟通、创造方案、评估方案、草拟协议、审查协议等方面，全面评估商事调解员能力。按照调解员的调解经验、调解案件数量、调解成功率、当事人满意度等综合指标，对调解员职业资格实行不同等级的评价，分为初级调解员、中级调解员和高级调解员三个等级。初级调解员是已经通过认证，掌握基本的调解技能，但是尚未具有足够调解经验的调解员。初级调解员在工作一段时间，调解足够的案件并熟练运用各种调解技巧之后，可以申请认证成为中级或高级调解员。

3. 建立商事调解职业资格的互认机制

各商事调解组织之间加强协作和交流，相互承认对方的商事调解员标准；具有相同或类似经济和文化环境的区域，如粤港澳大湾区、自由贸易区，建立统一的认证标准，区域内不同机构的商事调解员认证证书均被认可；积极与国际调解机构合作，鼓励国内的商事调解员申请国际调解机构如国际调解学会、新加坡国际调解中心的认证，融入商事调解员国际认证体系。

二、建立商事调解职业培训体系

1. 加强商事调解培训教材的研发，形成系统的商事调解培训体系

加强商事调解组织、商事调解协会与高等院校的合作，以调解的基本

原理、规则、流程、技巧为基础,结合商事纠纷的特点和实践经验,借鉴各国的培训课程,研发适合我国实际情况的商事调解培训教材。教材的内容应体现商事调解职业化方向,突出商事调解的操作技能,涵盖商事调解的职业伦理、职业发展,注重理论与实践的结合,分为初阶、中阶、高阶等不同等级。其中,初阶教材针对的是初级商事调解员的培训,主要学习商事调解的入门技能;中阶教材针对的是中级商事调解员的培训,主要学习常见商事纠纷的调解技能;高阶教材针对的是高级商事调解员的培训,主要学习复杂涉外商事纠纷的调解技能。

2. 加大与域外调解机构的合作,加快培养商事调解的培训师资

引入新加坡、英国、美国等地的知名商事调解培训机构在国内开设分支机构,在组织登记、税收优惠等方面为调解培训机构提供政策支持,鼓励域外商事调解组织单独举办或与国内的商事调解组织共同举办调解培训,为商事调解员进入国际调解市场创造机会,培养国际性的调解人才,同时组织院校学者和资深调解员学习域外调解培训机构运用案例分析、角色扮演等互动式教学方式,为我国商事调解培训培养师资。

三、构建统一的职业伦理准则

首先,商事调解员的职业伦理准则具有普适性,进行统一规定能够提供明确的约束,有利于商事调解员公信力的提升。商事调解职业伦理准则覆盖的范围要广泛和严密,并符合我国的实际,能对商事调解工作发挥规范指导功能。其次,推动商事调解职业伦理准则从制定阶段向实施阶段转变,鼓励各地成立商事调解协会,由协会对调解机构进行评价和报告,专门受理当事人对调解组织或调解员的投诉,对调解组织或调解员违反法律法规或者司法行政部门管理办法的行为作出相应的处理,防止出现调解组织或调解员损害当事人合法权益的行为。最后,加强对商事调解执业伦理规范的研究。通过举办调解论坛、资助项目研究、开放相关数据、合作开展研究等方式来支持商事职业伦理规范的研究,回应实务中与职业伦理相关的问题,做好与《新加坡调解公约》在调解员行为准则方面

的衔接。

第三节 商事调解市场化发展路径与对策

从全世界范围来看，商事调解的发展应走市场化的道路，已成为基本共识。正如学者所言，尽管各国商事调解的发展存在差异性，但我国不应妄自菲薄，轻易否定自己的发展和贡献，也不能妄自尊大，把自己视为国际上商事调解的鼻祖，拒绝学习国外的一些经验和做法。随着《新加坡调解公约》的签署，我国在迎来发展商事调解的重大契机之时，要有“时不待我、只争朝夕”的紧迫感，努力把握机遇，大力推动商事调解走向世界前列。为此，可考虑采取以下的策略和建议，克服困难，扫清障碍，逐步推动商事调解的市场化发展。

一、完善商事调解市场化的整体设计

商事调解的市场化发展不可能一蹴而就。在整体战略上，应立足我国实际，采用“分步走”策略，循序渐进地推进商事调解的市场化改革。

第一步，在商事调解市场化的初期，在市场尚未建立、规模小、利润空间有限、“需求”不显的情况下，应明确市场化导向，优先加强服务的供给侧改革，规范商事调解组织的成立、结构以及收费标准。具体而言，应先由司法行政部门出台全国性的规范文件，明确商事调解组织可以收费，规范商事调解组织的基本成立条件、内部治理结构，并联合有关部门制定相应的市场收费价格指引，从而为商事调解市场化提供必要的政策或规范依据。结合我国实际情况，这一阶段应着重推进民办非企业单位性质商事调解组织的发展，对此应出台相关的规范性文件，明确司法行政部门作为商事调解组织的主管部门，民办非企业单位性质商事调解组织应当经过司法行政部门的“审核同意”。同时，应适当放开市场，司法行政部门与工商部门沟通，将商事调解纳入公司名称目录，商事调解公司的成立应先

经过司法行政部门的初步审核。该举措在法理上属于新增行政许可,因而还需要在立法上及时跟进。当然,还有一种步子更大的做法,就是直接打破目前法律设置的组织框架和调解制度,将商事调解组织的登记直接交给司法行政部门。但该做法涉及面广、难度大,需要部门之间的相互协调并及时修改现有的立法规定。而从目前司法部"商事调解规范"制定研讨的过程来看,公司等营利性的商事调解组织并未获得官方的认可。

第二步,在我国商事调解组织形成一定规模且出现一批较为成熟的代表性组织时,一方面,引导更多的社会资本进入商事调解市场。因为社会资本的进入,不仅可以带来资金,还能带来技术、经验和人才。同时,开始推动民办非商事调解组织的市场化改造,相应地改造其内部治理结构,使其以更契合市场化的方式进行运作。另一方面,允许境外商事调解组织与境内的商事调解组织以"合作扩张模式"在境内共同成立商事调解机构。这样不仅可以充分借鉴并吸收境外优秀资本、组织的优秀理念和经验,而且通过竞争机制也必然迫使境内商事调解组织不断改善自身,提供更优质、价优的商事调解服务。

第三步,在市场相对成熟而国内外调解组织良性竞争机制形成时,可更大程度上放开市场的准入条件,鼓励允许符合相应条件的自然人、法人等各种主体以多样化的形式发起设立商事调解组织,并将商事调解组织的优胜劣汰交给市场。同时也应逐步完善市场退出机制并制定相应的规则,如规定若民办非企业单位性质商事调解组织连续亏损数年、出现资不抵债的情况,应到司法行政部门报备,并由民政部门予以注销;其他企业性质的商事调解组织若资不抵债而出现申请破产等情况,应当到司法行政部门报备,并由工商管理部门予以注销等。

二、提升商事调解的服务品质

我国商事争议解决服务事业的发展应当坚持"引进来"与"走出去"相结合的原则。在境内商事调解市场发展处于初级阶段,商事调解组织尚未健全,无法提供专业、优质的商事调解服务的情形下,从境外引进优质商事调解组织有助于促进境内商事调解组织的发展。引进境外优质商事调解组织,竞争境内有限的商事调解市场份额,必然会刺激本土商事调解组织的“神经”。在竞争机制带来的生存压力下,境内的商事调解组织势必将向外来商事调解组织学习更先进的理念、组织框架、管理策略乃至调解技术,但步伐不宜过大,应注意市场开放的有限性。在这点上,可借鉴20世纪我国改革开放初期发展汽车产业中采用的“中外合资”或“合作扩张”模式,即本土的商事调解组织与境外的商事调解组织合作,在境内设立新的商事调解组织。

在将境外优秀调解组织“引进来”的同时,更要进行境内调解市场的供给侧改革,促使境内商事调解组织不断“苦练内功”,加强其自身市场竞争力。一方面,要促进商事调解机构的市场化转型,通过减少行政依赖性提高机构管理的独立性。这点上,上海经贸商事调解中心的经验值得借鉴。另一方面,应当借鉴国际商事调解组织的“成功经验”,以调解员为核心提高机构的人才储备能力。应积极推动境内商事调解组织和机构通过相互承认调解员资格、机构的调解员标准、指定调解员资格认证区域等方式实现国际调解员的跨境流动,增加优秀调解员的储备。

三、激活商事调解的市场需求

需求是市场形成的关键要素。但正如前所述,目前国内的商事调解需求并不凸显,且存在不少障碍。为更好地激活商事调解的内在需求,可考虑从以下方面着手:

第一,优先以国有企业作为突破口,鼓励各地联合发展改革委出台相关文件,消除国有企业在利用调解解决商事纠纷方面的顾虑。在这方面上海市提供了较好的借鉴经验。《上海市促进多元化解矛盾纠纷条例》规定,国有企业相关人员在和解、调解过程中勤勉尽责、未谋取私利的,出现结果未达预期效果或者造成一定损失的,不作负面评价。上海市国资委发布的《市国资委监管企业重大法律纠纷案件管理实施意见》也明确鼓励监管企业之间发生法律纠纷通过第三方调解解决,并规定“企业应当根据案件实际情况,综合评估企业利益,经相关决策程序后通过调解、和解方式依法协调解决重大法律纠纷案件”。

第二,优先在商事调解实行律师非诉引导义务的规定。实际上,我国已经有一些地区制定了相应的规定。例如,浙江宁波慈溪市人民法院、司法局联合全市22家律师事务所构建律谐商事调解中心,并通过一系列文件的出台,在商事领域里建立诉前律师告知引导制度,利用律师“第一时间接触当事人、第一时间了解全案情”的优势,结合案情及当事人意愿,积极做实诉前释明引导工作。

第三,通过多渠道的宣传,不断培育社会利用调解解决纠纷的习惯。其一,多渠道开展线上多媒体宣传。通过网站和微信公众号开展商事调解的线上宣传,充分体现商事调解在化解矛盾纠纷中的重要作用,坚守普法阵地持续宣传;同时制作多幅商事调解宣传标语、宣传海报等,利用宣传橱窗、公共法律服务大厅、法治文化公园、电子宣传屏全天候播放,为商事调解工作营造浓厚的宣传氛围。其二,多形式开展线下宣传日活动。发挥部门联动合力,纷纷走入社区,走进商业广场,在人群密集地广泛开展宣传。商事调解组织普法专员以悬挂横幅、派发法律宣传册、派发普法宣传用品、邀请社区法律顾问现场开展法律咨询等形式开展宣传活动,同时向来往的居民群众宣传商事调解的意义、内容和优势,充分调动现场群众的学法热情,营造出良好的宣传氛围。其三,专题讲座以案释法强化质效。可以邀请国内比较有名的商事调解组织内的资深商事调解员走进社区开展商事调解系列专题讲座,精编商事调解服务案例进行“以案释法”,将商事调解通过案例的阐释深入人心。

四、优化商事调解的收费制度

要推动商事调解市场化发展,价格自然应当由市场所决定。考虑到目前各地规定和实践情况较为混乱,可考虑由司法部联合市场监督管理部门制定关于商事调解价格管理的指导性文件,明确商事调解可以收费,实行市场调节价,要求各商事调解组织的收费标准提请当地价格主管部门核准后向社会公开。考虑到我国商事调解正处于市场化发展初期,各地可结合实际情况,明确一定的收费上限和下限。

在具体的收费标准上,则由商事调解组织在规定之内结合自身实际情况自主决定。收费标准也可以由商事调解组织或调解员与纠纷当事人协商决定,其考虑的因素包括但不限于耗费的工作时间、纠纷解决难易程度、当事人的承受能力、调解员的信誉及能力等。当然,调解组织对确定的收费标准可根据自己的运作战略在核准范围内适当降低,以价格优惠暂时作为吸取客户的营销式手段。国外仲裁组织目前对调解收费便采取低于仲裁费用的收取比例,以低成本吸引客户的选择。但考虑到我国仲裁费用本身不高,部分优质的商事调解组织也可以结合自身的影响力和服务品质,与国际接轨制定合理的收费标准。

第四节　商事调解协议司法确认的规则完善

一、优化商事调解协议司法确认程序规则

既有的司法确认程序启动条件高、审查方式不统一,为保障商事调解协议司法确认程序的效能,将来可以考虑从以下方面优化商事调解协议司法确认程序规则。

1. 商事调解协议司法确认申请不受时间限制

商事调解协议是经专业的调解员组织双方达成的解纷合意。申请司法确认的目的是通过司法审查以赋予商事调解协议强制执行力,一方当事人反悔协议时另一方可以申请强制执行。司法确认程序赋予调解协议执行力的功能与当事人何时申请司法确认、通过该途径获取商事调解协议执行力并无关联。在商事调解协议生效 30 日后申请司法确认并不会影响双方间的合意,也不会影响司法确认程序赋予商事调解协议执行力的功能,即不会影响双方通过司法确认程序获取执行力的目的。基于意

思自治原则,司法确认程序并非调解机制的“必备品”,商事主体是否申请司法确认、何时申请司法确认应由其自行决定。

2. 商事调解协议司法确认单方申请的正当性

实际上商事调解协议司法确认程序申请条件高不仅体现在具有时限要求,需双方当事人共同申请也对司法确认程序适用率有所影响。例如,有学者认为由双方合意才能启动司法确认程序导致程序入口窄,将大量无意思瑕疵的调解协议排除在外。〔1〕 当事人的自我行为应与自我责任相适配,商事调解协议具有合同效力,在签订调解协议之后,应允许一方当事人单独申请司法确认。《民事诉讼法解释》第 351 条规定应由双方共同申请司法确认,意味着签订商事调解协议的当事人可以随时撤回意思表示,这对双方利益保障并不均衡,如另一方当事人拒绝启动司法确认程序而被法官驳回申请,对申请人来说是不公平的。例如,有学者认为经司法确认后,调解协议具有强制执行力,对当事人影响较大,为避免当事人遭受不利益,只有双方当事人合意申请才能进行司法确认。〔2〕 这违背了双方利益保障均衡原则。还有观点认为需双方共同申请司法确认的原因在于需保障双方的合意,〔3〕即以双方共同申请表明双方对权利义务关系不具争议。但商事调解协议的签订足以证明双方对权利义务关系具有合意,满足了司法确认程序的适用前提,这是合同效力的体现,再次要求双方共同向法院申请司法确认具有否定合同效力的嫌疑。为保障商事调解协议是双方达成的合意,司法确认过程中对方当事人具有提出实体异议的权利。综上,单方当事人申请司法确认并不违背双方对权利义务关系的合意。要求双方共同申请司法确认,实际上损害了当事人的合同利益,反而给不履行合同义务的一方提供了可乘之机,因此可由一方商事主体单独申请司法确认。

---

〔1〕 参见马丁:《论司法确认程序的结构性优化》,载《苏州大学学报(法学版)》2021 年第 4 期。

〔2〕 参见占善刚:《人民调解协议司法确认之定性分析》,载《法律科学(西北政法大学学报)》2012 年第 3 期。

〔3〕 参见洪冬英:《论调解协议效力的司法审查》,载《法学家》2012 年第 2 期。

3. 明确商事调解协议司法确认程序采用形式审查

司法实践中,商事调解协议司法确认程序中形式审查与实质审查两种情形并存。不仅实践如此,理论界对司法确认程序采用形式审查还是实质审查也是有争议的。审理方式不同导致当事人的程序保障、裁定效力、救济机制均有区别。因此,明确司法确认程序的审理方式是重点。基于商事纠纷快速解决、司法确认程序快速赋予协议执行力目的,在审查商事调解协议时,进行形式审查足矣,法官认为有必要的可以举行听证会。实质审查并不适合司法确认程序,一方面,非讼程序中的法官依职权审查通常无须当事人参与,或者当事人参与不足,主要由法官发挥其主观能动性。该种审理方式不仅使当事人程序保障不足,也与快速自行解决商事纠纷的目的相悖。另一方面,在双方对审的实质审查模式中,需要给予双方充分的质证、辩论机会。但商事调解协议是当事人合意解决纠纷的结果,若在司法确认程序中再次要求双方在法官的主导下辩论、重新确定权利义务关系等,则本质上是再行适用诉讼程序解决纠纷。该操作不仅否定了司法确认程序的功能,也剥夺了商主体选择通过司法确认程序快速获得执行名义的权利。有学者认为,从现行规定中可知司法确认程序允许实体抗辩,法院应开庭进行实质审查。[1] 但实体抗辩和实质审查是两项不同的制度,当事人提出实体抗辩构成实质争议后,并非要求法官在司法确认程序中由双方展开辩论、进行实质审查,此时可终结司法确认程序,也可将司法确认程序转为诉讼程序。

形式审查被质疑的主要原因在于其可能难以判断调解协议的合法性,如是否存在当事人恶意串通损害第三人利益的情形。为防范虚假调解,其一,针对当事人,可建立当事人书面承诺制度,法官需向当事人释明虚假调解协议司法确认的后果。2009 年最高人民法院印发《关于建立健全诉讼与非诉讼相衔接的矛盾纠纷解决机制的若干意见》第 22 条规定,

---

〔1〕 参见周翠:《司法确认程序之探讨——对〈民事诉讼法〉第 194 – 195 条的解释》,载《当代法学》2014 年第 2 期。

当事人提出司法确认申请时,应当向法院提交调解协议书、承诺书。承诺书应当明确载明:双方当事人出于解决纠纷的目的自愿达成协议,没有恶意串通、规避法律的行为;因为该协议内容而给他人造成损害的,愿意承担相应的民事责任和其他法律责任。其二,对于商事调解组织、商事调解员,一方面,可以构建信用惩戒机制,商事调解组织、商事调解员故意造成虚假调解的,相关组织需将其列入调解失信名单,并向社会公开;另一方面,应要求其履行注意义务,以防止商主体虚假调解。例如,深圳市司法局联合市中级人民法院共同起草的《关于商事调解组织自行调解案件申请司法确认的实施意见(试行)(征求意见稿)》(以下简称《深圳市商事调解组织自行调解案件申请司法确认意见》)第 19 条列举了商事调解组织或调解员不予移送司法确认申请的情形。其三,对法院而言,为预防虚假调解,可以结合实践经验,对某些案件、某些情形进行重点审查。例如,《深圳市商事调解组织自行调解案件申请司法确认意见》第 13 - 15 条列举了严格审查的案件类型、具体情形及具体审查措施等。

4. 应当强化裁定书的说理

当前实践中因商事调解协议内容“不明确”而被驳回司法确认申请的情形较为常见。但法官驳回司法确认申请的法律依据及理由并不充分,并未表明是基于何种情形导致“调解协议内容不明确”。为提高商事调解协议司法确认程序的利用率,也为减少法官恣意,有必要要求法官在裁定书中进一步说明因何法律及事实理由驳回商事主体的司法确认申请。

二、与《新加坡调解公约》对接的路径

国际商事调解协议是否具有执行力在我国当前是具有争议的,但主

流观点认为国际商事调解协议无须司法确认便可申请法院强制执行。[1] 本报告认为,对于国际商事调解协议,在尚未批准《新加坡调解公约》时仍以司法确认程序赋予其执行力。一旦我国批准《新加坡调解公约》,除声明保留条款外,即便该公约与我国民事诉讼法规定有所冲突亦需适用该公约规定,即在批准该公约后,国际商事调解协议一经签订便成为执行名义,当事人无须申请司法确认,一方不履行协议时,另一方可直接申请法院强制执行。

执行力是执行名义的本质属性。执行名义是确定债务人应为给付,并赋予债权以执行力的法律文书,是强制执行的基础。[2] 主流观点认为执行名义构成要件分为形式要件和实质要件,其中形式要件有:执行名义属于"公文书";载明强制执行债权人与债务人及应执行事项;实质要件包含命令债务人给付;给付内容适法、确定、可能(事实上和法律上可以给付);给付的性质适用强制执行。[3] 之所以国际商事调解协议在我国能够得到直接执行,是因为其满足了上述执行名义的构成要件。其中应载明执行事项、命令债务人给付、给付内容适法及具有执行内容等上文已经提及经专业的商事调解员调解达成的商事调解协议可以具备上述要素。在此需重点解释国际商事调解协议的"公文书"属性。

公文书实际上指的是具有公信力的文书,而非仅指由公权机关出具的文书。之所以向来认为公权机关出具的文书等同于公文书,是因为公权机关具有公信力与公定力,其出具的文书能得到当事人及社会公众的

---

〔1〕 参见刘敬东等:《批准〈新加坡调解公约〉对我国的挑战及应对研究》,载《商事仲裁与调解》2020 年第 1 期;孙南翔:《〈新加坡调解公约〉在中国的批准与实施》,载《法学研究》2021 年第 2 期;张文亮、李雨芳:《〈新加坡调解公约〉的执行和审查机制研究》,载《经贸法律评论》2021 年第 5 期;陈洁:《我国国际和解协议准予救济制度的构建——以〈新加坡调解公约〉的签署为契机》,载《东南大学学报(哲学社会科学版)》2020 年第 2 期;杨秉勋:《再论〈新加坡调解公约〉与我国商事调解制度的发展》,载《北京仲裁》2020 年第 1 期;高奇:《论国际和解协议在我国的跨境执行:理论分析与制度建构》,载《理论月刊》2020 年第 8 期等。

〔2〕 参见谭秋桂:《民事执行原理研究》,中国法制出版社 2001 年版,第 153 页。

〔3〕 参见谭秋桂:《民事执行原理研究》,中国法制出版社 2001 年版,第 159 - 166 页;赖来焜:《强制执行法总论》,台北,元照出版有限公司 2007 年版,第 292 - 300 页;等等。

认同。若商事调解员具有足够的专业性、公信力,能够获得当事人及社会公众的认同,则经其调解达成的商事调解协议也是具备公信力的,可以被认定为“公文书”。例如,有学者认为,“应当将哪些组织以及程序所确认的实体请求结果作为执行根据,赋予其强制执行的效力需要国家从纠纷解决的资源配置、社会法治环境、法制传统、法治观念等多种因素予以考量。执行根据的法定化可以有多种模式,例如挪威、瑞典等国的法律认为诉讼外调解机关达成的调解具有强制执行效力”[1]。“挪威法律规定,调解委员会的调解员均为平民,由政府有关部门公开登报招聘,录取的主要条件是本人具有社会责任感或处事公道正派有诚信,对调解工作有兴趣,并有一定工作经历,对于是否受过高等教育或是否有法学背景并不重要。瑞典的诉讼外调解员一般由律师或退休法官担任,诉讼内调解都是由职业法官承担。”[2]换言之,瑞典、挪威的调解员是具有公信力的,因此经其调解出具的调解协议具有执行力。又如,竹下守夫认为之所以执行名义以公文书为载体,是因为其可以高度盖然性地证明实体权利存在。[3] 易言之,能够成为执行名义的前提是需有实体权利关系的存在,而执行机关把确认该权利存在的手段限定于具有高度信赖性的公文书,即公文书只是载体而已。当通过其他手段能证明双方存在实体权利关系时,其他组织出具的文书也可具有执行力。例如,我国《民事诉讼法解释》第 114 条规定,国家机关或者其他依法具有社会管理职能的组织,在其职权范围内制作的文书所记载的事项推定为真实,但有相反证据足以推翻的除外。按照该逻辑,当将依法设立的商事调解组织限定为“依法具有社会管理职能的组织”时,其出具的调解协议可以推定为真实,成为执行名义具有正当性。综上,以执行名义为理论分析工具,当商事调解员的素质足够高、具备公信力时,赋予国际商事调解协议执行力是具备正当性的。

---

〔1〕 张卫平:《民事执行根据问题探究》,载《财经法学》2023 年第 3 期。

〔2〕《关于挪威瑞典诉讼外调解制度的考察报告》,载中国政法大学诉讼法学研究院网,http://www.procedurallaw.cn/info/1013/5331.htm,2023 年 11 月 21 日访问。

〔3〕 参见[日]竹下守夫:《日本民事执行法理论与实务研究》,刘荣军、张卫平译,重庆大学出版社 1994 年版,第 12 页。

当前,反对国际商事调解协议可以径行执行的主要原因除调解员资质不高、调解质量没有保障外,当事人、案外人合法权益保障不足亦是重要缘由。[1] 因此,下一步需要解决的是国际商事调解协议直接执行机制可能带来的虚假调解问题。上文提及的针对当事人及商事调解组织、商事调解员预防虚假调解的手段仍可适用,且在执行阶段亦有救济手段,如案外人提出执行异议等。为批准《新加坡调解公约》做准备,当前可在粤港澳地区或自由贸易区就国际商事调解协议的跨境认可和直接执行开展试点。而国内的商事纠纷达成的调解协议仍需经司法审查后才能具备执行力。综上,未批准《新加坡调解公约》前,无论是国际商事调解协议还是国内商事调解协议,均需经司法审查才能获得执行力。而对国际商事调解协议的司法确认需严格遵守我国的法律法规,如不符合司法确认程序受案范围的案件不予受理。批准《新加坡调解公约》后,商事调解协议的执行机制采用“双轨制”,国内商事调解协议需经司法确认后才具执行力,而国际商事调解协议可以直接申请法院强制执行,无须司法审查。实际上按照前文的逻辑,当我国商事调解员、商事调解组织具备足够的专业性及公信力时,国内商事调解协议也可以具备执行力,无须再行向法院申请司法确认。

第五节　商事仲裁与调解结合的完善路径

经过本报告前文分析可知,我国在适用仲调结合解决国际国内商事纠纷时,在规则、中立性、效力、救济等层面都存在或多或少的不足之处,

---

〔1〕 参见张艳、房昕:《〈新加坡调解公约〉下我国商事调解协议的执行力问题研究》,载《法律适用》2021 年第 5 期;程华儿:《涉外法治发展视域下我国法院对〈新加坡调解公约〉执行机制革新的因应》,载《法律适用》2020 年第 24 期;蔡伟:《从〈新加坡调解公约〉看我国商事调解的改革》,载《安徽大学学报(哲学社会科学版)》2021 年第 2 期;郭子平:《我国国际商事调解特区立法:问题争议、解决机制及制度贡献》,载《深圳大学学报(人文社会科学版)》2023 年第 4 期;等等。

还需进一步优化完善。

一、细化仲调结合的衔接规则

我国《仲裁法》等法律对国际商事仲裁调解结合机制设计了基础法律框架和程序性保障措施。尤其是仲裁中调解机制,在《仲裁法》和多数机构仲裁规则中均有相关规定可借以支撑。但商事仲裁与商事调解本身是两种独立的纠纷解决方式,为完善中国式仲裁调解结合机制,保障其公正、效率等核心价值,服务当事人意思自治,发挥“定分止争”的功能,最基础的实现路径便是通过立法与修法,为中国式国际商事仲裁调解机制搭建较为完善的法律框架。

2021 年《仲裁法(修订)(征求意见稿)》正式公布,其中新增了“仲裁与调解相结合”的一般规定、增加“仲裁确认”条款,允许当事人选择仲裁庭之外的调解员单独调解。在后续《仲裁法》的修订工作中,还需进一步完善仲调结合的衔接规则,包括但不限于申请仲裁前、申请仲裁后、仲裁庭组成前、仲裁庭组成后等不同模式下仲裁员与调解员的选任问题,以及仲调结合中调解程序或仲裁程序的开始和中止、终止等具体事项。此外,调解与仲裁员身份的转换、信息披露与保密义务等方面也需要进一步明确,给仲裁员、调解员和当事人提供明确的指引,以保证仲调结合程序的正当性。

二、强化当事人意思自治和选择权

当事人意思自治在仲裁与调解制度中都是核心,在商事仲裁与调解的结合机制中的重要性自然不言而喻。学界关于仲调结合程序中仲裁员与调解员身份合一,即对其中立性的质疑也可以通过强化当事人在仲调结合程序中的意思自治和选择权解决。在后续对仲调结合机制的制度完善中,要加强对当事人意思自治这一原则的强调,对“当事人自愿调解”这一仲裁庭主持调解的前提条件进行进一步细化和明确,以确定当事人对同一中立者主持仲裁和调解程序、仲裁庭以何种方式主持调解程序、调解失败后仲裁庭再次转换身份等相关问题的当事人书面合意，避免因调解程序与仲裁程序的内生差异和灵活性等特有属性而引发次生矛盾。在关键环节，通过书面形式确保当事人意思自治也是很有必要的。

三、加强对调解协议的审查与执行

不论是独立的商事调解、商事仲裁，还是商事调解与仲裁结合，其目的都在于高效化解纠纷。仲调结合中对调解协议效力的审查会影响后续裁决书的执行效率，因此对此必须重视。建议加强对调解协议的审查与执行。无论是仲裁前达成的调解协议还是仲裁中达成的调解协议，当事人向仲裁委员会申请制作裁决书时，都必须按规定进行审查。首先，在当事人达成调解书后申请制作仲裁解决时，对协议是否有效、是否属于仲裁委员会管辖受理范围等方面作形式审查。其次，对调解协议是否合法进行审查。具体审查内容可以包括当事人对调解员的选任是否达成合意、调解协议的达成是否出于当事人真实意思。最后，审查是否存在恶意调解或者虚假调解的情形。要严查利用仲调结合方式损害国家、社会、第三人利益的情况。审查发现可能存在虚假调解或恶意调解情形的，仲裁庭有权拒绝制作仲裁调解书或者裁决书。

四、加强仲调结合组织建设与人才培养

商事纠纷具有复杂性和专业性，为更好地推动商事仲裁与调解的衔接，还需要加强仲调结合的人才培养。商事调解与仲裁衔接对解纷人才提出了更高的要求：在调解员与仲裁员分离的情况下，必须分别有擅长仲裁和擅长商事调解的人才；在调解员与仲裁员为同一人的情况下，对人才的要求更高，必须擅长仲裁又会熟练运用调解的技巧，还要对商事领域相关的专业性知识有一定的储备。因此，对仲调结合的人才培养加强已经迫在眉睫。首先，有针对性地对单一人才进行分别培养。对仲裁员可以加强调解基础知识和技能的培训，让仲裁员学习如何以调解员的身份及如何运用调解技巧挖掘当事人争议背后的利益，如何说服和劝解当事人

等。对调解员则需培养其掌握仲裁需要注意的环节和程序事项,还要帮助调解员转化思维,保证其在身份转换为仲裁员时要做到中立、公正。在加强对仲裁和调解技能培养的同时,也可以加强与商事纠纷相关联的如物流、运输、合同等方面的专业知识的学习。其次,建立商事调解与仲裁人员认证标准体系,对开展商事调解的机构、人员的资质进行认定,设置一定的准入门槛。最后,可参考国际调解协会颁布的调解员职业守则,以及新加坡等地的调解员职业守则,制定调解员职业守则范本,供各商事调解机构、仲裁机构选用,以促进调解员职业守则的标准化、国际化。

第六节　商事调解立法的策略与构想

早在21世纪初,我国就有不少有识之士注意到商事调解发展的重要性,开始呼吁要对我国的商事调解进行立法。[1] 近年来,全国人大代表已提交多份商事调解立法议案,[2] 商务部、司法部、中国贸促会等亦正在组织筹备商事调解立法工作,[3] 全国人大财经委也建议加强对议案所提商事调解有关重点难点问题的研究论证,待条件成熟时提出立法建议。[4] 然而,2023年,在十四届全国人大常委会公布的未来5年立法规划中,商

[1] 这一方面的呼吁和研究集中出现在2002年《国际商事调解示范法》出台阶段、人民调解立法征求意见阶段、《民事诉讼法》修改征求意见阶段、"一带一路"建设纵深发展阶段,以及《新加坡调解公约》公布与签署阶段。

[2] 参见郭娜:《解决跨国商业纠纷:人大代表丁光宏建议加快制定〈商事调解法〉》,载上海人大网,http://www.spcsc.sh.cn/n1939/n4514/n8249/n8250/u1ai212916.html,2023年8月1日访问;张苏军:《积极推动商事调解立法》,载微信公众号"多元化纠纷解决机制",https://mp.weixin.qq.com/s/Rsiq1HmSBiNVUXrm_4F4fQ,2023年8月1日访问。

[3] 参见《司法部关于政协十三届全国委员会第三次会议第3546号提案答复的函》,载中华人民共和国司法部网,http://www.moj.gov.cn/government_public/content/2020-12/31/143_3263748.html,2023年8月1日访问。

[4] 参见全国人大财政经济委员会:《全国人民代表大会财政经济委员会关于第十三届全国人民代表大会第五次会议主席团交付审议的代表提出的议案审议结果的报告》,载http://iffga6ae4bfbcde7b499csqqxbkbobnv656f06.ffhi.libproxy.ruc.edu.cn/chl/80e6f2bc0e99c664bdfb.html?keyword=商事调解&way=listView&tiao=1,2023年8月1日访问。

事调解的立法未列其中。从我国的立法现实和商事调解的实践情况来看，我国商事调解的立法之路仍任重而道远。尽管如此，作为促进商事调解健康、有序发展的关键举措和理论界与实务界始终关注的重要议题，商事调解专门立法应未雨绸缪，尽早着手，并结合我国实际，采取有效的立法策略和可行的发展路径，以回应现实中较为迫切的立法需求。

一、“三步走”的商事调解立法策略

因为从目前国内立法机关的工作计划来看，商事调解立法尚未纳入正式的议程，所以本报告在考量立法可能性、可操作性和实践需求等诸多国情因素的前提下，提出先“行政规范性文件”到“行政法规”再上升为“法律”的“三步走”的立法策略。

事实上，“分步走”的立法策略已成为商事调解专门立法的共识。例如，国内有学者提出先“司法解释”再“一般法律”的立法策略，即先由最高人民法院发布相关司法解释，就商事调解规则和协议执行作出相关规定，待条件成熟之后再制定单独的“商事调解法”。此种方案固然有其可行之处，但可能存在最高人民法院超越司法解释权限的嫌疑。从学理上来看，司法解释权来自立法机关法律解释权的转授。[1] 司法解释权的行使应当有所节制，这是理论界长期以来的共识。[2] 我国《立法法》第 119 条第 1 款对司法解释的权限作出了明确的规定，最高人民法院、最高人民检察院作出的属于审判、检察工作中具体应用法律的解释，应当主要针对具体的法律条文，并符合立法的目的、原则和原意。根据该条规定，“分步走”的立法策略在商事调解专门立法的过程中仍存在多方面的困境。另外，从中国批准《纽约公约》的先例来看，全国人大常委会于 1986 年 12 月 2 日作出批准决定之后，最高人民法院才于 1987 年 4 月 10 日发布了《关于执

〔1〕 参见聂友伦：《论司法解释的权力空间——我国〈立法法〉第 104 条第 1 款的法解释学分析》，载《政治与法律》2020 年第 7 期。
〔2〕 参见魏胜强：《司法解释的错位与回归——以法律解释权的配置为切入点》，载《法律科学（西北政法大学学报）》2010 年第 3 期。

行我国加入的〈承认及执行外国仲裁裁决公约〉的通知》。

本报告认为,在全国人大常委会尚未作出批准《新加坡调解公约》的法律决定之前,宜先由司法部出台商事调解规范,再提请国务院制定名为"商事调解条例"的行政法规,在条件成熟时再纳入全国立法规划,由全国人大常委会制定"商事调解法"。首先,考虑到商事调解立法的复杂性,涉及多方的利益和对现行调解制度的重塑,适宜先由熟悉调解领域情况的司法部牵头制定相应的商事调解规范,以解决目前商事调解无规定可依、易引起混乱的现实难题。而实际上,本报告撰写期间,司法部有关部门也已起草了相应的商事调解规范,并征求了多轮各方的意见。其次,从行政法规的立法权限来看,它不同于司法解释必须受限于上位法的约束,在没有上位法的情况下也可由国务院出台行政法规。根据《行政法规制定程序条例》的相关规定,列入行政法规立法规划需满足三个方面的条件:(1)适应改革、发展、稳定的需要;(2)有关的改革实践经验基本成熟;(3)所要解决的问题属于国务院职权范围并需要国务院制定行政法规的事项。结合当前国内商事调解的发展程度,以及回应《新加坡调解公约》的落地需求,制定"商事调解条例"完全符合以上条件。最后,就"商事调解条例"的牵头起草部门而言,应由国务院所属部门司法部具体负责。因为从本质来说,商事调解与律师、仲裁相似,均属于公共法律服务的范畴,而公共法律服务的行政主管部门是司法部,故由司法部负责名正言顺。与此同时,司法部又具有"负责起草或者组织起草有关行政法规草案"的职权,因此由司法部牵头起草"商事调解条例"草案具有较强的正当性和优势性。而负责"起草国内外贸易、外商投资、对外援助、对外投资和对外经济合作的法律法规草案及制定部门规章"的商务部则并不适合牵头起草"商事调解条例"。

综上,选择"三步走"的立法策略,既是尊重立法规律的要求,也是基于立法现实和立法成本的考量。从立法规律来看,在商事调解实践发展尚不充分,理论研究尚不深入,社会观念尚未形成的情况下,不宜直接由全国人大常委会直接制定"商事调解法";从立法现实来看,在商事调解立法尚未列入国家立法规划的情况下，未来几年内都不太可能进行全国性的商事调解立法；从立法成本来看，制定法律的过程相对复杂漫长，不仅程序严格，成本也高，这对当前迫切需要法律支撑的商事调解可谓是“远水解不了近渴”。因此，在全国性商事调解立法条件尚不成熟的情况下，为了规范和引领商事调解的健康发展，顺利对接《新加坡调解公约》，先从商事调解规范开始，再制定行政法规“商事调解条例”，最后上升为法律不失为一种恰当的选择。

二、商事调解立法中的“五个结合”

在明确商事调解立法的基本策略之后，我们需要对商事调解立法的内容建构予以关注。商事调解立法作为一个系统，其实质建构应体现以下几种结合性。

1. 组织性与程序性相结合

商事调解法属于综合法，应包含组织规范与程序规范。组织是一个物质的、具体的、有指向的，由一定结构组成的有机体的集合，在这个集合中存在自身的运行系统和调控机制。[1] 商事调解组织规范应涉及商事调解组织的性质、类型、成立条件、内部机构、管理规则、收费规则、登记机关、主管机关、调解员的选任与管理等内容。商事调解是调解现代化转型的产物，商事调解程序应按照一定顺序、方式和手续进行。商事调解程序规范应涵盖商事调解的普通程序、衔接程序、涉外程序、调解协议效力等内容。

2. 授权性与义务性相结合

授权性规范是允许主体作出某种行为的法律规则，它规定主体享有作出或者不作出某种行为的自由。义务性规范是规定义务主体必须作出某种积极行为，以满足权利人利益的规则。比较而言，《仲裁法》的立法内

〔1〕 参见邓向荣：《资源配置机制与企业组织演化的理论研究》，中国财政经济出版社2005年版，第6－7页。

容多采用义务性或准入性规范,严格规制仲裁机构、仲裁员与仲裁程序。商事调解法应主要采用授权性的法律规范,如鼓励成立非营利性与营利性商事调解组织、赋予商事调解协议执行效力,但也需要义务性规范,如商事调解组织成立应符合法定的成立要件,商事调解需要遵循法定的程序。

3. 社会自治性与司法利用性相结合

商事调解法很难简单划归公法、社会法或者私法等任何一个领域。民间商事调解组织在纠纷当事人自愿申请调解的基础上解决纠纷,即具有社会自治性。但商事调解法也不能忽视国家与社会之间的良性互动,应调整与司法机关衔接的活动和程序,如与审判程序衔接(委托委派商事调解)、与司法确认程序衔接(商事调解协议司法确认),以及与执行程序的衔接(涉外商事调解协议执行),由此体现司法利用性。根据黄宗智教授的观点,这些商事调解与司法程序的衔接规则都可归属国家与社会之间良性互动的"第三领域"。[1]

4. 商事调解作为物品或服务的供给方式由商事调解组织的性质决定

非营利性商事调解组织具有公益性,其供给的商事调解属于公共物品;营利性商事调解组织具有私益性,其供给的商事调解属于私人物品。一方面,商事调解法规定非营利性组织开展商事调解工作,这些组织虽然向当事人收取一定的调解费用,但不能将收益转化为私人财产,其开展的商事调解仍具有公益性。另一方面,商事调解法鼓励营利性组织提供商事调解服务,依靠市场机制形成均衡价格,实行完全的市场化。随着社会的发展,公益性与市场性的商事调解的利用率,会呈现此消彼长的动态过程。决定这一变化的因素,既包括社会纠纷解决的需要、各种社会权力之间的博弈和竞争、国家的资源配置,也包括社会公众和当事人的选择。

---

〔1〕 参见[美]黄宗智:《清代的法律、社会与文化:民法的表达与实践》,上海书店出版社 2007 年版,第 91－111 页。

5. 国内性与涉外性相结合

商事调解中各方当事人的住所地或经营地不在同一国家和地区，以及商事关系中相当一部分义务履行地所在国家和地区或者与争议事项关系最密切的国家和地区，不是当事人住所地所在国家和地区的，为涉外商事调解。由于涉外因素的存在，涉外商事调解的部分规范应与国内商事调解规范存在区别，实行国内商事调解与涉外商事调解“双轨制”，即商事调解法应设置“涉外商事调解程序”专章，涉外商事调解程序有特别规定的适用特别规定，没有特别规定的，适用国内商事调解的一般规定。涉外商事调解规范应重点规定涉外商事调解协议执行机制，包括执行法院的级别管辖与地域管辖规则，涉外商事调解协议执行中的申请、审查、执行、保障等程序规则。涉外商事调解规范中的特殊规范还应包括关于当事人在非执行程序中援用调解协议以证明相关争议已经得到解决的规则、个人调解规则、调解中的语言与调解员资格规则等。

附录1:商事调解发展大事记

一、2021年

1月1日《商事调解服务规范》团体标准正式实施

团体标准由中国贸促会商业行业委员会与中国贸促会调解中心共同牵头组织起草,对“商事”“国际商事争议”“调解”“商事调解”等术语明确界定了含义,规定了商事调解服务基本原则、服务机构资质要求、服务场地、服务流程、异常情况处理和服务质量评价与提升,适用于规范各类商事调解组织的活动,也适用于主管部门或第三方机构引导、监督、管理和评估商事调解活动。为商事调解服务机构的规范化、标准化和可持续发展提供了重要参考。

1月8日“纪念上海经贸商事调解中心成立十周年暨促进商事调解发展论坛”成功举办,中国商事调解发展合作机制成立

在该论坛上,中国商事调解发展合作机制召开第一次全体成员会议,一致通过并签署《中国商事调解发展合作机制框架协议》,中国商事调解发展合作机制正式成立。中国商事调解发展合作机制的成立,为我国商事调解事业搭建了交流平台,推动中国特色的商事调解事业健康有序发展,为营造法治化、市场化、国际化的营商环境作出更大贡献。

1月8日最高人民法院《关于人民法院为海南自由贸易港建设提供司法服务和保障的意见》(法发〔2021〕1号)发布

该意见提出推动海南建设国际商事纠纷解决中心。支持海南设立市场化运作的国际商事调解组织,开展商事调解业务。在自由贸易港区域内设立的国际商事调解机构主持达成调解协议的司法确认案件,探索由海南涉外民商事审判机构集中受理和审查。推动海南建设国际商事纠纷解决中心,引入知名国际商事仲裁机构、国际商事调解组织,建立调解、仲裁、诉讼有机衔接的“一站式”国际商事纠纷解决机制。

3月22日最高人民法院《关于人民法院为北京市国家服务业扩大开放综合示范区、中国(北京)自由贸易试验区建设提供司法服务和保障的意见》(法发〔2021〕11号)发布

该意见提出加强国际商事纠纷解决机制建设。加强北京法院国际商事纠纷一站式多元解纷中心建设。探索引入国内外知名国际商事仲裁机构、国际商事调解组织,学习借鉴国际一流纠纷解决规则和纠纷解决机构管理经验,打造一流国际商事纠纷解决中心。

5月11日《商事调解员职业能力要求》团体标准立项

为进一步推动商事调解服务规范化发展,加强商事调解员队伍建设,提升从业人员的商事调解专业能力,中国贸促会商业行业委员会依据《标准化法》第18条,立项了《商事调解员职业能力要求》团体标准项目(项目计划编号为CCPIT-CSC-JH2021156)。

5月21日全国首个商事调解专门协会——深圳市商事调解协会正式揭牌成立

深圳市商事调解协会(SCMA)是全国首个商事调解专门协会。该协会的职能主要包括推动建立商事调解的行业规则、调解员职业道德准则及其他行业自律性规定;推动建立完善商事调解员管理制度并建立商事调解员名册;探索商事调解市场化运作机制,拓展、规范商事调解法律服务市场;推动完善诉调对接和调解仲裁对接机制;推动建立商事调解员的认证体系及标准并开展会员培训,探索建立符合国际标准的商事调解员准入制度等。

6月9日《深圳市国民经济和社会发展第十四个五年规划和二〇三五年远景目标纲要》发布

该规划提到健全社会矛盾纠纷多元预防调处化解机制。完善非诉讼纠纷解决机制,构建多元化纠纷解决体系,畅通和规范群众诉求表达、利益协调、权益保障通道。完善人民调解、行政调解、司法调解联动工作体系,促进行业性、专业性调解组织建设,大力发展商事调解。完善和发展快速裁决法庭,全面推进一站式诉讼服务中心建设。完善信访制度,加强信访监督,推动信访矛盾源头化解。

7月21日最高人民法院"一站式"国际商事纠纷多元化解决平台上线启动

最高人民法院充分运用"智慧法院"成果,依托最高人民法院诉讼服务网、中国移动微法院、人民法院调解平台、最高人民法院办案系统等,建成"一站式"国际商事纠纷多元化解决平台,实现系统数据传输对接、机构网站相互链接,并为中外当事人提供立案、调解、证据交换、开庭等纠纷解决全流程线上办理。该平台的建成,实现了国际商事法庭诉讼机制与调解、仲裁机制的在线对接和信息共享,形成协同效应,有力推动国际商事纠纷多元化解决机制的落地见效。

8月5日深圳前海合作区人民法院联合六家专业机构成立多元化纠纷解决中心分中心

深圳前海合作区人民法院与六大专业机构开展合作,成立多元化纠纷解决中心分中心。多元化纠纷解决中心可以充分把握商事案件高度专业化特征,提升调解专业化水平机制的再精细、再延续,其中最为突出的是引入了行业组织、企事业机构等,充分调动和提升它们在多元解纷中的作用以及在诉源治理方面的重要效能,打造共商、共治、共享的诉源治理新路径。

8月18日全球经贸争端解决机制构建——第五届沪港商事调解论坛成功举办

为进一步丰富商事纠纷化解路径,更好地推动商事调解事业发展,上海市商务委员会领导在第五届沪港商事调解论坛上发布了《沪港商事调解案例汇编》,该汇编收录了17件沪港两地典型调解案例,基本覆盖商事活动全领域,体现了商事调解的广适性与实效性,有效填补了商事调解领域案例汇编方面的空白,进一步发挥了沪港两地商事调解机构的示范作用,为优化沪港两地的营商环境添砖加瓦。

8月20日最高人民法院办公厅与中国证监会办公厅联合印发《关于建立"总对总"证券期货纠纷在线诉调对接机制的通知》(法办〔2021〕313号)

该"总对总"通知的发布,有效规范和引导了投资者通过多元化纠纷解决机制解决证券期货领域的相关纠纷,并将"总对总"在线诉调对接机制作为普通诉讼程序的前置环节。这种安排既可以极大程度地缓解法院审理案件以及行政部门处理纠纷的压力,更为广大投资者提供了一种更为灵活、便捷、高效、经济的纠纷解决机制,有助于建设规范、透明、开放、有活力、有韧性的资本市场,维护投资者合法权益。

9月28日最高人民法院发布《关于深化人民法院一站式多元解纷机制建设推动矛盾纠纷源头化解的实施意见》(法发〔2021〕25号)

该意见提出完善各类调解联动工作体系,形成内部和解、协商先行,行业性专业性调解、仲裁等非诉方式挺前、诉讼托底的分级化解模式。合力推进商会调解,支持工商联、商协会调解组织化解涉企纠纷。该意见还提出优化联动调解机制。与相关单位建立工作协调和信息共享机制,用足用好最高人民法院"总对总"在线诉调对接调解资源库。在商事等领域探索开展市场化调解,推动建立公益性调解与市场化调解并行模式。

9 月 29 日第六届国际调解高峰论坛在海口开幕

本次论坛以“新阶段新理念新格局　加快推进多元化纠纷解决机制高质量发展”为主题，旨在紧紧围绕国际商事纠纷调解的新思路、新方式、实务技能与合作模式进行交流探讨，以期推动调解在商事纠纷中的广泛运用，形成更具效率的国际调解合作机制，助力海南自由贸易港法治化、国际化、便利化营商环境建设。

10 月 20 日第一届商事调解高校辩论赛正式开赛

为助力《新加坡调解公约》的推广实施、实现“调解进校园”，打造中国国际商事调解服务，由上海市法学会、上海市司法局、上海市律师协会和上海经贸商事调解中心共同主办的“首届商事调解高校辩论赛”正式开赛。作为上海市法学会“东方法学商事调解大赛”系列赛事之一，为法学工作者、法律实践人士、高校法学专业师生提供专业历练平台，以培养发现调解人才，支持调解理论创新，推动调解事业进步。

12 月 12 日“调解优先”承诺仪式暨《深圳市商事调解协会商事调解员资格评审规则（试行）》发布

第四届粤港澳大湾区法治建设座谈会上发表了《深圳市商事调解协会商事调解员资格评审规则（试行）》。规则共计 14 条，对调解员申请资格条件、初任调解员培训、培训课程、调解实践、申请材料、申请认可、资格续期、持续专业发展培训、域外商事调解员管理、资格评审、入册管理与除名等事项进行全面规定。该规则的实施将推动相关部门认可“调解员”专门职业，带动更多人才加入商事调解事业，为深圳优化法治化营商环境以及建设“国际商事争议枢纽城市”贡献力量。

12 月 30 日《粤港澳大湾区调解员资格资历评审标准》《粤港澳大湾区调解员专业操守最佳准则》正式发布

广东省司法厅、香港特别行政区政府律政司、澳门特别行政区政府行政法务司联合制定了《粤港澳大湾区调解员资格资历评审标准》《粤港澳大湾区调解员专业操守最佳准则》。制定统一的粤港澳大湾区调解员资格资历评审标准和专业操守最佳准则，是粤港澳大湾区法治建设的开放及香港融入粤港澳大湾区发展的一大里程碑，促进了粤港澳大湾区调解员专业化发展，并加强了粤港澳大湾区内调解需求者的信心。

12 月 30 日司法部印发《全国公共法律服务体系建设规划（2021—2025 年）》对商事调解工作作出一系列部署安排

该规划提到深化构建大调解工作格局。进一步完善以人民调解为基础，人民调解、行政调解、行业性专业性调解、司法调解优势互补、有机衔接、协调联动的大调解工作格局。研究推动调解立法,建立健全人民调解、行政调解、商事调解相关法律制度。加强调解协会建设,拓展协会职能作用。研发推广全国智能移动调解系统。加强和规范商事调解工作,积极服务“一带一路”、粤港澳大湾区、海南自由贸易港及各地自由贸易区的建设。加强与国际商事调解组织的交流合作,建设具有国际影响力的商事调解组织。

二、2022 年

3 月 7 日迟日大委员建议:推动商事调解健康发展需法律护航

全国政协委员、中华全国律师协会副监事长、吉林功承律师事务所主任迟日大在接受记者采访时表示,尽管商事调解近年来备受关注,但在我国尚处于发展初期,因此推动商事调解健康发展仍需法律护航。为进一步完善商事调解制度,迟日大委员分别从尽快出台商事调解法、创建商事调解协会、改革商事调解机构、建立联动化纠纷解决机制等四个方面提出具体建议。

3 月 10 日《全国工商联商会调解工作办法(试行)》印发实施

为提升商会调解工作规范化水平,推进民营经济领域纠纷多元化解机制建设,全国工商联印发了《全国工商联商会调解工作办法(试行)》。该办法要求,要持续开展商会调解培育培优行动,重点培育商会人民调解组织、劳动争议调解组织和商事调解组织,重视商会调解员的选任、培训和日常管理,探索开展商会调解考核评价和“商会调解之星”推选活动,鼓励建设一站式商会调解中心。搭建统一的商会调解服务平台,加大智慧调解室建设,引导依托平台开展线上线下纠纷调解。

3 月 28 日《深圳经济特区矛盾纠纷多元化解条例》颁布

《深圳经济特区矛盾纠纷多元化解条例》是全国首部专节规定“商事调解”的地方性法规。在国家法律没有规定的情况下,该条例率先就商事调解的适用范围、调解组织备案和主体资格登记,以及商事调解的收费、信息公开、保密义务、政府监管、行业组织职责、行业自律管理等作出规定,为全国和其他地区的商事调解立法提供了“示范样板”。

4 月 27 日深圳市福田区河套国际商事调解中心成立

深圳市福田区河套国际商事调解中心以“深港河套”为平台,探索跨境争议解决新机制,已陆续与世界各地十几家著名的法律服务机构发展为合作伙伴,并与境内外著名法律服务机构建立交流互鉴和业务协作机制，为河套深港科技创新合作区、粤港澳大湾区及其他境内外商事主体提供跨境商事争议解决方案以及全方位、多维度、综合性的法律服务。

6 月 30 日《浦东新区促进商事调解若干规定》颁布

作为地方人大出台的首部以专门立法的形式促进商事调解工作发展的法律性文件。该规定明确调解组织设立方式和名册管理制度，加强对商事调解组织的监督指导；吸引国际商事调解组织集聚发展，助力浦东打造国际商事纠纷解决中心；支持律师、仲裁员等调解员个人参与国际商事调解，助力打造浦东商事调解服务品牌；创新小额商事纠纷快速调处机制，助力纠纷高效、便捷、低成本解决；畅通多元化纠纷解决机制衔接渠道，提升调解协议法律效力；明确商事调解支持举措，促进行业健康持续发展。

9 月 16 日广西商事调解协会揭牌成立

广西商事调解协会是广西首个商事调解类专业协会，全国首个由贸促系统主管的调解协会，也是我国西南地区唯一的商事调解协会。2022 年 9 月 16 日，第 19 届中国—东盟商务与投资峰会框架下的重要活动——中国—东盟商事法律合作研讨会在广西南宁成功举办。作为研讨会五项重要成果之一，广西商事调解协会揭牌成立。

9 月 22 日国际商事调解论坛（2022）成功举办

本届论坛由中国政法大学国际法学院和北京融商一带一路法律与商事服务中心联合主办，通过线上平台举行。本届论坛分为两个议题，包括第一议题“联合国调解公约与我国国内调解制度的衔接问题”和第二议题“行业调解的特殊问题”。

10 月 24 日深圳市光明区商事调解协会成立

深圳市光明区商事调解协会旨在推动光明区商事调解行业健康有序发展和多元化纠纷解决机制建设，完善和发展商事调解制度，规范商事调解行为，全面提升光明区商事调解服务的质量和水平，促进商事调解领域的交流与合作，助力光明区建设国际化、法治化营商环境。

11 月 6 日第二届商事调解高校辩论赛正式开赛

本届大赛由上海市法学会、上海市司法局、上海市商务委员会和上海经贸商事调解中心等单位共同举办，是“上海法治文化宣传月”的重要活动。主办方借此辩论赛，培养、发现法科学生中的辩论与调解人才，增进市场主体对商事调解的认同与选择，促进商事调解蓬勃发展，推动多元解纷机制的创新与实践，助力上海国际一流营商环境建设。

11 月 28 日《在线商事调解服务规范》团体标准正式发布

《在线商事调解服务规范》由杭州市贸促会牵头,联合中国贸促会商业行业委员会、中国贸促会调解中心制定并发布。该标准规范了在线商事调解的运营管理、调解流程、保密和技术安全措施等内容,更为调解员参与各领域的解纷工作提供了参照依据。与此同时,该标准填补了国内该领域的空白,对提升在线商事调解服务公信力、推动在线商事调解高质量发展具有积极意义。

12 月 7 日首届中日韩国际商事调解论坛在首尔成功举办

首届中日韩国际商事调解论坛由韩国国际调解中心(KIMC)、上海经贸商事调解中心、日本京都国际调解中心(JIMC)及韩国犯罪与司法研究所(KICJ)共同主办,得到了联合国贸易法委员会亚洲及太平洋区域中心和韩国有关部门的大力支持。本次论坛主要围绕《新加坡调解公约》下的中日韩国际商事调解的现状、今后发展以及国际商事调解案例展开讨论,上海经贸商事调解中心与 KIMC、JIMC 进行了广泛深入的交流,中日韩调解专家对三方在商事调解领域加强合作,积极促成三国商事调解领域的常态化交流项目达成了共识。

12 月 30 日《粤港澳大湾区跨境争议调解示范规则》正式发布

《粤港澳大湾区跨境争议调解示范规则》配合 2021 年通过和落实的《粤港澳大湾区调解员资格资历评审标准》《粤港澳大湾区调解员专业操守最佳准则》,让粤港澳大湾区内的调解机构和调解员作参照与自愿采纳。由粤港澳大湾区调解平台制定及颁布的各项调解标准和准则,有助于进一步推广调解在粤港澳大湾区内广泛应用。这不但是推进粤港澳大湾区法治建设及香港特区融入粤港澳大湾区发展的一大里程碑,还能够鼓励三地商界和市民善用调解解决跨境争议,创造互惠共赢的方案。

三、2023 年

1 月 1 日《在线商事调解服务规范》团体标准正式实行

《在线商事调解服务规范》团体标准的实施,填补了国内该领域的空白,是在荣获国务院服务贸易创新实践众多案例中首个将创新案例转化为标准的最佳实践探索;是推动在线商事调解从实践探索向制度规则转变的生动实践;是规范在线商事调解服务的有益探索,也是助力法治化营商环境建设的有力保障。

3 月 8 日深圳市涉外涉港澳商事一站式多元解纷中心揭牌

深圳市涉外涉港澳商事一站式多元解纷中心构建“纠纷调解 + 多元服务 + 一体协

作+规则研究+人才支撑+宣传推广”涉外涉港澳法律服务全过程生态圈，为境内外商事纠纷主体提供专业、多元、高效、便捷、全流程的“一站式”法律服务，吸引国内外法律组织集聚，促进粤港澳大湾区法治建设融合发展，助力深圳打造成为国际商事争议解决枢纽城市。

3 月 30 日第七届国际调解高峰论坛在厦门举行

此次论坛围绕“推动构建纠纷多元解决机制中国新成果”“RCEP 项下成员国贸易投资和纠纷解决新发展”“后疫情时代下欧美纠纷解决机制新变化”“加强知识产权纠纷调解仲裁，提升全球知识产权保护水平”“金砖国家纠纷解决制度的守正与创新”5 项议题展开讨论。此次论坛的成功举行为厦门打造法治高地注入更大动能，对提升厦门的国际知名度和影响力，引进和培养法律服务专业人才，健全多元化纠纷解决机制，加速建设区域性国际商事纠纷解决中心，打造法治化、国际化营商环境起到推动作用。

4 月 1 日中国最高人民法院与新加坡最高法院签署《通过诉中调解框架管理“一带一路”倡议背景下国际商事争议的合作谅解备忘录》

为促进中国、新加坡两国友谊，推动共建“一带一路”高质量发展，为当事人提供灵活、创新和高效的争议解决方式，中国最高人民法院与新加坡最高法院通过诉中调解框架加强“一带一路”国际商事争议管理方面的合作，并签署谅解备忘录。该备忘录对诉中调解框架的制定和实施、与其他各方的合作、信息共享、诉中调解框架的特征、诉中调解示范条款、其他事项 6 方面内容进行规定，自签署之日起生效。

4 月 28 日横琴国际商事调解中心在琴澳国际法务大厦揭牌

该中心由珠海国际仲裁院、中国国际商会珠海商会、珠海市律师协会、横琴粤澳深度合作区创新发展研究院共同发起成立，首批调解员共有 129 名，由境内外实业界、教学科研机构、法律服务组织、商会、行业协会等多领域人士组成，其中我国港澳台地区及国际调解员合计 37 名，占比接近三成，能满足合作区内多语种、跨法域、跨专业的调解需求。

5 月 3 日英国正式签署《新加坡调解公约》

作为一个长期致力于打造全球国际商事争议解决中心的国家，英国签署《新加坡调解公约》有助于促进国际商事调解的全球化趋势，对促进国际经济合作和稳定性具有重要意义，给国际商事调解注入了新的力量。

5 月 12 日《调解员调解能力评价标准》团体标准发布并正式实施

《调解员调解能力评价标准》填补了我国调解员调解能力评价缺乏行业标准的空

白,不仅可以对调解员的专业能力进行客观、公正的评价,通过评价结果对调解员进行培训和指导,提高其调解能力,从而提高调解工作的效率和质量;也有助于建立和完善调解员的激励机制,激发其工作积极性和创新性,推动调解工作向行业化、专业化、国际化的方向前进,达成和谐社会柔性治理的要求。

6 月 12 日国资委印发《中央企业法律纠纷案件管理办法》

该办法第 15 条规定,中央企业应当通过诉讼、仲裁、调解、和解等多元化纠纷解决机制妥善处理案件。同一中央企业所属单位之间发生法律纠纷,可以通过内部调解等方式解决。现实中大量仲裁案件,很多通过调解方式可以减损、加速处理的案件,但因为调解方案决策层不敢决策,导致“必须裁决”,甚至是明知企业利益受损而作出裁决。该办法很好地回应了对于若干涉及中央企业的案件,无论是司法还是仲裁程序,管理团队都不敢调、不想调的决策顾虑。

6 月 15 日深圳市司法局《关于公开征求〈关于推进商事纠纷调解市场化收费的实施办法(征求意见稿)〉意见的通知》

该实施办法首次对商事调解市场化收费制度进行了细化,明确调解服务费包括调解员报酬以及因调解活动所产生的住宿费、交通费、场地费、翻译费、机构运作费用及其他合理费用,收取方式可以按时间或者按争议标的比例等方式确定,或者由当事人与商事调解组织之间进行协商收取。实行市场化收费的商事调解组织应当经司法行政部门审查同意,并依法登记为非营利组织。商事调解组织应当按照与当事人之间的约定依法依规履行调解职责,不得通过强制、胁迫、欺诈等方式收取调解服务费。调解协议可以向法院依法申请司法确认,同时可以向法院一并确认调解服务费。

8 月 7 日《横琴粤澳深度合作区商事调解条例》研讨会在横琴举行

由湘潭大学廖永安教授主持的《横琴粤澳深度合作区商事调解条例》立法项目在横琴举行研讨会。与会专家围绕《横琴粤澳深度合作区商事调解条例》(建议稿)的立法目的、结构安排、内容设计、条文表述、具体实施等作了深入交流和探讨,为该条例的完善提出了诸多宝贵意见。

8 月 18 日杭州召开全市市场化解纷工作推进会

该会议上回顾了杭州市场化解纷试点工作的探索历程,介绍当前市场化解纷机制的运行模式,展示“市场纠纷市场解”在诉源治理实践中的强大生命力。杭州市中级人民法院、市司法局、市工商联、市律师协会共同签署《关于大力推动市场化解纷工作协同推进商会共享法庭建设的框架协议》。该协议约定,充分发挥人民法院、司法行政部门、工商联和律师协会的职能优势，依托商会共享法庭，协同推动市场化解纷工作，增强服务保障企业发展合力，助力杭州打造法治化营商环境优秀市。

8月25日华东政法大学国际调解研究中心正式成立，率先探索在高校设立国际调解研究中心

"华东政法大学国际调解研究中心暨涉外法治查明平台"网站同期开通；华东政法大学国际调解研究中心与上海市金融消费纠纷调解中心及中国贸促会商事法律服务中心举行共建协议签约仪式。华东政法大学国际调解研究中心成立后，积极深入开展调解领域相关学术研究和交流，推出更多高质量研究成果，以培养更多国际调解人才。

8月26日广西商事调解高质量发展座谈会暨首届广西商事调解员培训班在南宁举行，商事调解员从业能力团体标准编制工作启动

此次座谈会上，中国国际贸易促进委员会广西分会、广西商事调解协会、中南财经政法大学法学院联合启动了广西商事调解员从业能力团体标准编制工作，5家主办单位和承办单位与粤港澳大湾区联合调解研究院达成商事调解高质量发展区域合作意向，广西商事调解协会发布了协会调解规则。该团体标准依据《标准化法》立项，是广西首次起草制定的商事调解团体标准，填补了广西商事调解员职业准则方面的空白，规范商事调解人才培养和自身建设，开启广西商事调解行业规范化标准化新阶段，为广西营造市场化、法治化、国际化营商环境提供了商事调解方案。

9月5日中国国际经济贸易仲裁委员会发布了新修订的《中国国际经济贸易仲裁委员会仲裁规则》，明确仲裁协议约定的协商、调解前置程序不影响当事人提出仲裁申请

该仲裁规则的这一规定，明确了看待"多层次争议解决条款"应当从可操作性的角度出发，以"解决问题"为实践导向。这一修订在尊重当事人意思自治的基础上，有助于当事人明确申请仲裁权利，回应长期以来仲裁实践及司法实践对"协商、调解前置程序"作为启动仲裁程序前提条件的不确定认识，有利于当事人及时维护合法权益，考察国内外仲裁司法实践，明确了仲裁协议前置程序与当事人提起仲裁的关系。

9月6日中国商事调解发展合作机制2023年度年会暨商事调解立法研讨会顺利举办

17家成员单位的36位代表围绕"商事调解机构的基本属性以及功能"、"'调解优先'原则在市场环境中的应用"、"商事调解在多元化纠纷解决机制中的定位"以及"地方立法推进商事调解制度建设的成效与启示"等5个主题进行交流发言，就商事调解机构的规范化、专业化、市场化发展提出多项建议。此次会议聚焦商事调解顶层设计与地方立法研究,努力丰富商事调解的内涵,推动了商事调解在中国的发展与研究。

9 月 27 日最高人民法院、司法部印发《关于充分发挥人民调解基础性作用　推进诉源治理的意见》的通知

该意见提到加强重大疑难复杂矛盾纠纷化解。依托现有的公共法律服务中心,整合人民调解、律师调解、商事调解、行业调解、行政调解等力量,设立市、县两级“一站式”非诉讼纠纷化解中心(或矛盾纠纷调解中心),统筹律师、基层法律服务、公证、法律援助、司法鉴定等法律服务资源,联动仲裁、行政复议等非诉讼纠纷化解方式,合力化解市、县域范围内重大疑难复杂矛盾纠纷。

10 月 8 日最高人民法院、司法部在京联合召开全国调解工作会议

该会议指出,要积极打造具有国际影响力的商事调解组织,培育一支国际化专业化高素质的商事调解员队伍,全面提升国际商事调解服务水平,树立中国商事调解品牌形象,引导国内外商事主体更多通过调解方式化解商事纠纷。要加强对商事调解特点和规律的研究,学习借鉴国际社会在商事调解方面的有益经验和做法,加强商事调解顶层设计和制度供给,建立健全具有中国特色的商事调解法律制度。该会议指出,要大力推进商事调解组织建设,鼓励设立具有独立法人地位的商事调解组织,加大投资、金融、证券期货、房地产、知识产权等领域调解服务力度;要通过“引进来”和“走出去”相结合的方式,积极培育发展国际化、专业化、高素质的商事调解员队伍。

11 月 2 日《黑龙江省调解条例》通过

该条例规定了商事调解组织设立条件,明确成立商事调解组织应当经设区的市级司法行政部门审查同意,并依法登记;规定依法登记的商事调解组织和律师调解组织等可以提供咨询、调解等有偿服务,收费标准应当报设区的市级司法行政部门备案,并向社会公开。该条例明确了调解员的基本条件,规定商事调解组织调解员应当具有大学专科以上学历,熟悉商事交易规则、商事交易习惯,具备相关法律知识和 3 年以上工作经历;同时对调解员培训、调解员行为规范、调解咨询专家库等作出了规定。

11 月 4 日中日韩商事法律交流活动暨中日韩国际商事调解中心启动仪式举行

中日韩国际商事调解中心是在山东省司法厅支持下,依托北京融商一带一路法律与商事服务中心成立的专业调解平台。中日韩国际商事调解中心将通过调解方式解决涉及中日韩区域国家商事主体及其他机构商事争议和纠纷。它的建立旨在为《区域全面经济伙伴关系协定》、中日韩自由贸易做好基础设施建设,搭建中立、独立、专业的国际商事调解平台，为商事促进与纠纷调解提供便利，发挥中日韩调解中心与政府、法院、仲裁、商协会合作共建调解室的引领作用，更好地服务三国企业解纷需求，维护企业合法权益。

11 月 23 日《上海市优化营商环境条例》再度修正商事调解有关条款

围绕商事调解，《上海市优化营商环境条例》第 75 条规定，各类商事调解组织应当建立调解员名册，并向社会公开，名册中的调解员不受国籍、性别、居住地等限制。当事人可以选择调解员名册以外的调解员调解。商事调解应当在当事人自愿、平等的基础上进行。调解组织、调解员可能与案件产生利益冲突的，应当及时进行披露并主动回避，当事人有权更换调解组织或者申请调解员回避。商事调解案件进入仲裁程序的，除当事人另有约定外，担任过商事调解案件的调解员应当回避担任同一案件或者相关案件的仲裁员。调解组织应当定期公开通过调解解决的各类商事纠纷的统计数据。在民事诉讼中以调解方式结案的，依法减半交纳案件受理费。

11 月 28 日深圳市司法局、深圳市中级人民法院联合发布《关于规范商事调解收费的实施办法（试行）》

该办法共 19 条，包括制定目的、收费范围、内涵释义、收费准入、收费原则、费用构成、计费方法、材料报备、调解协议、司法确认、财产保全、赋强公证、费用退回、强迫收费的惩戒、行业诚信体系、支持培育等内容。（1）对商事调解市场化收费制度进行了细化。调解服务费包括申请调解的当事人给付调解员的报酬、调解组织运作费用以及因调解活动所产生的其他合理费用。调解服务费由商事调解组织按照公平合理、诚实信用的原则制定收费标准并向社会公开。调解服务费的计费方法和收费标准可以按时间或者按争议标的比例等方式确定。（2）对商事调解组织进行了规定。实行市场化收费的商事调解组织应当经司法行政部门同意，并依法登记为非营利组织。（3）司法赋能商事调解。商事调解组织调解达成的调解协议可以向法院依法申请司法确认，同时可以向法院一并确认调解服务费和承担方式。

附录 2：全国登记设立的商事调解组织名录

序号	组织名称	组织性质	地区	登记管理机关	业务主管单位	成立时间	注册资本/万元
1	中国国际贸易促进委员会/中国国际商会调解中心	事业单位	北京	国家事业单位登记管理局	中国国际贸易促进委员会（中国国际商会）	1987 年	3000
2	北京融商一带一路法律与商事服务中心	民办非企业单位	北京	北京市民政局	北京市法学会	2016 年	50
3	北京仲裁委员会调解中心/北京国际争议解决发展中心	民办非企业单位	北京	北京市民政局	北京市司法局	2011 年	80
4	北京崇德尚法民商事纠纷调解中心	民办非企业单位	北京	北京市民政局	北京市司法局	2021 年	10
5	天津市滨海新区公信调解中心	民办非企业单位	天津	天津市滨海新区民政局	天津市滨海新区司法局	2020 年	50
6	张家口市中汇民商事调解中心	民办非企业单位	河北	张家口市民政局/行政审批局	张家口市司法局	2023 年	5
7	邢台市信都区中证民商事纠纷调解中心	民办非企业单位	河北	邢台市信都区民政局/行政审批局	邢台市信都区司法局	2023 年	3

续表

序号	组织名称	组织性质	地区	登记管理机关	业务主管单位	成立时间	注册资本/万元
8	定州市中证民商事纠纷调解中心	民办非企业单位	河北	定州市民政局/行政审批局	定州市司法局	2023 年	5
9	曲阳县德尚民商事纠纷调解中心	民办非企业单位	河北	曲阳县民政局/行政审批局	曲阳县司法局	2022 年	3
10	高阳县正信民商事纠纷调解中心	民办非企业单位	河北	高阳县民政局/行政审批局	高阳县司法局	2023 年	3
11	山西维邦民商事调解中心	民办非企业单位	山西	山西省民政厅	山西省司法厅	2023 年	20
12	太原市晋知知识产权调解中心	民办非企业单位	山西	太原市行政审批服务管理局	太原市司法局	2020 年	3
13	晋城市邦正民商事调解中心	民办非企业单位	山西	晋城市行政审批服务管理局	晋城市司法局	2023 年	5
14	忻州民商事咨询服务中心	个人独资企业	山西	忻州市忻府区市场监督管理局	—	2022 年	10
15	大同远恒民商事调解中心	民办非企业单位	山西	大同市行政审批服务管理局	大同市司法局	2023 年	5
16	长治市君衡民商事调解中心	民办非企业单位	山西	长治市行政审批服务管理局	长治市司法局	2023 年	3
17	运城众和民商事调解中心	民办非企业单位	山西	运城市行政审批服务管理局	运城市司法局	2023 年	20

续表

序号	组织名称	组织性质	地区	登记管理机关	业务主管单位	成立时间	注册资本/万元
18	临汾市亿众民商事调解中心	民办非企业单位	山西	临汾市行政审批服务管理局	临汾市司法局	2023 年	3
19	山西众万策法律咨询服务有限公司	有限责任公司	山西	孝义市市场监督管理局	—	2018 年	100
20	内蒙古法和商事调解中心	民办非企业单位	内蒙古	内蒙古自治区民政厅	内蒙古自治区工商业联合会	2022 年	50
21	内蒙古多元民商事调解中心	民办非企业单位	内蒙古	内蒙古自治区民政厅	内蒙古自治区司法厅	2023 年	50
22	内蒙古中银民商事调解中心	民办非企业单位	内蒙古	内蒙古自治区民政厅	内蒙古自治区司法厅	2023 年	50
23	内蒙古新友法仲商事调解中心	民办非企业单位	内蒙古	内蒙古自治区民政厅	内蒙古自治区司法厅	2023 年	50
24	内蒙古亿昕元商事调解中心	民办非企业单位	内蒙古	内蒙古自治区民政厅	内蒙古自治区司法厅	2023 年	50
25	回民区和为贵金融纠纷人民调解委员会	民办非企业单位	内蒙古	回民区民政局	回民区司法局	2022 年	3
26	科尔沁左翼后旗商事调解咨询服务中心	个体工商户	内蒙古	科尔沁左翼后旗市场监督管理局	—	2022 年	—
27	呼伦贝尔市海拉尔区非诉纠纷调处中心	民办非企业单位	内蒙古	海拉尔区民政局	呼伦贝尔市海拉尔区司法局	2021 年	1
28	呼伦贝尔市商事调解中心	民办非企业单位	内蒙古	呼伦贝尔市民政局	中国国际贸易促进委员会呼伦贝尔市委员会	2022 年	3

续表

序号	组织名称	组织性质	地区	登记管理机关	业务主管单位	成立时间	注册资本/万元
29	鄂尔多斯市伊和调解中心	民办非企业单位	内蒙古	鄂尔多斯市民政局	鄂尔多斯市司法局	2021 年	3
30	鄂尔多斯市法智商事调解中心	民办非企业单位	内蒙古	鄂尔多斯市行政审批和政务服务局	鄂尔多斯市司法局	2023 年	10
31	内蒙古包头市固阳多元民商事调解中心	社会团体	内蒙古	固阳县民政局	固阳县工商联合会	2023 年	3
32	包头市达茂联合旗多元商事调解中心	民办非企业单位	内蒙古	达尔罕茂明安联合旗民政局	达茂联合旗工商业联合会	2021 年	3
33	包头市金融和多元商事调解中心	民办非企业单位	内蒙古	包头市行政审批和政务服务局	包头市工商业联合会	2023 年	3
34	包头商事法律调解中心	民办非企业单位	内蒙古	包头市民政局	包头市法学会	2018 年	3
35	和林格尔县清远民商事调解中心	民办非企业单位	内蒙古	和林格尔县民政局	和林格尔县司法局	2023 年	10
36	乌海市商事调解中心	民办非企业单位	内蒙古	乌海市民政局	乌海市工商业联合会	2023 年	5
37	乌海市海勃湾区民商事纠纷调解中心	民办非企业单位	内蒙古	海勃湾区民政局	乌海市海勃湾区司法局	2023 年	5
38	沈阳市沈河区中小微企业公共法律服务中心	民办非企业单位	辽宁	沈阳市沈河区民政局	沈阳市沈河区司法局	2022 年	3
39	大连方元国际商事调解中心	民办非企业单位	辽宁	大连市民政局	大连市司法局	2023 年	10

续表

序号	组织名称	组织性质	地区	登记管理机关	业务主管单位	成立时间	注册资本/万元
40	营口市老边区律诺金融商事调解中心	民办非企业单位	辽宁	老边区民政局	营口市老边区司法局	2023 年	3
41	大石桥市和为贵金融纠纷调解中心	民办非企业单位	辽宁	大石桥市民政局	大石桥市金融发展局	2022 年	3
42	吉林市仲裁服务中心(吉林仲裁委员会民商事调解中心)	事业单位	吉林	吉林市事业单位登记管理局	吉林市司法局	2017 年	42.1
43	白山市共正商事调解中心	民办非企业单位	吉林	白山市民政局	白山市工商业联合会	2023 年	5
44	哈尔滨新区助民民商事调解中心	民办非企业单位	黑龙江	哈尔滨市松北区民政局	哈尔滨新区管理委员会司法局	2023 年	3
45	哈尔滨市松北区平成民商事调解中心	民办非企业单位	黑龙江	哈尔滨市松北区民政局	哈尔滨新区管理委员会司法局	2023 年	3
46	哈尔滨新区北方民商事调解中心	民办非企业单位	黑龙江	哈尔滨市松北区民政局	哈尔滨新区管理委员会司法局	2023 年	10
47	抚远市联合商事调解中心	民办非企业单位	黑龙江	抚远市民政局	抚远市司法局	2020 年	3
48	牡丹江市西安区惠民民商事调解委员会	民办非企业单位	黑龙江	牡丹江市西安区民政局	牡丹江市西安区司法局	2023 年	3
49	黑龙江自贸区绥芬河片区中俄商事调解中心	民办非企业单位	黑龙江	绥芬河市民政局	绥芬河市司法局	2020 年	10

续表

序号	组织名称	组织性质	地区	登记管理机关	业务主管单位	成立时间	注册资本/万元
50	肇源县商事调解中心	民办非企业单位	黑龙江	肇源县民政局	肇源县司法局	2021年	3
51	上海经贸商事调解中心	民办非企业单位	上海	上海市民政局	上海市商务委员会	2010年	20
52	上海市黄浦大公调解中心	民办非企业单位	上海	上海市黄浦区民政局	上海市黄浦区司法局	2021年	20
53	上海黄浦多元纠纷调解中心	民办非企业单位	上海	上海市黄浦区民政局	上海市黄浦区司法局	2020年	10
54	上海先行民商调解中心	民办非企业单位	上海	上海市长宁区民政局	上海市长宁区天山路街道办事处	2008年	10
55	上海市普陀区上合调解事务中心	民办非企业单位	上海	上海市普陀区民政局	上海市普陀区司法局	2017年	10
56	上海市长宁区新华路街道多元解纷调解中心	民办非企业单位	上海	上海市长宁区民政局	上海市长宁区新华路街道办事处	2022年	5
57	上海浦东新区融合民商事调解中心	民办非企业单位	上海	上海市浦东新区民政局	上海市浦东新区司法局	2022年	10
58	自贸区(南京片区)蓝海国际商事调解中心	民办非企业单位	江苏	江北新区卫生健康和民政局	江北新区综合治理局	2020年	8
59	江苏自贸区(南京片区)宁港国际商事调解中心	民办非企业单位	江苏	江北新区卫生健康和民政局	江北新区综合治理局	2020年	8
60	南京金陵民商事调解中心	民办非企业单位	江苏	南京市民政局	南京市司法局	2020年	3

续表

序号	组织名称	组织性质	地区	登记管理机关	业务主管单位	成立时间	注册资本/万元
61	江苏扬子江国际商事调解中心	民办非企业单位	江苏	江苏省民政厅	江苏省司法厅	2021年	30
62	南京市玄武区宁和民商事调解中心	民办非企业单位	江苏	玄武区民政局	南京市玄武区司法局	2022年	10
63	无锡市法联商事调解中心	民办非企业单位	江苏	无锡市民政局	无锡市工商业联合会	2019年	8
64	连云港市新丝路国际商事调解中心	民办非企业单位	江苏	连云港市民政局	连云港市司法局	2021年	3
65	苏州高新区(虎丘区)东吴国联民商事调解中心	民办非企业单位	江苏	虎丘区民政局	苏州高新区司法局	2022年	3
66	苏州市律协民商事调解中心	民办非企业单位	江苏	苏州市民政局	苏州市司法局	2018年	10
67	苏州市吴江区法润之家民商事调解中心	民办非企业单位	江苏	吴江区民政局	苏州市吴江区司法局	2023年	3
68	苏州市吴江区苏圆民商事调解中心	民办非企业单位	江苏	吴江区民政局	苏州市吴江区司法局	2022年	3
69	常熟市源诚民商事调解中心	民办非企业单位	江苏	常熟市民政局	常熟市司法局	2023年	3
70	太仓市光辉调解法律服务中心	民办非企业单位	江苏	太仓市民政局	太仓市司法局	2020年	3
71	淮安市律和民商事调解中心	民办非企业单位	江苏	淮安市民政局	淮安市司法局	2018年	3

续表

序号	组织名称	组织性质	地区	登记管理机关	业务主管单位	成立时间	注册资本/万元
72	淮安市淮安区东南民商事调解中心	民办非企业单位	江苏	淮安区民政局	淮安市淮安区司法局	2023 年	3
73	射阳县和睦民商事调解中心	民办非企业单位	江苏	射阳县民政局	射阳县司法局	2022 年	3
74	南通市崇川区仁和民商事调解中心	民办非企业单位	江苏	崇川区民政局	南通市崇川区司法局	2022 年	3
75	杭州市余杭区云尚调解服务中心	民办非企业单位	浙江	杭州市余杭区民政局	杭州市余杭区人民政府五常街道办事处	2022 年	5
76	杭州市余杭区共道云调解中心	民办非企业单位	浙江	杭州市余杭区民政局	杭州市余杭区司法局	2020 年	3
77	杭州市余杭区五常街道新数调民商事调解中心	民办非企业单位	浙江	杭州市余杭区民政局	杭州市余杭区人民政府五常街道办事处	2022 年	3
78	杭州市拱墅区法在调解中心	民办非企业单位	浙江	杭州市拱墅区民政局	杭州市拱墅区司法局人民参与和促进法治科	2021 年	200
79	杭州市拱墅区金剑纠纷调解中心	民办非企业单位	浙江	杭州市拱墅区民政局	杭州市拱墅区司法局人民参与和促进法治科	2015 年	3
80	杭州市拱墅区助民调解中心	民办非企业单位	浙江	杭州市拱墅区民政局	杭州市拱墅区司法局	2021 年	3
81	杭州市临平区畅和民商事调解中心	民办非企业单位	浙江	杭州市临平区民政局	杭州市临平区塘栖镇人民政府	2020 年	5

续表

序号	组织名称	组织性质	地区	登记管理机关	业务主管单位	成立时间	注册资本/万元
82	杭州市临平区景和民商事调解中心	民办非企业单位	浙江	杭州市临平区民政局	杭州市临平区塘栖镇人民政府	2020 年	5
83	杭州市西湖区和为贵金融调解中心	民办非企业单位	浙江	杭州市西湖区民政局	杭州市西湖区司法局	2022 年	3
84	杭州市上城区凯旋民商事调解法律服务中心	民办非企业单位	浙江	杭州市上城区民政局	杭州市上城区人民政府凯旋街道办事处	2012 年	3
85	宁波市至行商事调解中心	民办非企业单位	浙江	宁波市民政局	宁波市司法局	2023 年	10
86	宁波市镇海区启航商事调解中心	民办非企业单位	浙江	宁波市镇海区民政局	镇海区经济和信息化局	2022 年	3
87	金华市金东区均泰调解中心	民办非企业单位	浙江	金华市金东区民政局	金华市金东区司法局	2023 年	3
88	慈溪市律谐商事调解中心	民办非企业单位	浙江	慈溪市民政局	慈溪市司法局	2021 年	11
89	绍兴市民商事调解中心	民办非企业单位	浙江	绍兴市民政局	绍兴仲裁委	2012 年	50
90	湖州市天益商事调解中心	民办非企业单位	浙江	湖州市民政局	湖州市司法局	2022 年	10
91	德清县德惠商事调解中心	民办非企业单位	浙江	德清县民政局	德清县司法局	2022 年	10
92	厦门市经贸商事调解中心	民办非企业单位	福建	厦门市民政局	厦门市工商业联合会	2020 年	30
93	厦门市比仲商事服务中心	民办非企业单位	福建	厦门市民政局	中国(福建)自由贸易试验区厦门片区管理委员会	2023 年	3

续表

序号	组织名称	组织性质	地区	登记管理机关	业务主管单位	成立时间	注册资本/万元
94	赣江新区经贸国际商事调解中心	民办非企业单位	江西	赣江新区行政审批局	赣江新区党工委管委会办公室	2020 年	30
95	九江市濂溪区共赢商事调解中心	民办非企业单位	江西	九江市濂溪区民政局	九江市濂溪区工商业联合会	2021 年	3
96	潍坊市商事调解中心	事业单位	山东	潍坊市事业单位监督管理局	潍坊仲裁委员会办公室	2023 年	10
97	威海市酬和商事调解中心	民办非企业单位	山东	威海市行政审批服务局	威海市司法局	2020 年	10
98	威海经济技术开发区六尺巷商事调解中心	民办非企业单位	山东	威海经济技术开发区行政审批服务局	威海经济技术开发区司法局	2020 年	10
99	青岛市法润商事调解中心	民办非企业单位	山东	青岛市行政审批服务局	青岛市法学会	2020 年	3
100	青岛市市北区慧勤民商事调解中心	民办非企业单位	山东	青岛市市北区行政审批服务局	青岛市市北区司法局	2021 年	3
101	青岛市市北区法和致民商事调解中心	民办非企业单位	山东	青岛市市北区行政审批服务局	青岛市市北区司法局	2021 年	3
102	青岛市市北区法苑民商事调解中心	民办非企业单位	山东	青岛市市北区行政审批服务局	青岛市市北区司法局	2021 年	3
103	青岛市市北区金口民商事调解中心	民办非企业单位	山东	青岛市市北区行政审批服务局	青岛市市北区司法局	2021 年	3
104	青岛市即墨区公平民商事调解中心	民办非企业单位	山东	青岛市即墨区行政审批服务局	青岛市即墨区司法局	2022 年	3

续表

序号	组织名称	组织性质	地区	登记管理机关	业务主管单位	成立时间	注册资本/万元
105	青岛市城阳区言和商事调解中心	民办非企业单位	山东	青岛市城阳区行政审批服务局	青岛市城阳区司法局	2022 年	3
106	淄博齐仲民商事调解服务中心	民办非企业单位	山东	淄博市行政审批服务局	淄博仲裁委员会办公室	2022 年	4
107	淄博企智商事调解服务中心	个人独资企业	山东	淄博市张店区市场监督管理局	—	2023 年	5
108	滨州律正民商事调解中心	民办非企业单位	山东	滨州市行政审批服务局	滨州市司法局	2023 年	10
109	滨州德法民商事调解中心	民办非企业单位	山东	滨州市行政审批服务局	滨州市司法局	2023 年	10
110	滨州市融曜商事调解中心	民办非企业单位	山东	滨州市行政审批服务局	滨州市司法局	2023 年	10
111	滨州市众和商事调解中心	民办非企业单位	山东	滨州市行政审批服务局	滨州市司法局	2023 年	10
112	滨州市滨城区信言民商事调解中心	民办非企业单位	山东	滨州市滨城区行政审批服务局	滨城区司法局	2023 年	3
113	滨州市滨城区新锐民商事调解中心	民办非企业单位	山东	滨州市滨城区行政审批服务局	滨城区司法局	2023 年	3
114	滨城区舜滨民商事调解中心	民办非企业单位	山东	滨州市滨城区行政审批服务局	滨城区司法局	2023 年	3
115	东营天正民商事调解中心	民办非企业单位	山东	东营市行政审批服务局	东营市司法局	2022 年	3
116	东营市商会商事调解中心	民办非企业单位	山东	东营市行政审批服务局	东营市工商业联合会	2020 年	3

续表

序号	组织名称	组织性质	地区	登记管理机关	业务主管单位	成立时间	注册资本/万元
117	东营市垦利区商事调解服务中心	民办非企业单位	山东	东营市垦利区行政审批服务局	东营市垦利区工商业联合会	2021 年	3
118	临沂市众和民商事调解中心	民办非企业单位	山东	临沂市行政审批服务局	临沂市司法局	2023 年	20
119	临沂市兰山区营商环境法律服务中心	民办非企业单位	山东	临沂市兰山区行政审批服务局	临沂市兰山区司法局	2020 年	3
120	胶州市海康商事调解中心	民办非企业单位	山东	青岛市胶州市行政审批服务局	胶州市司法局	2022 年	3
121	日照经济技术开发区众合民商事调解中心	民办非企业单位	山东	日照经济技术开发区行政审批服务局	日照经济技术开发区社会事业局	2023 年	5
122	广饶县乐安民营企业商事调解中心	民办非企业单位	山东	东营市广饶县行政审批服务局	广饶县工商联	2022 年	5
123	郑州民商事调解中心	民办非企业单位	河南	郑州市民政局	郑州市仲裁委	2011 年	3
124	中国国际经济贸易仲裁委员会湖北分会有限责任公司（中国国际经济贸易仲裁委员会湖北分会）	有限责任公司	湖北	武汉市武昌区市场监督管理局	—	2015 年	500
125	武汉商事仲裁调解中心	民办非企业单位	湖北	江汉区民政局	武汉仲裁委员会办公室	2019 年	50
126	武汉市江汉区知识产权和商事调解中心	民办非企业单位	湖北	江汉区民政局	江汉区司法局	2021 年	20

续表

序号	组织名称	组织性质	地区	登记管理机关	业务主管单位	成立时间	注册资本/万元
127	武汉商事调解中心有限公司	有限责任公司	湖北	武汉市江岸区市场监督管理局	—	2020 年	50
128	武汉民商事调解咨询有限公司	有限责任公司	湖北	武汉市江汉区市场监督管理局	—	2023 年	10
129	武汉市鑫融商事调解商务服务中心	个人独资企业	湖北	武汉市东西湖区市场监督管理局	—	2023 年	10
130	武汉市武昌区铭泰民商事调解中心	民办非企业单位	湖北	武昌区民政局	武汉市武昌区司法局	2022 年	3
131	武汉市武昌区浩睿林调解中心	民办非企业单位	湖北	武昌区民政局	武汉市武昌区司法局	2023 年	3
132	武汉市武昌区壹江民商事调解中心	民办非企业单位	湖北	武昌区民政局	武汉市武昌区司法局	2023 年	3
133	武汉市武昌区墨守民商事调解中心	民办非企业单位	湖北	武昌区民政局	武汉市武昌区司法局	2023 年	3
134	武汉市青山区墨守金融与民商事调解中心	民办非企业单位	湖北	青山区民政局	武汉市青山区司法局	2023 年	3
135	武汉市青山区静海金融与民商事调解中心	民办非企业单位	湖北	青山区民政局	武汉市青山区司法局	2023 年	3
136	武汉市硚口区知识产权和民商事调解中心	民办非企业单位	湖北	硚口区民政局	武汉市硚口区市场监督管理局	2022 年	20.2

续表

序号	组织名称	组织性质	地区	登记管理机关	业务主管单位	成立时间	注册资本/万元
137	武汉市硚口区瑞珺成知识产权和民商事调解中心	民办非企业单位	湖北	硚口区民政局	武汉市硚口区市场监督管理局	2023 年	3
138	武汉东湖新技术开发区民商事金融调解中心	民办非企业单位	湖北	武汉东湖新技术开发区社会事务局	武汉东湖新技术开发区金融工作局	2019 年	10
139	枣阳市福晟明民商事调解中心	民办非企业单位	湖北	枣阳市民政局	枣阳市司法局	2023 年	3
140	长沙市湘融国际商事法律服务中心	民办非企业单位	湖南	长沙市民政局	长沙市司法局	2021 年	20
141	湖南省祥鑫民商事调解咨询服务有限公司	有限责任公司	湖南	长沙县市场监督管理局	—	2022 年	200
142	耒阳市民商事纠纷调解中心	民办非企业单位	湖南	耒阳市民政局	耒阳市司法局	2022 年	3
143	广州国际商贸商事调解中心	民办非企业单位	广东	广州市民政局	广州市司法局	2020 年	30
144	广州市汇智蓝天国际法律与商事服务中心	民办非企业单位	广东	广州市民政局	广州市法学会	2021 年	3
145	深圳证券期货业纠纷调解中心	事业单位	广东	深圳市事业单位登记管理局	华南国际经济贸易仲裁委员会（深圳国际仲裁院）、深圳市证券业协会、深圳市期货同业协会、深圳市投资基金同业公会	2013 年	10

续表

序号	组织名称	组织性质	地区	登记管理机关	业务主管单位	成立时间	注册资本/万元
146	深圳市民商事调解中心	民办非企业单位	广东	深圳市民政局	深圳国际仲裁院	2011 年	3
147	深圳市前海国际商事调解中心	民办非企业单位	广东	深圳市民政局	深圳市司法局、深圳市前海深港现代服务业合作区管理局、中国国际贸易促进委员会深圳委员会	2020 年	5
148	深圳市蓝海法律查明和商事调解中心	民办非企业单位	广东	深圳市民政局	深圳市司法局	2014 年	7.5
149	深圳市福田区河套国际商事调解中心	民办非企业单位	广东	深圳市福田区民政局	深圳市福田区司法局	2022 年	90
150	深圳市福田区厚德现代法律服务中心	民办非企业单位	广东	深圳市福田区民政局	深圳市福田区司法局	2022 年	30
151	深圳市福田区至行商事调解中心	民办非企业单位	广东	深圳市福田区民政局	深圳市福田区司法局	2023 年	10
152	深圳市福田区鹏炬商事调解中心	民办非企业单位	广东	深圳市福田区民政局	深圳市福田区司法局	2023 年	10
153	深圳市福田区仁合商事调解中心	民办非企业单位	广东	深圳市福田区民政局	深圳市福田区司法局	2023 年	5
154	深圳市罗湖区致和商事调解院	民办非企业单位	广东	深圳市罗湖区民政局	深圳市罗湖区司法局	2023 年	10

续表

序号	组织名称	组织性质	地区	登记管理机关	业务主管单位	成立时间	注册资本/万元
155	深圳市罗湖区融关商事调解中心	民办非企业单位	广东	深圳市罗湖区民政局	深圳市罗湖区司法局	2023年	3
156	深圳市罗湖区联和商事调解中心	民办非企业单位	广东	深圳市罗湖区民政局	深圳市罗湖区司法局	2020年	3
157	深圳市罗湖区华议商事调解中心	民办非企业单位	广东	深圳市罗湖区民政局	深圳市罗湖区司法局	2023年	3
158	深圳市罗湖区赟恒金融商事调解中心	民办非企业单位	广东	深圳市罗湖区民政局	深圳市罗湖区司法局	2022年	3
159	深圳市光明区君诚商事调解中心	民办非企业单位	广东	深圳市光明区民政局	深圳市光明区司法局	2023年	3
160	深圳市光明区润泽民商事调解中心	民办非企业单位	广东	深圳市光明区民政局	深圳市光明区司法局	2022年	10
161	深圳市坪山区商事调解院	民办非企业单位	广东	深圳市坪山区民政局	深圳市坪山区司法局	2020年	20.5
162	深圳市盐田区法信国际海事商事调解院	民办非企业单位	广东	深圳市盐田区民政局	深圳市盐田区司法局	2023年	3
163	横琴粤澳深度合作区国际商事调解中心(横琴国际商事调解中心)	民办非企业单位	广东	广东省人民政府横琴粤澳深度合作区工作办公室社会事务局	横琴粤澳深度合作区法律事务局	2023年	15

续表

序号	组织名称	组织性质	地区	登记管理机关	业务主管单位	成立时间	注册资本/万元
164	横琴粤澳深度合作区国仲民商事调解中心	民办非企业单位	广东	广东省人民政府横琴粤澳深度合作区工作办公室社会事务局	横琴粤澳深度合作区法律事务局	2017 年	3
165	东莞市商事调解中心	民办非企业单位	广东	东莞市民政局	中国国际贸易促进委员会东莞市委员会	2014 年	5
166	东莞市东易商事调解中心	民办非企业单位	广东	东莞市民政局	东莞市司法局	2023 年	5
167	佛山市华泰民商事调解中心	民办非企业单位	广东	佛山市民政局	佛山市司法局	2022 年	3
168	中山市律正商事调解中心	民办非企业单位	广东	中山市民政局	中山市司法局	2021 年	3
169	肇庆市中顺金融民商事调解中心	民办非企业单位	广东	肇庆市民政局	肇庆市司法局	2023 年	10
170	肇庆市正兴商事调解中心	民办非企业单位	广东	肇庆市民政局	肇庆市司法局	2022 年	5
171	清远市凯仲商事调解中心	民办非企业单位	广东	清远市民政局	清远市法制局	2018 年	3
172	惠州市惠融国际商事调解中心	民办非企业单位	广东	惠州市民政局	惠州仲裁委员会	2022 年	3
173	中立法律咨询(广东)有限公司	有限责任公司	广东	惠州市惠城区市场监督管理局	—	2015 年	500
174	广西国际民商事调解中心	民办非企业单位	广西	广西壮族自治区民政厅	广西壮族自治区司法厅	2022 年	45

续表

序号	组织名称	组织性质	地区	登记管理机关	业务主管单位	成立时间	注册资本/万元
175	南宁市良庆区法易云民商事调解中心	民办非企业单位	广西	良庆区民政局	南宁市良庆区司法局	2022 年	3
176	柳州市商事调解中心	民办非企业单位	广西	柳州市行政审批局	柳州市司法局	2022 年	3
177	玉林市桂玉商事调解中心	民办非企业单位	广西	玉林市民政局	玉林市司法局	2022 年	10
178	玉林市八桂民商事调解中心	民办非企业单位	广西	玉林市民政局	玉林市司法局	2023 年	3
179	钦州国际商事纠纷调解中心	民办非企业单位	广西	中国（广西）自由贸易试验区钦州港片区行政审批局	钦州市司法局	2022 年	3
180	钦州市钦北区雪赁民商事调解中心	民办非企业单位	广西	钦北区民政局	钦州市钦北区司法局	2023 年	3
181	海口国际商事调解中心	民办非企业单位	海南	海口市民政局	海口市司法局	2020 年	3
182	海口龙华区祥鑫商事调解咨询服务中心	个体工商户	海南	海南省市场监督管理局	—	2022 年	—
183	海口市龙华区和顺民商事调解中心	民办非企业单位	海南	海口市龙华区行政审批服务局/民政局	海口市龙华区司法局	2022 年	3
184	三亚国际商事调解中心	民办非企业单位	海南	三亚市民政局	三亚市司法局	2020 年	3
185	三亚市自贸港法律服务中心	事业单位	海南	三亚市事业单位登记管理局	三亚市司法局	2021 年	16

续表

序号	组织名称	组织性质	地区	登记管理机关	业务主管单位	成立时间	注册资本/万元
186	万宁市盛泽民商事调解中心	民办非企业单位	海南	万宁市行政审批服务局/民政局	万宁市司法局	2022 年	3
187	重庆两江国际商事调解中心	民办非企业单位	重庆	重庆市民政局	重庆市司法局	2020 年	5
188	重庆两江新区奥凡民商事调解中心	民办非企业单位	重庆	重庆两江新区社会保障局	重庆两江新区司法局	2023 年	20
189	重庆两江衡平民商事调解中心	民办非企业单位	重庆	重庆两江新区社会保障局	重庆两江新区司法局	2022 年	10
190	重庆两江新区尚益商事调解中心	民办非企业单位	重庆	重庆两江新区社会保障局	重庆两江新区司法局	2022 年	5
191	重庆两江新区渝证民商事调解中心	民办非企业单位	重庆	重庆两江新区社会保障局	重庆两江新区司法局	2022 年	5
192	重庆市沙坪坝区大有商事调解中心	民办非企业单位	重庆	重庆市沙坪坝区民政局	沙坪坝区司法局	2023 年	3
193	重庆市九龙坡区中合商事调解中心	民办非企业单位	重庆	重庆市九龙坡区民政局	重庆市九龙坡区司法局	2023 年	10
194	重庆市南岸区江南商事调解中心	民办非企业单位	重庆	南岸区民政局	重庆市南岸区工商联	2020 年	3
195	重庆市北碚区耀川商事调解中心	民办非企业单位	重庆	北碚区民政局	重庆市北碚区工商业联合会	2023 年	3

续表

序号	组织名称	组织性质	地区	登记管理机关	业务主管单位	成立时间	注册资本/万元
196	重庆市荣昌区兴融民商事调解中心	民办非企业单位	重庆	荣昌区民政局	荣昌区司法局	2023年	3
197	四川天府商事调解中心	民办非企业单位	四川	四川省民政厅	四川省司法厅	2020年	50
198	四川天府一带一路商事调解中心	民办非企业单位	四川	四川省民政厅	四川省司法厅	2021年	10
199	四川天府新区和天下金融调解中心	民办非企业单位	四川	四川天府新区行政审批局	四川天府新区工作委员会政法委员会	2021年	15
200	四川光华民商事调解中心	民办非企业单位	四川	四川省民政厅	四川省司法厅	2021年	30
201	四川民商经贸商事调解中心	民办非企业单位	四川	四川省民政厅	四川省司法厅	2020年	10
202	四川金沙商事调解中心	民办非企业单位	四川	四川省民政厅	四川省司法厅	2021年	10
203	成都市涉外商事与法律服务中心	民办非企业单位	四川	成都市民政局	成都市司法局	2019年	10
204	成都智调民商事调解中心	民办非企业单位	四川	成都市民政局	成都市司法局	2023年	5
205	成都多元民商事调解中心	民办非企业单位	四川	成都市民政局	成都市司法局	2023年	10
206	成都锦晖商事调解中心	民办非企业单位	四川	成都市民政局	成都市司法局	2022年	5
207	成都智解商事调解中心	民办非企业单位	四川	成都市民政局	成都市司法局	2022年	10
208	成都律金刚民商事调解中心	民办非企业单位	四川	成都市民政局	成都市司法局	2022年	10

续表

序号	组织名称	组织性质	地区	登记管理机关	业务主管单位	成立时间	注册资本/万元
209	成都市武侯区德合行民商事调解中心	民办非企业单位	四川	成都市武侯区行政审批局	成都市武侯区司法局	2023年	3
210	成都市武侯区和顺民商事调解中心	民办非企业单位	四川	成都市武侯区行政审批局	成都市武侯区司法局	2023年	3
211	成都市武侯区法正商事调解中心	民办非企业单位	四川	成都市武侯区行政审批局	成都市武侯区司法局	2023年	3
212	凉山和安金融与民商事调解服务中心	民办非企业单位	四川	凉山彝族自治州民政局	凉山州司法局	2023年	3
213	德阳市旌阳区旌城商事调解中心	民办非企业单位	四川	德阳市旌阳区民政局/行政审批局	德阳市旌阳区司法局	2022年	3
214	德阳市罗江区中舟商事调解中心	民办非企业单位	四川	德阳市罗江区行政审批局	德阳市罗江区司法局	2022年	3
215	中江县平正商事纠纷调解中心	民办非企业单位	四川	中江县民政局/行政审批局	中江县司法局	2022年	3
216	甘孜藏族自治州金石榴民商事调解中心	民办非企业单位	四川	甘孜藏族自治州民政局	甘孜州司法局	2022年	5
217	贵阳市商事调解中心	民办非企业单位	贵州	贵阳市民政局	贵阳市司法局	2022年	10
218	观山湖区祥鑫民商事调解服务中心	个体工商户	贵州	贵阳市观山湖区市场监督管理局	—	2022年	—

续表

序号	组织名称	组织性质	地区	登记管理机关	业务主管单位	成立时间	注册资本/万元
219	昆明启航商事调解法律咨询服务有限公司	有限责任公司	云南	官渡区市场监督管理局	—	2022年	10
220	云南澜湄英特耐商事调解法律咨询服务有限公司	有限责任公司	云南	昆明市市场监督管理局	—	2022年	1
221	瑞丽中裁商事调解中心	民办非企业单位	云南	瑞丽市民政局	瑞丽市司法局	2021年	3
222	景洪市国仲商事调解中心	民办非企业单位	云南	景洪市民政局	景洪市商务局	2023年	3
223	西安市国际商事法律服务中心	民办非企业单位	陕西	西安市民政局	西安市司法局	2021年	30
224	西安市融商事法律服务中心	民办非企业单位	陕西	西安市民政局	西安市司法局	2017年	30
225	西安民商事调解中心	民办非企业单位	陕西	西安市民政局	西安仲裁委员会	2009年	3
226	西安市智慧枫桥商事调解中心	民办非企业单位	陕西	西安市民政局	西安市司法局	2023年	6
227	庆阳学优商事调解中心	民办非企业单位	甘肃	庆阳市民政局	庆阳仲裁委员会	2022年	3
228	银川市和乐商事调解中心	民办非企业单位	宁夏	银川市民政局/行政审批局	银川市工商业联合会	2023年	10

注:本报告所列商事调解组织是以"商事调解""商事纠纷调解"为关键词,在"天眼查"数据库以及民政部"全国社会组织信用信息公示平台"经筛选、补充相关项后所得结果(不包含港澳台地区),检索日期为2023年9月1日。

附录3:中国贸促会调解中心地方/行业调解中心分布情况

所在省市(自治区)	调解中心名称	成立时间
北京市	调解中心纺织行业委员会	2006年
	首都调解中心(北京民商事调解中心)	2006年
	调解中心商业行业委员会	2018年
	调解中心电子行业委员会	2012年
天津市	天津调解中心	1993年
上海市	上海调解中心	1994年
	浦东调解中心	1994年
重庆市	重庆调解中心	1993年
河北省	河北调解中心	1994年
山西省	山西省国际贸易投资和商事法律服务中心	2020年
辽宁省	大连调解中心	1992年
	辽宁暨沈阳调解中心	2004年
	营口调解中心	2017年
吉林省	吉林调解中心	1998年
	长春调解中心	2002年
黑龙江省	哈尔滨调解中心	1993年
	黑河调解中心	1997年
	黑龙江调解中心	2018年

续表

所在省市（自治区）	调解中心名称	成立时间
江苏省	江苏省国际商事法律服务中心	1992年
	南京调解中心	2001年
	苏州调解中心	2015年
	南通调解中心	2016年
浙江省	宁波调解中心	1994年
	浙江省国际商事法律服务中心	1995年
	杭州调解中心	2003年
	温州调解中心	2003年
	中国（浙江）自由贸易试验区海事商事纠纷调解中心	2018年
	衢州调解中心	2019年
	台州调解中心	2021年
	嘉兴调解中心	2021年
	绍兴调解中心	2022年
	金华调解中心	2022年
	湖州调解中心	2022年
	丽水调解中心	2023年
安徽省	安徽调解中心	1999年
福建省	福建调解中心	1992年
	厦门调解中心	2006年
山东省	青岛调解中心	2002年
	东营调解中心	2021年
	山东调解中心	2021年
	潍坊调解中心	2022年
	威海调解中心	2023年
	临沂调解中心	2023年
河南省	河南调解中心	1995年

续表

所在省市(自治区)	调解中心名称	成立时间
湖北省	湖北调解中心	1995 年
	武汉调解中心	1995 年
湖南省	湖南调解中心	1994 年
广东省	珠海调解中心	1996 年
	广东调解中心	1997 年
	汕头调解中心	2000 年
	深圳调解中心	2011 年
	潮州调解中心	2012 年
	东莞市商事调解中心	2014 年
海南省	海南调解中心	2019 年
四川省	四川调解中心	1994 年
	四川自由贸易区调解中心	2017 年
云南省	云南调解中心	1996 年
	中国(云南)自由贸易试验区商事调解中心	2020 年
陕西省	陕西调解中心	1992 年
	西安调解中心	2010 年
甘肃省	甘肃调解中心	1997 年
内蒙古自治区	内蒙古调解中心	1996 年
广西壮族自治区	广西调解中心	1993 年
	中国(广西)自由贸易试验区调解中心	2020 年
新疆维吾尔自治区	新疆调解中心	1995 年

附录4:鸣谢单位

（排名不分先后）

世界知识产权组织（WIPO）仲裁与调解上海中心

中国仲裁法学研究会

北京仲裁委员会

上海市司法局

上海市第二中级人民法院

上海市浦东新区人民法院

上海市律师协会

上海市法学会多元解纷法治研究会

上海仲裁委员会

上海经贸商事调解中心

上海徐汇区智调非诉讼纠纷调解中心

上海市黄浦大公调解中心

华东政法大学国际调解研究中心

深圳市司法局

深圳前海合作区人民法院

深圳市商事调解协会

深圳市蓝海法律查明和商事调解中心

深圳市前海国际商事调解中心

深圳市福田区河套国际商事调解中心

湖北省知识产权局

武汉市中级人民法院

武汉市司法局

武汉市江汉区人民政府

武汉仲裁委员会

武汉商事仲裁调解中心

武汉市法学会社会纠纷多元化解研究会

哈尔滨市司法局

广西商事调解协会

云南省昆明市官渡区人民法院

中国船舶集团有限公司

东风汽车集团股份有限公司

中国国际贸易促进委员会上海市分会

中国国际贸易促进委员会广东省分会

中国国际贸易促进委员会湖北省分会

中国国际贸易促进委员会山东省分会

中国国际贸易促进委员会甘肃省分会

中国国际贸易促进委员会黑龙江省分会

中国国际贸易促进委员会广西壮族自治区分会

中国国际贸易促进委员会云南省分会

中国国际贸易促进委员会深圳市分会

中国国际贸易促进委员会济南市分会

中国国际贸易促进委员会江苏省调解中心

中国国际贸易促进委员会吉林省调解中心

中国国际贸易促进委员会湖北省调解中心

中国国际贸易促进委员会山东省调解中心

中国国际贸易促进委员会海南省调解中心

中国国际贸易促进委员会台州市调解中心

中国国际贸易促进委员会嘉兴市调解中心

中国国际贸易促进委员会厦门市调解中心

中国国际贸易促进委员会威海市调解中心

中国国际贸易促进委员会宁波市调解中心

中国国际贸易促进委员会陕西省调解中心

中国国际贸易促进委员会湖南省调解中心

中国国际贸易促进委员会浙江省调解中心

中国国际贸易促进委员会四川省调解中心

中国国际贸易促进委员会安徽省调解中心

中国国际贸易促进委员会深圳市调解中心

中国国际贸易促进委员会哈尔滨市调解中心

中国国际贸易促进委员会江苏省调解中心连云港办事处

中国国际贸易促进委员会重庆市调解中心

中国国际贸易促进委员会东莞市调解中心

中国国际贸易促进委员会东营市调解中心

浙江省国际商事法律服务中心

山西省国际贸易投资和商事法律服务中心